Edición actualizada y ampliada

Pedagogía
fructífera

Edición actualizada y ampliada

Pedagogía
fructífera

Findley B. Edge

EDITORIAL MUNDO HISPANO

EDITORIAL MUNDO HISPANO

7000 Alabama Street, El Paso, Texas 79904, EE. UU. de A.
www.editorialmundohispano.org

Nuestra pasión: Comunicar el mensaje de Jesucristo y facilitar la formación de discípulos por medios impresos y electrónicos.

Traductor: Arnoldo Canclini

Diseño de la portada: Iván Tempra

Primera edición: 1999
Decimaquinta edición: 2018

Clasificación Decimal Dewey: 268.6
Tema: 1. Enseñanza
2. Escuelas Dominicales
3. Educación cristiana

ISBN: 978-0-311-11041-4
EMH Núm. 11041

2 M 10 18

Impreso en Colombia
Printed in Colombia

CONTENIDO

Dedicado a mi esposa,

Louvenia Littleton Edge

Prefacio

La escuela dominical ha llegado a ser una parte importante e integral de la vida de la iglesia. Es una de las fuerzas más poderosas para el bien de la sociedad moderna. Sea que se trate de una iglesia grande o pequeña, los maestros guían a los niños, jóvenes y adultos en el estudio bíblico, tratando juntos de comprender su significado y aplicación a la vida cristiana. A pesar de sus debilidades y dificultades, Dios ha usado los esfuerzos de los maestros consagrados de modo que a menudo alcancen resultados significativos en aquellos a quienes enseñan.

Sin embargo, son muchos los maestros que no alcanzan los resultados que desean, tanto en la enseñanza bíblica como en la vida cristiana. Es sorprendente la falta de conocimiento bíblico aun en aquellos que han asistido regularmente a la escuela dominical por cinco o diez años o aún más. Aunque el aprendizaje del conocimiento bíblico no garantiza una profunda vida espiritual, ciertamente contribuye a una fe inteligente. Aun es más importante asegurar resultados en la vida cristiana.

Una razón por la cual muchos maestros no han logrado mejores resultados es que *sus metas de enseñanza son demasiado generales y a menudo vagas.* Los miembros de la clase no han captado la atinencia de lo que se enseña a su propia experiencia. Esto ha reducido al aula de la escuela dominical a un lugar donde se discuten elevados ideales cristianos. A menudo, la lección termina meramente en una discusión que poco tiene que ver con la vida diaria en el hogar, la escuela, el comercio, la recreación y otras áreas de la experiencia habitual.

Los objetivos que buscan los maestros cristianos pueden resumirse a tres aspectos generales: conocimiento, inspiración y respuesta por la conducta. *Una meta de conocimiento* es aquella por la cual el maestro desea dirigir al grupo en el estudio sistemático de una porción de la Biblia, de manera que lleve a una comprensión del significado de la Escritura y/o al dominio de los hechos que implica. En una *meta de inspiración* el maestro busca dirigir a la clase en el estudio y aceptación de un ideal o actitud cristianos de orden general. En una *meta de respuesta de conducta*, el maestro trata de guiar a la clase a expresar algún ideal o actitud cristianos por medio de respuestas específicas en sus relaciones cotidianas.

A menudo, la enseñanza en la escuela dominical es vaga y confusa porque los maestros tratan de lograr los tres objetivos en la misma lección. En consecuencia no se alcanza adecuadamente ninguno de los tres. La tesis de este libro es la siguiente: *el maestro alcanzará mejores resultados identificando una meta de enseñanza con un estudio dado o con una unidad de estudios y dedicándose entonces a trabajar para lograr esa meta concretándose a tal propósito.*

De ese modo, una de las primeras tareas del maestro en la preparación de la clase es determinar, a la luz de cuál es la lección o unidad que serán enseñadas y de las necesidades de la clase, cuál es el tipo de meta que quiere alcanzar. ¿Quiere ayudar a los miembros de la clase para que tengan un conocimiento cierto del significado de la Biblia y algún dominio de los hechos que contiene? Por supuesto, esta lección también puede implicar alguna inspiración y puede ocurrir que aparezca alguna respuesta en la conducta de la vida de los miembros. Si es así, es buena cosa. Pero desde el punto de vista del maestro, en este estudio o unidad, el propósito dominante es el de guiar a la clase a la comprensión del significado y a cierto dominio de los hechos. Por lo tanto, todo lo que haga —los materiales elegidos, el contenido estudiado, los métodos usados— será destinado al conocimiento como objetivo predominante.

¿O es que el maestro desea dirigir al grupo a comprender y aceptar una actitud general del cristianismo? Si es así, ¿es la inspiración el objetivo primario? ¿O desea una respuesta específica en la conducta? Obviamente, esta respuesta tendrá que estar basada en un conocimiento del significado de la Biblia y en la comprensión y aceptación de algunas actitudes cristianas generales, pero éstas —el conocimiento y la inspiración— son medios y no fines en este estudio en particular. Son instrumentos para alcanzar la respuesta en la conducta. En este tipo de lección, todo lo que se haga estará determinado por la búsqueda de una respuesta de la conducta.

Los principios de este libro no son mera teoría. Han sido usados con maestros en muchas iglesias. La entusiasta respuesta a estas ideas me alienta a creer que pueden ser útiles a otros. He tratado de que sea un libro práctico, incluyendo ilustraciones y ejemplos de tales principios. He usado un lenguaje no técnico para que sea usado con más facilidad por un maestro de escuela dominical serio, que esté buscando ayuda.

Este libro también puede ser útil a pastores, ministros de educación y otros que tengan la responsabilidad de entrenamiento en la iglesia local. Ciertamente puede ser la base para la capacitación en las reuniones semanales de obreros. También puede ser un material al que recurra una persona que dirige a un grupo de maestros en el estudio de uno de los libros de un curso regular de preparación. Está planeado como para ser suficiente en su esfera para su uso en cursos de seminarios y otros, cuando se trate de principios de enseñanza en la escuela dominical.

He emprendido la actualización y ampliación de *Pedagogía fructífera* con la convicción de que los ideales y propuestas básicos del libro siguen siendo válidos. Otras formas de enseñanza también producen un aprendizaje efectivo, pero creo que un aprendizaje significativo tendrá lugar más posiblemente cuando los maestros usen los métodos presentados en este libro.

En la edición original no di indicaciones sobre la edad de los miembros de una clase para los que sería más adecuado este enfoque de la enseñanza. En esta edición actualizada y ampliada, he limitado mi enfoque específicamente a la enseñanza de jóvenes y adultos, o sea de 13 años en adelante y sólo cuando el maestro dirige su clase en un ámbito adecuado a su propósito.

La primera edición estaba enfocada casi exclusivamente en la enseñanza con el propósito de lograr una meta en la respuesta de conducta. He agregado una sección importante sobre la enseñanza con una meta de conocimiento. Durante mis años de enseñanza en clases, he terminado mi presentación sobre la enseñanza con una meta de respuesta de conducta con una breve presentación sobre la enseñanza con una meta cognoscitiva. Las respuestas positivas de los alumnos me sorprendieron. Del mismo modo, muchas personas de nuestras iglesias están queriendo hacer un serio estudio bíblico. Una de las razones por las que acepté hacer esta actualización fue compartir ese énfasis con un público más amplio.

No he agregado una sección sobre la enseñanza con una meta de inspiración. Creo que eso es lo que están haciendo ya hoy la mayoría de los maestros (y predicadores). Domingo tras domingo, tratan de inspirar a los miembros en cuanto a algún ideal o actitud cristiana en general. Esto es muy importante. Los maestros necesitan hacer un trabajo mejor del que están haciendo ahora. Pero algún otro deberá aportar esa orientación.

Reconocimientos en esta edición actualizada y ampliada

Quiero expresar mi profunda gratitud a la Universidad Rollings, y especialmente a George Grant, el bibliotecario, al permitirme usar tanto la biblioteca así como un lugar en la misma donde pude hacer la redacción en el ámbito más adecuado. Todo el personal de la biblioteca ha sido amable y colaborador de muchas maneras. Ha sido una alegría llegar a conocerlos.

También debo expresar mi gratitud a Larry y Hoyt, mis dos hijos. Larry me enseñó a usar la computadora, por lo menos como para poder escribir en ella. Hoyt, que ha enseñado en el Departamento de Filosofía y Religión en la Universidad Rollins por casi 25 años, a la vez que preparaba un manuscrito propio para su publicación, leyó por completo mi manuscrito e hizo muchas sugerencias que clarificaron y enriquecieron lo que yo había escrito.

En el prefacio de muchos libros, casi automáticamente el autor agradece a su cónyuge. Sin embargo, mi expresión de gracias a Louvenia, mi esposa, por lo que ella ha hecho para que nuestra vida sea más fácil para mí en este tiempo, de ninguna manera puede ser algo automático. Ella es quien realmente ha "pagado el precio", mientras que esta actualización estaba en proceso, en formas que no trataré de describir. Se dio a sí misma sin reservas, por lo cual estoy en deuda con ella. Y por lo cual le estoy agradecido.

Primera parte

Principios introductorios

1. Poner énfasis en los resultados

2. Comprender el proceso de
enseñanza-aprendizaje

3. Algunas dinámicas en el acto de enseñar

1

Poner énfasis en los resultados

Buscar mejores resultados
    Mejor conocimiento bíblico
    Mejor vida cristiana

Dos peligros que enfrentan los maestros
    Verbalización
    Simple catarsis emocional

Obreros juntamente con Dios

Importancia de la conversión
    ¿Qué pasa en la conversión?
    ¿La conversión produce automáticamente un
      carácter?

La tarea principal que enfrentan los maestros de
  escuela dominical

El crecimiento y éxito de la escuela dominical es una de las maravillas de nuestra época. Apelando al liderazgo laico voluntario, con tiempo limitado, a menudo con espacio y equipo inadecuados, la escuela dominical continúa su marcha. Aunque ha sido criticada a fondo por algunos psicólogos y educadores, sigue enriqueciendo vidas porque nuestras iglesias son bendecidas por los maestros y oficiales fervientes, sinceros y consagrados. Voluntaria y gozosamente, dan de su tiempo y energía a esta importante tarea.

Buscar mejores resultados

Sin embargo, aquellos que trabajan más estrechamente con la escuela dominical son los primeros en admitir que no están logrando los resultados que desean. Los maestros cristianos están haciendo lo mejor que saben, pero casi todos están conscientes de la urgente necesidad de un mejoramiento.

Mejor conocimiento bíblico

En su libro *Building a Standard Sunday School* (Construyendo una escuela dominical modelo), Arthur Flake dijo: "El propósito declarado de la escuela dominical es el de enseñar la Biblia." Este énfasis en la enseñanza bíblica ha sido uno de los baluartes del cristianismo evangélico. Sin embargo, muchas personas que asisten regularmente a la escuela dominical tienen una ignorancia lamentable de la Biblia.[1]

El conocimiento de los hechos bíblicos no produce necesariamente un mejor nivel de desarrollo espiritual, pero de cualquier modo los cristianos deben conocerla. La enseñanza del conocimiento bíblico no es la meta final de la escuela dominical pero es una de sus tareas importantes.

Mejor vida cristiana

Nuestro objetivo principal en la enseñanza de la escuela dominical es el de producir vidas cristianas. La observación más superficial indica que no estamos viendo vidas cambiadas en la

---

[1] Para un repaso de estudios del conocimiento bíblico, ver capítulo 11.

medida que querríamos. Con demasiada frecuencia nuestra enseñanza se acaba en la clase, mientras que nuestra meta es la de ver que la enseñanza es aplicada sobre toda la vida. En la Gran Comisión, Jesús dijo: "Por tanto, id y haced discípulos a todas las naciones, bautizándolos en el nombre del Padre, del Hijo y del Espíritu Santo, enseñándoles que guarden todas las cosas que os he mandado. Y he aquí yo estoy con vosotros todos los días, hasta el fin del mundo" (Mat. 28:19, 20). Nuestra tarea no es sólo la de enseñar a la gente el contenido del mensaje de Jesús; nuestro trabajo termina cuando nuestros alumnos practiquen las enseñanzas en sus vidas diarias.

Dos peligros que enfrentan los maestros

Los que enseñan en procura de un estilo cristiano de vida enfrentan dos peligros, que son sutiles y que crecen tan imperceptiblemente que la mayor parte de los maestros ni siquiera tiene conciencia de ellos.

Peligro 1 : Verbalización

Los alumnos pueden memorizar las palabras del maestro sin entender los conceptos. Eso se suele mencionar como "hablar como un loro". Los educadores lo llaman "verbalización". Este problema de memorizar conceptos verbalizados enfrenta a todos los educadores, pero los que son cristianos deben estar en guardia al respecto más que otros porque el cristianismo básicamente es una experiencia, un encuentro con Cristo que debe expresarse en la experiencia. No se ha aprendido realmente un ideal cristiano hasta que no se lo ha experimentado y expresado en la experiencia. Sin embargo, en gran medida el maestro debe comunicar esta experiencia cristiana a la clase usando palabras.

Los maestros usan palabras para enseñar religión al tiempo que los alumnos avanzan desde la adolescencia, a través de la juventud, hasta la edad adulta. Los alumnos memorizan versículos de la Biblia, afirmaciones doctrinales y vocabulario religioso. ¡Ese es el problema! Año tras año, los alumnos vienen a la escuela dominical. Aprenden las palabras que describen las experiencias religiosas y tienden a identificar esto con haber tenido una experiencia. Jesús señaló el mismo problema: los fariseos verbalizaban las enseñanzas de los profetas sin aprender el espíritu de las mismas en su propia experiencia. ¡Cuánto de eso ocurre en nuestras escuelas dominicales hoy! Aprender palabras que describen una experiencia religiosa no es lo mismo que tener tal experiencia. El cristianismo es un encuentro personal con Dios, una relación, una experiencia.

La gente se familiariza fácilmente con las palabras que describen experiencias religiosas, pero es mucho más difícil guiarlas a un encuentro con Dios, en el cual experimenten el espíritu de la religión. Esa es la razón por la cual maestros y alumnos se satisfacen con verbalizar esas experiencias, o sea repitiendo palabras. Por supuesto, los maestros deben seguir usando palabras, pues quizá es su primer medio de enseñar lo religioso, pero también deben estar en guardia y apelar a cualquier arma para derrotar la verbalización.

Peligro 2: Simple catarsis emocional

Los maestros de la escuela dominical también enfrentan el peligro de llevar a sus alumnos a tener sólo una catarsis emocional. Mucha gente ha desarrollado inconscientemente la actitud de que todo lo que necesitan hacer en la escuela dominical es asistir, sentarse y escuchar. Discuten los ideales de Jesús y lo maravillosos que son; hablan sólo de los pecados del mundo y lo terrible que son. Pero todo lo que hacen es hablar. Raramente eso les lleva a una acción definida.

Esta actitud se desarrolla lenta e imperceptiblemente durante un período de años. Los niños generalmente están bien dispuestos a asumir los ideales sugeridos por los maestros. Los adolescentes siguen siendo idealistas y por lo común están dispuestos a hacer algo por Cristo. Pero ya en la adolescencia, muchas de las reuniones de la clase terminan en mera conversación; sus miembros comienzan a desarrollar la actitud de que no hay que envolverse demasiado en esos temas, porque de todos modos no va a pasar nada. De modo que los miembros comienzan a ir a sentarse y limitarse a escuchar. Cuando llegan a la edad adulta, han superado su entusiasmo infantil y su idealismo adolescente. Ahora son más respetables y raramente se entusiasman.

¿En qué consiste este proceso? Los adolescentes mayores, los jóvenes y especialmente los adultos asisten a la escuela dominical semana tras semana, escuchan al maestro diciéndoles qué maravillosos son los ideales de Cristo y qué malo es el mundo. Están de acuerdo con lo que se enseña. Sus sentimientos o emociones son tocados. Disfrutan del estudio. Después de la clase, muchos saludan al maestro, le estrechan la mano y le dicen: "¡Qué maravilloso estudio hemos tenido esta mañana! ¡Por cierto que usted nos dijo la verdad!" Pero cuando se van, no hacen nada con lo que se les ha enseñado. Lo mismo se repite al siguiente domingo, sólo para volver al tercero a escuchar, estar de acuerdo, disfrutar y sentirse emocionados una vez más. De ese modo, el proceso continúa domingo tras domingo.

¡Ahí está el problema! La gente ha visto sacudir sus emociones muchas veces sin una respuesta clara que identifique esa emoción con el logro de una experiencia religiosa. Si hablan sobre la necesidad de ganar a los perdidos para Cristo, o de tener un vigoroso programa de misiones mundiales, o de ayudar a los desamparados de la comunidad, logran una experiencia satisfactoria con el simple hecho de hablar del tema.

Sin embargo, esto no es una experiencia cristiana verdadera y completa. Las emociones juegan un papel importante y necesario en la experiencia religiosa, pero la experiencia sólo está completa cuando se expresa en la vida y la acción. Una experiencia emocional que no lleva a una respuesta —o sea una experiencia emocional que se acaba sólo en despertar nuestros sentimientos— es incompleta.

Esto es desafortunado y aun trágico. Los cristianos acuden a la iglesia semana tras semana (esto también ocurre en el culto de predicación) y sus emociones se despiertan sin que las acompañe ninguna acción clara. *Llega el punto en que los cristianos desean y se satisfacen con que simplemente hayan sido despertadas sus emociones.*

Algunos dicen que les gusta un predicador o un maestro que no tiene miedo de golpear donde a uno le duele o que no sienten que han ido al culto de la iglesia a menos que el predicador o el maestro les haya pisado los callos. Pero aun así esas personas no mueven sus pies, ¡aunque se los hayan pisado!

Los miembros de una clase tienden a limitarse a asistir, sentarse y escuchar. Los maestros deben darse cuenta de eso y usar todos los medios a su alcance para evitar que ocurra. La enseñanza de la escuela dominical no debería terminar en simple conversación. Pero poner fin a ese problema no es tan simple y fácil como algún maestro podría pensar. La gente tiene mucho más deseo de que sus emociones sean despertadas cuando la clase discute lo que anda mal en la comunidad de lo que está para salir y hacer algo para cambiar ese mal. *La enseñanza cristiana es completa cuando lleva a la acción cristiana y no antes.*

Obreros juntamente con Dios

¿Cómo es posible que los ideales de Jesús que presentamos en la clase sean parte de la vida de los que asisten? ¡Ese es nuestro gran problema! ¿Cómo podemos aceptar esa empresa?

Ciertamente, debemos enseñar de acuerdo con la forma en que Dios ha planeado que la gente aprenda. Nuestro Dios es un Dios de orden. Hasta donde sea posible, debemos llegar a entender cómo Dios ha hecho la personalidad humana de modo que podamos enseñar en cooperación con él. La Biblia es el más grande libro de texto del mundo y el mensaje transformador de Jesús es el más grande de los mensajes. ¿Cómo podemos compartir esta experiencia de modo que cumpla su propósito divino?

Ya que la Biblia es un libro inspirado, ¿significa eso que ella misma cumplirá su propósito, al margen de como hagan su tarea los maestros? Aparentemente eso es lo que piensan algunos maestros. Creen que, como están enseñando la Biblia, no necesitan conocer o seguir principios pedagógicos adecuados. No quieren que se los moleste con "ideas novedosas". Dicho simplemente, su actitud es: "He enseñado la Biblia y dejo que las semillas caigan donde puedan." Inclusive citan la Biblia para sostener ese criterio: "Así será mi palabra... no volverá a mí vacía." Estos maestros no sólo necesitan alcanzar una adecuada interpretación de Isaías 55:11, sino que también precisan que se les recuerde la parábola del sembrador. En ésta, Jesús trató de ayudarnos a entender que el tipo de suelo sobre el cual es sembrada la Palabra de Dios influye en la cantidad y calidad de la cosecha (ver Mat. 13:3-9).

Algunos maestros argumentan que su desinterés por mejorar su enseñanza realza la Biblia y enfatiza el poder y la obra de Dios. Al contrario, están en el límite de presumir ante Dios por pretender que Dios haga lo que no se supone que hace. Con la misma actitud, Satanás trató de persuadir a Jesús para que presumiera ante Dios echándose desde el pináculo del templo. Hacerlo hubiera significado pedir a Dios que usara su poder en una forma en que no se supone que debe usarlo. A pesar de la sinceridad de quienes sostienen esto, esta actitud pone la responsabilidad de una enseñanza ineficaz y de la falta de resultados en Dios. En realidad, la responsabilidad reposa plenamente en los hombros del maestro.

Cierto campesino sale a sembrar. Desde la mañana temprano hasta mediodía desparrama los granos sobre el labrantío. Un amigo que pasa ve lo que está haciendo. Con sorpresa, pregunta: "¿Qué te pasa? ¿No sabes que no debes sembrar en una tierra de pasturas? Así nunca tendrás una cosecha." Pero el campesino le contesta: "Ah, sí, voy a tenerla. Esta es la semilla de Dios y la buena tierra de Dios. El cuidará de ella." Pero el amigo insiste: "Hacer eso es presumir delante de Dios. Debes arar, abonar y plantar y seguir cuidando la tierra." Pero el campesino insiste: "Esta es la semilla y la buena tierra de Dios. El mandará el sol y la lluvia. Yo sólo estoy poniendo la semilla y dejaré el resultado al Señor." Pero el amigo concluye: "Si no obtienes una cosecha, no será falta del Señor. Será tuya porque no has cumplido con las condiciones para que crezca el trigo."

Dios creó el universo y creó el plan según el cual crece el trigo. Este mismo Dios creó a los seres humanos y el plan por medio del cual aprendemos. El maestro cristiano debe descubrir cómo aprende la gente a fin de enseñarles de acuerdo con la forma que Dios ha planeado.

Los granjeros modernos están haciendo rápidos progresos en el estudio de la erosión del suelo, los nuevos métodos de siembra y la rotación de siembras. Aprenden todo lo posible sobre la tierra de Dios y cómo crecen las cosas. Ahora los granjeros pueden obtener el doble de cosecha que antes. ¿Por qué? Porque han descubierto cómo Dios trabaja y cooperan inteligentemente con él. Los maestros cristianos necesitan estudiar y comprender la personalidad humana. Debemos descubrir cómo aprende la gente —cómo Dios ha planeado que lo hagan— a fin de cooperar más inteligentemente con Dios. De ese modo, podemos esperar mejores resultados de nuestra enseñanza.

¿Minimiza esto la obra de Dios? No, la magnifica. ¿Dios se hace innecesario por el estudio del granjero y el conocimiento de la tierra? De ninguna manera. La tierra sigue siendo del Señor. La semilla sigue siendo suya. El sol y la lluvia siguen siendo sol y lluvia de Dios. Dios sigue haciendo germinar la semilla y dando el crecimiento. El granjero apenas coopera más inteligentemente con Dios y le permite dar una mejor cosecha.

Eso también es verdad en la enseñanza de la Biblia. Al tratar de entender y seguir la forma en que aprende la gente, no convertimos a Dios en algo innecesario. Seguimos siendo su creación. La Biblia sigue siendo su Palabra. Dios es el único que puede producir la regeneración. Sólo él da el crecimiento. Los maestros cristianos deben cooperar con más inteligencia con él porque el gran maestro es el Espíritu Santo; los maestros humanos sólo proveen las condiciones en las cuales y por medio de las cuales puede trabajar el Espíritu Santo. Para hacerlo, el maestro debe trabajar duro. Estudiar y obtener estos puntos de vista exige tiempo. A menudo se requiere esfuerzo para tratar de aplicarlos.

Consideremos de nuevo la analogía de la agricultura. Los granjeros pueden decir que honestamente no disfrutan al arar. Preferirían desparramar la semilla sobre terreno sin trabajar ni desmalezar. Quizá no quieran gastar en fertilizantes. Quizá no quieran tomarse el tiempo para aprender nuevos métodos de cultivo. Supongamos que un granjero siembra y sólo tiene una cosecha escasa mientras que su vecino, siguiendo lo mejor de los métodos de cultivo, logra un gran aumento en la cosecha. El primero aprende pronto. Cultivar así no es fácil, pero la recompensa justifica el trabajo duro.

Los granjeros de hoy están pagando el precio de descubrir cómo Dios hace crecer el grano a fin de cooperar inteligentemente con Dios para que lo haga. Ciertamente, como maestros cristianos, debemos estar dispuestos a pagar el precio de descubrir cómo Dios ha ordenado que crezcamos a semejanza de Cristo. Debemos estar dispuestos a cooperar más inteligentemente con Dios.

Importancia de la conversión

La primera mitad de este libro pondrá el énfasis en el tema de asegurar resultados en la vida cristiana por medio de una vida efectiva. Debido a este énfasis, el lector podrá tener la impresión de que mi único interés está en los resultados y que no he dado debido énfasis a la relación espiritual con Dios en Cristo, que es el único fundamento para una acción que sea plenamente cristiana. Debo admitir que algunos maestros simplemente tratan de conseguir que sus alumnos sean "buenos" sin dirigirlos a entender que la verdadera conducta cristiana proviene de la obra y vida de Dios en el individuo y no de un deseo de complacer al maestro o por cualquier otra motivación.

Como no será posible reiterar este énfasis en cada página, quiero dejar explícito aquí lo que está implícito como filosofía subyacente en este enfoque de la enseñanza cristiana. *Una experiencia personal de conversión es el único fundamento adecuado y la única motivación suficiente para el desarrollo cristiano.* En la conversión, el individuo acepta a Jesús como Salvador y Señor. Una experiencia de conversión no es necesariamente algo dramático como la experiencia del apóstol Pablo en el camino a Damasco. Al hablar de "conversión", simplemente quiero decir una experiencia en la cual el individuo encuentra a Dios en Cristo, una experiencia en la cual acepta a Jesús como Salvador y se rinde a él como Señor. Nadie puede entrar al reino de Dios en virtud de su propia bondad o de un proceso de educación cristiana. Como lo ha dicho adecuadamente Shelton Smith: "El reino es de Dios y la entrada del hombre en él es posible sólo por medio de la liberación divina."[2]

¿Qué pasa en la conversión?

Hay por lo menos cinco cosas que surgen de la experiencia de conversión que tienen significado para la educación cristiana.

1. *Recibimos una nueva naturaleza.* El aspecto transformador y revolucionario de la experiencia de conversión no ha sido suficientemente enfatizado en el cristianismo moderno. Esta experiencia tiene tremendas implicaciones en el pensamiento de Jesús. Al hablar con Nicodemo, dijo que era algo tan fundamentalmente transformador de la vida que era como nacer de nuevo. ¡Ciertamente es un nuevo nacimiento!

---

[2] H. Sheldon Smith, *Faith and Nurture* (New York: Charles Scribner's Sons, 1946), p. 125.

21

La experiencia de la conversión no es una relación superficial o mecánica. La conversión no es la aceptación formulista de una religión. Pablo dijo: "De modo que si alguno está en Cristo, nueva criatura es; las cosas viejas pasaron; he aquí todas son hechas nuevas" (2 Cor. 5:17). Esto no significa que el individuo debe tener una experiencia altamente emocional. Simplemente quiere decir que, cuando una persona adquiere una nueva naturaleza, algo debe ocurrir en su vida. El centro de la vida pasa del ego a Dios. Surgen desde dentro nuevos deseos, esperanzas e ideales. Una persona convertida ya no puede decir que hará lo que le plazca sino que hará lo que Dios enseña. Y no dicen esto primariamente sobre la base de una obligación que les es impuesta, sino de una nueva relación y un nuevo amor que ha nacido dentro de ellos. Es lo que más desean hacer. Sobre la base de esta nueva vida, hacer la voluntad de Dios llega a ser el deseo más profundo de sus corazones.

2. *Recibimos un profundo deseo de conocer las enseñanzas bíblicas y sus implicaciones para la vida cristiana.* Entramos al reino de Dios como bebés. Hemos recibido antes formación religiosa, pero aun no sabemos cómo aplicar las enseñanzas de Jesús en las diversas relaciones de nuestras vidas.

Por medio de la experiencia de conversión, la persona entra en un nuevo camino de vida. Una persona que ha tenido esta experiencia profunda y genuina debe estar ansiosa de estudiar las Escrituras, sola y en grupos de cristianos con una mente similar, a fin de descubrir lo que está envuelto en este nuevo camino de vida.

3. *Recibimos la voluntad de seguir las enseñanzas de la Biblia y el camino cristiano para la vida, sea donde fuere que nos lleve.* El deseo de conocer, digno como es, no va lo suficientemente lejos; también debe haber la voluntad de seguir. Esto no es tan simple como podría parecer a simple vista. Sería relativamente fácil vivir hoy la vida cristiana si lo único que eso significara fuera vivir de acuerdo con los modelos aceptados socialmente y asistir a los cultos de la iglesia. Lamentablemente, este concepto prevalece entre más miembros de las iglesias de lo que nos gusta admitir. Pero si la vida cristiana significa aplicar los ideales de Jesús de tal modo que lleven a una persona a ir más allá de las normas aceptadas en otras relaciones o de ir contrariamente a ellas en otros

casos, entonces vivir la vida cristiana llega a ser una de las tareas más atrevidas y ciertamente una de las más difíciles en la que puede envolverse una persona.

Si no hay un deseo vehemente tanto de saber como de seguir el nuevo camino, entonces hay razón para cuestionar la genuinidad de la experiencia. Esto es importante porque, como será señalado en un capítulo posterior, afecta la actitud del individuo hacia el estudio de la Biblia y el cumplimiento de lo que descubre en ese estudio.

4. *Recibimos un poder que va más allá del nuestro, un poder liberado por Dios y que, si es usado, nos capacita para seguir más estrechamente las demandas de la vida cristiana.* Muchas de estas demandas van contra nuestros deseos naturales y pasiones humanas. No es natural que amemos a los enemigos, que hagamos bien a los que nos persiguen o que perdonemos a aquellos que hablan mal contra nosotros falsamente. Vengarse es humano. Aun para acercarnos al ideal en estas y otras áreas, necesitamos poder de lo alto.

5. *Recibimos el único fundamento adecuado y la motivación para la vida cristiana.* En el tiempo de Jesús, los fariseos seguían la letra de la ley, pero el Espíritu de Dios estaba lejos de ellos. Hoy es posible que una persona siga alguna de las enseñanzas de Jesús sin haber tenido una motivación espiritual adecuada.

Cinco cosas que surgen de la experiencia de conversión

1. Recibimos una nueva naturaleza.
2. Recibimos un profundo deseo de conocer las enseñanzas bíblicas y sus implicaciones para la vida cristiana.
3. Recibimos la voluntad de seguir las enseñanzas de la Biblia y el camino cristiano para la vida, sea donde fuere que nos lleve.
4. Recibimos un poder que va más allá del nuestro, un poder liberado por Dios y que, si es usado, nos capacita para seguir más estrechamente las demandas de la vida cristiana.
5. Recibimos el único fundamento adecuado y la motivación para la vida cristiana.

Los maestros de religión (y en cuanto a esto los predicadores) siempre tienen la tentación de satisfacerse con respuesta claras que implican la connotación de "cristiano". Es mucho más fácil llevar a una persona a practicar las formas externas de la religión e inclusive a dar ciertas respuestas que pueden ser calificadas de cristianas que guiarla a continuos encuentros con Cristo que harán que responda: "No se haga mi voluntad, sino la tuya." El patrón cristiano para la vida es elevado; sus exigencias son difíciles y a menudo entran en conflicto con todas nuestras pasiones humanas. En estas situaciones —como en todas las que reclaman una decisión—, la vida del individuo debe estar fundada sobre una relación firme y genuina con Dios en Cristo. Al buscar cualquier tipo de respuesta en la conducta, una parte importante de la tarea del maestro es buscar estar seguro de que los miembros de la clase tomen sus decisiones para la acción sobre la base de una motivación espiritual.

¿La conversión produce automáticamente un carácter?

Un individuo que ha experimentado la conversión ¿se comportará como cristiano de inmediato en las relaciones familiares, sociales, laborales? No. La gente se comportará como cristiana en ciertas relaciones y actividades, pero su comportamiento no será totalmente cristiano de inmediato. Algunos cristianos piensan que una persona que ya está salva, inmediatamente sabe lo que está bien y lo hace. Sencillamente, esto no es así. El nuevo cristiano sabrá que algunas cosas están bien, pero no lo sabrá todo. De acuerdo con George Gallup, h. y Jim Castelli,

la década siguiente a 1950 fue dirigida por una ola de recuperación posbélica, con negocios e industrias expandiéndose y un tremendo crecimiento en las ciudades y suburbios. También fue una década de avivamiento religioso, con un rápido crecimiento en la membresía de las iglesias, especialmente en los pujantes nuevos suburbios. Pero algunos observadores sociales han cuestionado la autenticidad del avivamiento y la profundidad del compromiso religioso, declarando que muchos norteamericanos asistían en mayor número a las reuniones de la iglesia porque era "lo que se debía hacer". [3]

[3] George Gallup, h. y Jim Castelli, *The People's Religion: American Faith in the 90s* (New York: Macmillan, 1989), p. 8.

Las personas no llegan automáticamente a tener sabiduría divina en la experiencia de conversión, ni hacen automáticamente "lo que está bien" por el simple hecho de haber sido salvadas. La actitud de Pedro hacia los gentiles no fue transformada en el momento de su conversión. Dios trajo cambios en su actitud en un momento posterior de su desarrollo como cristiano. Las investigaciones y observaciones indican que, después de la experiencia de conversión, los cambios en la vida de una persona tienen lugar sólo en aquellas áreas en las que hay convicción de pecado. Aun esto no ocurre automáticamente. Esa convicción debe ser profunda como para producir tales cambios.

Tomemos, por ejemplo, un bebedor consuetudinario que tiene una experiencia transformadora con Cristo. Como el hombre ya tiene una profunda convicción de lo pecaminoso de la bebida, abandonará ese mal hábito. Pero su experiencia puede no afectar sus actividades comerciales. Puede seguir obteniendo alquileres excesivos de casas de barrios bajos. Quizá no vea relación entre su propiedad alquilada y su fe recientemente aceptada. Sin convicción de pecado en este aspecto, no se producirá ningún cambio. En la experiencia de conversión, pareciera que el cambio en la vida de una persona tiene lugar en aquellos aspectos en los que hay convicción de pecado.

Una de las tareas del maestro de escuela dominical es la de hacer surgir las áreas en la vida de su clase donde ellos no han estado viviendo de acuerdo con los ideales de Jesús en un nivel que llegan a captar sus falencias. En la clase, los miembros traen sus experiencias diarias para colocarlas a la luz de las enseñanzas de la Biblia. Cuando consideran esas experiencias y buscan un curso de acción cristiano, el Espíritu Santo tiene una oportunidad de producir convicción de pecado y traer un cambio.

La tarea principal que enfrentan los maestros de escuela dominical

Esta es la de *llevar a las personas a experiencias por medio de las cuales lleguen a conocer a Cristo como Salvador y crezcan continuamente a su imagen.* Dicho en breve, los maestros han de descubrir y usar los medios más efectivos para asegurar que se producirán respuestas en la vida de acuerdo con los ideales de Cristo.

En la enseñanza cristiana, ponemos énfasis en que la persona formada en lo religioso es mucho más que aquella que simplemente tiene conocimiento. Es aquella cuyas actitudes y pautas de valor son coherentes con la ética cristiana y que, en todo tiempo, trata de traducir esas actitudes en una conducta adecuada.

No hay una autopista para el aprendizaje. El mejoramiento en el arte de enseñar y de alcanzar resultados es un proceso lento y a veces tedioso. Los principios que se sugieren en este libro pueden ayudar a los maestros para mejorar su enseñanza, pero los principios no se aplican por sí mismos. Si los maestros tienen suficiente atrevimiento como para tratar de usar algunas de estas sugestiones, pueden comprobar que son difíciles de aplicar, por lo menos al principio. No es fácil elaborar un plan para asegurar un estudio bíblico con fines concretos o desarrollar una situación vital para hacer que el estudio sea personal. Si aparecen dificultades, no hay que desalentarse. La práctica paciente hará de estos principios una parte integral del planeamiento de las lecciones. Después de todo, no estamos buscando un camino fácil. ¡Estamos procurando resultados!

2

Comprender el proceso de enseñanza-aprendizaje

Cinco pasos en el proceso de
enseñanza-aprendizaje
Exposición
Repetición
Comprensión
Convicción
Respuesta

De la clase al mundo real

Tres conceptos errados sobre el aprendizaje
Escuchar es aprender
Recitar es aprender
Memorizar es aprender

Cinco principios de aprendizaje
Comprensión previa
Interés
Necesidad
Actividad
Identificación

◆◆◆◆◆◆◆◆◆◆◆◆◆◆

¿Qué es la enseñanza? ¿Cuándo está enseñando un maestro? Los cristianos han gastado millones de dólares construyendo templos y edificios para la educación cristiana. Las habitaciones han sido hermoseadas, el equipo ha sido comprado. Se han gastado millones en literatura educacional, revistas y ayudas para la enseñanza. Los maestros usan miles de horas semanalmente para preparar sus lecciones. Miles de fervientes y consagrados voluntarios cristianos convocan semanalmente sus clases con el declarado propósito de enseñar. Pero ¿comprenden —comprendemos— qué es la enseñanza?

Cinco pasos en el proceso de enseñanza-aprendizaje

Todo maestro desea enseñar de tal manera que lo que enseña haga una diferencia en las vidas de los alumnos. ¿Cómo puede hacerse esto? ¿Qué factores producen una buena enseñanza? Un amigo mío ha hecho la lista de los cinco pasos en el proceso de enseñanza-aprendizaje: exposición, repetición, comprensión, convicción y respuesta.[1]

Paso 1: Exposición
Obviamente, una persona debe ser expuesta a una verdad bíblica antes de poder aprenderla. Esto sugiere una responsabilidad del maestro que no es comúnmente enfatizada en un libro que trata sobre los principios de la enseñanza. Consiste en la responsabilidad de alcanzar tanto a los ausentes como a los alumnos en perspectiva, para el estudio bíblico. Una iglesia puede tener el mejor y más capaz grupo de maestros posible, pero quizá su enseñanza pueda no ayudar a los que están ausentes ese domingo por la mañana. Alguien ha dicho: "No se puede enseñar a un ausente." Ni tampoco tendrá esa enseñanza algún valor para las huestes de adolescentes, jóvenes y adultos que nunca han sido alcanzados. Buscar números por los números mismos es una tragedia. Pero gústenos o no, debemos llegar hasta la gente antes que podamos enseñarles. Por lo tanto, el primer punto esencial

---

[1] Ernest M. Ligon, *A Greater Generation* (New York: Macmillan, 1948), pp. 10-14.

de una buena enseñanza es enrolar a todos los alumnos y miembros en perspectiva para el estudio bíblico.
Sin embargo, la exposición es sólo el primer paso en el proceso de enseñanza. Con demasiada frecuencia, los maestros se han contentado con poner frente a los asistentes la enseñanza bíblica sin continuar con los otros pasos en el proceso de aprendizaje. ¿Cuáles son los otros pasos que debe considerar el maestro?

Paso 2: Repetición

Las escuelas públicas han reconocido hace mucho la necesidad de la repetición para una enseñanza efectiva. Los padres reconocen la misma necesidad en la educación de los hijos. Estos no aprenden buenas maneras cuando su madre les dice una sola vez cómo han de comportarse. ¿Cuántas veces los padres tienen que recordar a los hijos que digan "gracias" antes que eso llegue a ser parte de su conducta normal? Los niños no aprenden actitudes altruistas porque los padres las mencionaron una vez. Es igualmente cierto que el desarrollo de actitudes y hábitos cristianos es el resultado de una constante y persistente repetición.
Dos problemas prácticos y difíciles que son inherentes a la naturaleza de la enseñanza en la escuela dominical, tal como se la practica hoy, son:

▲ Enseñamos con intervalos de una semana; la gente se olvida fácilmente durante la semana lo que aprendió el domingo.

▲ Estudiamos distintos pasajes bíblicos cada domingo.

El maestro bien puede preguntar cómo puede usar la repetición en la enseñanza a la luz de esos dos hechos.
Estos problemas son serios pero no insuperables. En cuanto a ese intervalo semanal, presentamos la siguiente sugerencia: Si el maestro ha tenido un propósito de conocimiento para su lección, puede fácilmente asignar tareas a la clase para que trabaje en ellas durante la semana. Nuestra gente necesita desarrollar la actitud de que un estudio bíblico serio es una parte normal y aceptada de su experiencia cristiana diaria. La preparación durante la semana enriquecerá grandemente el estudio bíblico del domingo. El maestro puede pensar: *¿Cómo puedo lograr que hagan ese trabajo extra? Apenas si consigo que preparen la lección.* Esto significa

que no hemos captado el interés de los miembros en la emocionante aventura del estudio bíblico. Significa que todo lo que hemos estado diciendo en este libro es plenamente cierto. Nuestros miembros están contentos con venir, sentarse y escuchar... pero no hacer nada. Significa que la enseñanza debe ser más efectiva para desafiar y dirigir los intereses de los cristianos hacia el estudio bíblico efectivo.

Pero, ¿cómo logramos que los miembros estudien asignaciones especiales durante la semana? ¡Confiemos que será así! A menudo no tenemos algo porque no lo esperamos. Los miembros de la clase deben llegar a entender que el maestro habla en serio. Por supuesto, las asignaciones deben estar de acuerdo con los niveles de edad y capacidad de los miembros. A éstos se les deben proveer los medios o las ayudas para el estudio. A menudo la gente no estudia la Biblia porque no entienden lo que están estudiando. Debe haber libros disponibles en la biblioteca de la iglesia. Debe alentarse a los miembros a comprar comentarios de poco precio para que tengan una guía en sus estudios. El maestro también debe pedir informes en clase sobre esas asignaciones.

La clase no se transformará de un día a otro, pero los maestros pueden obtener algunos resultados altamente deseables después de algunas semanas o aun meses, dirigiendo la clase paciente pero persistentemente para que entienda que se espera que estudien esas asignaciones semanales. En esta forma, el problema de olvidar lo que se enseñó el domingo disminuirá grandemente. Si el maestro tiene en mente una respuesta en la conducta, la tarea de prosecución, si es cumplida por el maestro, llevará a los miembros de la clase a practicar la verdad espiritual durante la semana. De ese modo, una vez más, el problema está solucionado en buena medida.

El hecho de que haya un estudio diferente cada semana no elimina el uso de la repetición. Hay tres cosas que pueden decirse. Primera, que el maestro debe aprender a usar metas para cada unidad. En el capítulo 16 descubriremos que, con el énfasis en las respuestas de conducta, toda la unidad debe tener esa meta en todos los estudios. De ese modo, cuando se enseña cada uno de los estudios, el maestro estará repitiendo desde distintos puntos de vista la misma verdad espiritual que deben aprender los alumnos. Segunda, el maestro debe tener como hábito hacer un breve resumen del estudio del domingo anterior en cada clase. De esta manera, cada estudio estará relacionado con el anterior. Tercera, los materiales del currículo repetirán las doctrinas bíblicas y los ideales espirituales año tras año para tener ayuda en diferentes etapas de nuestro desarrollo personal. De ese modo, hay lugar para la repetición.

Paso 3: Comprensión

La compresión es uno de los pasos más importantes del proceso de aprendizaje. R. S. Osmer dice: "En el corazón de la enseñanza hay un aumento en la comprensión del tema en estudio por parte del estudiante."[2] Sin embargo, en la esfera de la enseñanza religiosa, la comprensión quizá es uno de los pasos más descuidados. Muchos de nosotros aprendemos lo que dice la Biblia sobre varias cosas, pero no entendemos lo que esas enseñanzas significan para nuestra vida diaria. Uno de nuestros líderes nacionales dijo una vez que todos nuestros problemas nacionales e internacionales podrían ser resueltos si todos practicaran la Regla de Oro. La afirmación fue recibida con aclamación; ciertamente todos estaríamos de acuerdo con ella. Pero ¿qué significaría para la vida personal de cada uno si estuviera practicando la Regla de Oro? ¿Qué cambios produciría en sus relaciones con los vecinos? ¿Qué comenzaríamos a hacer por los desposeídos que viven en nuestra ciudad? ¿Cómo practicaríamos la Regla de Oro en nuestra actitud hacia los de otras razas y culturas? Como se ve, comprender qué significa la Regla de Oro en la acción específica en nuestras vidas personales es ciertamente difícil.

Las Bienaventuranzas nos presentan un bosquejo del más alto tipo de vida cristiana. Creemos que són "bienaventurados los pobres en espíritu, porque de ellos es el reino de los cielos" (Mat. 5:3), pero ¿qué significa esa enseñanza para nuestra vida personal? ¿Qué empezaremos a hacer la semana próxima que no hemos estado haciendo, si hemos de poner en práctica esa enseñanza de Jesús? Me atrevo a decir que no sería difícil para el lector ni para mí pensar en algo. Es importante que creamos en estos grandes ideales y enseñanzas de Jesús. Pero son de poco valor a

---

2 Richard Robert Osmer, *A Teachable Spirit* (Louisville: Westminster/John Knox Press, 1990), p. 21.

menos que entendamos lo que significan en términos de actitudes y acciones específicas en nuestra vida personal diaria. Una de las debilidades de buena parte de la actual enseñanza de la escuela dominical está en que enseñamos generalidades vagas en vez de llevar a las personas a comprender específicamente lo que significan esas enseñanzas de Jesús en sus actividades diarias.

Paso 4: Convicción

No basta con comprender. También debe estar presente la convicción si ha de ocurrir un cambio en la vida de una persona. Los individuos deben creer la enseñanza hasta el punto de que estén dispuestos a seguirla al margen de la dificultad que implique. Deben tener una convicción tan fuerte que los lleve a la acción. Por ejemplo, los adolescentes en general entienden que, si siguen el ideal del amor en sus relaciones familiares, lo que tienen que hacer es mantener ordenada su habitación y sus ropas en su lugar. Sin embargo, un adolescente que tiene una convicción en un momento dado o en una circunstancia particular sobre la práctica del amor tendrá algo muy pobre si el único resultado es que ordene su cuarto (¡Pida detalles a los padres de adolescentes!)

Los adultos tienen el mismo problema. Hay muchas verdades espirituales que decimos creer, pero nuestras convicciones no tienen la suficiente fuerza como para hacer que nuestras vidas se conformen a esos ideales. Creemos que Jesús estaba en lo cierto cuando dijo que si alguno quiere seguirle, también debe tomar su cruz (Mat. 16:24). A pesar de que declaremos que creemos en su enseñanza, nuestras vidas indican que realmente creemos que el interés en sí mismo es superior al sacrificio de sí mismo. Una vez más encontramos que Jesús dijo: "Bienaventurados sois cuando os vituperan y os persiguen, y dicen toda clase de mal contra vosotros por mi causa, mintiendo. Gozaos y alegraos porque vuestra recompensa es grande en los cielos" (Mat. 5:11, 12). Podemos creerlo, pero no creemos en ello con suficiente convicción si como cristianos no estamos listos para luchar contra el pecado con tal fervor que aquellos que estén dedicados a malos negocios y actividades perversas nos insulten y persigan. Simplemente no creemos que ese sea el camino para ser feliz. Y además Jesús dijo: "Amad a vuestros enemigos, y orad por los que os persiguen" (Mat. 5:44). Creemos que éste es el verdadero camino en que vivir, la forma en que una persona puede ser feliz. Sin embargo, no creemos en ello con la convicción necesaria como para que ese principio nos controle día por día.

Al tratar de enseñar para llegar a tener una vida cristiana, al buscar resultados en las vidas de aquellos a quienes enseñamos, la convicción es un factor central y necesario. Es evidente que es posible que los cristianos crean las doctrinas religiosas y los ideales espirituales, y sin embargo, no tengan una convicción lo bastante profunda como para llevarlos a seguir esas verdades en su vida diaria. Por ello los maestros cada vez comprenden mejor la dificultad de su tarea. No les es suficiente exponer los ideales cristianos ante la clase repitiendo esas verdades domingo tras domingo; ni siquiera es suficiente que guíen a los alumnos a entender lo que ellas significan para sus vidas personales. Los maestros deben hacer eso, pero deben hacer más. Deben guiar a sus alumnos a aceptar y creer en esos ideales espirituales con una convicción tan profunda que lleguen a ser fuerzas activas y directivas para cambiar la vida de cada persona en armonía con ellos.

Paso 5: Respuesta

Los maestros deben discutir con sus alumnos durante la clase las formas y posibles oportunidades que tendrán para expresar en forma activa la verdad que ellos han estudiado. Por ejemplo, si el estudio es sobre el deber de ayudar a los que están en necesidad, ¿qué debe hacer la clase al respecto? ¿Hay alguna familia necesitada en la comunidad a la cual pudiera ayudar la clase? ¿Hay algún grupo minoritario que necesita apoyo? ¿Debe ir la clase a ministrar a la cárcel? En otras palabras, los alumnos ¿se limitarán a hablar de los necesitados o harán algo para ayudarles? El planeamiento de esta expresión del ideal cristiano es sólo una parte de la enseñanza como cualquier otra parte del estudio. De hecho, es el clímax y la clave de toda buena enseñanza.

Los maestros de escuela dominical reconocen que sus alumnos no han aprendido sus enseñanzas hasta que no las ponen en práctica diariamente. Los maestros no han enseñado lo suficiente hasta que sus alumnos no han comenzado a vivir de acuerdo con lo que han aprendido. Un amigo me compartió esta ilustración sobre este tipo de enseñanza y aprendizaje:

Un muchacho tenía como trabajo el juntar los papeles que se habían acumulado en el sótano durante la semana y quemarlos. Una mañana un chico vecino golpeó la pila de papeles haciéndola caer más rápido de lo que había tardado en juntarla. El padre decía que su única recomendación concreta a su hijo fue: "¡Pégale!" La sorprendente respuesta del hijo fue: "Papá, no creo que ése sea el camino." Sabiendo que eso no era provocado por el temor, ya que peleaban a menudo, el padre decidió buscar otra solución. Finalmente el hijo resolvió el problema de esta forma. Se acordó que el otro chico también tenía un trabajo los sábados por la mañana y le dijo: "Si me ayudas a hacer mi tarea, yo te ayudaré con la tuya." El padre terminaba su historia diciendo: "He ido toda mi vida a las reuniones de la iglesia, pero en cuanto a lo práctico, debo quitarme el sombrero ante mi hijo."[3]

Este es el tipo de aprendizaje que buscamos. Esto es cristianismo en acción. Y eso contesta nuestra pregunta de qué es la enseñanza.

Cinco pasos en el proceso de enseñanza-aprendizaje

1. Exposición
2. Repetición
3. Comprensión
4. Convicción
5. Respuesta

De la clase al mundo real

En cada etapa de la vida, el aprendizaje se desarrolla normal y naturalmente. El bebé aprende a comer con una cuchara. El niño pequeño aprende a atarse los cordones de los zapatos. El niño mayor aprende a patinar, a jugar al fútbol y a cocinar un pastel. El joven aprende a manejar un automóvil. El adulto aprende lo que corresponde a su vocación. Una y otra vez en la vida, la enseñanza ocurre naturalmente en las experiencias diarias.

---

[3] Ligon, *A Greater Generation*, p. 15.

Pero este tipo de aprendizaje, si bien es efectivo, a menudo es azaroso, inadecuado y a veces inexacto. Para superar esos inconvenientes, la sociedad ha establecido las escuelas públicas y las iglesias han organizado las escuelas dominicales. Las escuelas superan las experiencias de un aprendizaje sometido al azar y a la ocasión (y tratan de evitar las experiencias de aprendizaje desagradables e indeseables) introduciendo el factor del control en la experiencia de los alumnos para dirigir sus actividades de aprendizaje. La ubicación en el aula estructura el aprendizaje con libros que deben ser estudiados, con un programa que debe ser cumplido y con objetivos establecidos que deben ser procurados.

Exactamente en este punto podemos comenzar a tener problemas al ayudar a otros a aprender. Extraemos el aprendizaje de las experiencias normales de la vida y lo colocamos en un ámbito no natural, o sea una clase. En ella nos dedicamos a enseñar y aprender de una manera totalmente distinta de lo que lo hacemos en la experiencia de la vida ordinaria. Sustituimos la autoridad por la libertad, la disciplina por el interés; damos tareas más bien que enfrentar necesidades; estudiamos lecciones más bien que estudiar la vida y finalmente sustituimos las cosas que deben ser aprendidas por la vida misma.

Pero en cuanto a la educación religiosa, debemos colocar el aprendizaje en la clase porque no podemos depender enteramente de las azarosas experiencias de la vida para una educación completa de niños o adultos. Por lo tanto, el maestro debe buscar la forma de ser un puente sobre lo que falte al alumno entre lo antinatural de la clase y las experiencias normales de la vida. El maestro debe tratar de identificar los principios que actúan cuando la gente aprende en las experiencias normales de la vida y usarlos en la clase. ¿Cuáles son algunos de esos principios? Más adelante en este capítulo identificaremos cinco de ellos.

Por supuesto, hay muchos tipos de aprendizaje. Hay una teoría de aprendizaje para cada tipo. Al estudiar cómo aprende la gente tenemos que preguntarnos: "¿Qué tipo de enseñanza tenemos en mente?" En este estudio, tenemos en mente el aprendizaje que produce actitudes y conductas cambiadas.

Tres conceptos errados sobre el aprendizaje

Concepto errado 1: Escuchar es aprender

En primer lugar, así como informar no es necesariamente enseñar, del mismo modo escuchar no es necesariamente aprender. En nuestras escuelas dominicales se escuchan muchas cosas a medida que se enseñan las lecciones, pero el maestro puede sentirse confundido si, al fin de una unidad, se hiciera una simple prueba para descubrir cuánto se ha aprendido realmente. Escuchar es un factor del aprendizaje. Pero se equivocará el maestro que dé por sentado que, simplemente porque él esté hablando, necesariamente tiene lugar una enseñanza.

Concepto errado 2: Recitar es aprender

Del mismo modo, recitar no es necesariamente aprender. A menudo, el maestro piensa que el alumno ha aprendido si es capaz de responder correctamente las preguntas que le hace el maestro. Sin embargo, ese recitado no significa necesariamente que el alumno usará en la experiencia de su vida lo que acaba de recitar. Los alumnos de escuela dominical aprenden a muy temprana edad lo que el maestro espera que digan y dan con mucha exactitud la respuesta a las preguntas que él quiere escuchar. En demasiados casos, los alumnos no dicen lo que realmente están pensando. En ciertos casos, recitan respuestas que ni siquiera entienden. Un profesor de psicología contaba que había pedido a un estudiante que definiera cierto término de la materia. El estudiante dio una definición perfecta. Luego pidió al alumno que explicara lo que significaba esa definición. El estudiante respondió: "Profesor, no tengo la menor idea." Si bien es cierto que ayuda hacer preguntas y contestarlas, la simple recitación —una mera verbalización— no significa necesariamente que se ha aprendido.

Concepto errado 3: Memorizar es aprender

De la misma manera, la memorización no significa necesariamente que se ha producido el aprendizaje. Aprender versículos bíblicos es importante para la vida de toda persona. Sin embargo, estos versículos deben convertirse en influencias directas y controladoras en la vida y experiencia de una persona. El maestro puede sentirse ufano cuando su alumno Juanito cita en clase "Amaos unos a otros". Pero, si después de la clase, Juanito sale del templo y tira del cabello de su hermana hasta que ésta llora, ese versículo aún no ha llegado a ser una influencia controladora y directa en la vida de Juanito. Si bien memorizar la Escritura es algo útil, el maestro debe reconocer que la simple memorización no es suficiente. La Escritura debe ser aprendida en relación con la experiencia de cada persona.

Tres conceptos errados sobre el aprendizaje

1. Escuchar es aprender
2. Recitar es aprender
3. Memorizar es aprender

Cinco principios de aprendizaje

Examinaremos ahora cinco principios significativos del aprendizaje. La aplicación de esos principios en la clase ayudará a enseñar obteniendo resultados.

Principio 1: Comprensión previa

Explora el nievel de Comprensión y experimenta del estudiante tiene del tema

El aprendizaje comienza en el punto en que encontramos al alumno. Esto puede parecer obvio, pero, sin embargo, es necesario afirmarlo. Un erudito capacitado puede dar una brillante conferencia sobre energía atómica, explicando cómo actúan los electrones y los neutrones. Pero yo estaría muy incómodo y desinteresado porque no sé nada de esos temas. Si los científicos nucleares quieren llegar hasta mí, si quieren ayudarme a entender, deben comenzar en un nivel muy bajo de explicación. Lo que yo necesito aprender puede parecer demasiado elemental para los eruditos, pero si quieren que los acompañe en su viaje intelectual, deben comenzar donde yo estoy.

Del mismo modo, al enseñar en la escuela dominical, muchos alumnos son dejados atrás cuando los maestros avanzan en su viaje espiritual porque éstos no comienzan donde están aquéllos. Si la meta del maestro es aportar conocimiento bíblico, debe saber cuál es el que ya tienen los alumnos y qué es lo que les falta. Si la meta del maestro es llevar a los alumnos a profundizar en algún aspecto específico su práctica en curso de la devoción cristiana, debe saber cuál es su actitud al momento en cuanto a la oración, los problemas que enfrentan para tener fe en el poder de la oración y los que tiene en su práctica. No puede dar una clase genérica sobre la oración y dar por sentado que eso hará bien a los alumnos. Por cierto, no les hará el bien que podría hacer si hubiera conocido los problemas específicos como para empezar desde allí.

Con frecuencia, los maestros dan por concedidas muchas cosas. Consideran que los alumnos saben y entienden mucho más sobre la Biblia y la vida cristiana de lo que realmente saben. Probablemente, la única diferencia entre los adolescentes y los adultos en este punto es que los adultos han aprendido a quedarse sentados tranquilamente aunque no tengan interés en lo que se hace; los adolescentes no lo han aprendido todavía. Unos y otros no han aprendido cuando el maestro no llega hasta ellos en el nivel de su comprensión y a la luz de sus experiencias pasadas.

Aquello que necesitan saber los alumnos y las experiencias que ellos necesitan tener pueden parecer elementales al maestro que ha estudiado y entendido esos asuntos mucho antes, pero la lección carecerá de sentido a menos que el maestro comience en el punto en que están los alumnos.

El maestro debe conocer con suficiente intimidad a los alumnos como para saber su nivel de comprensión y sus actitudes en el aspecto que está siendo estudiado. El maestro debe comenzar con ello a la luz y en los términos de su comprensión y desarrollo en el momento dado. El aprendizaje comienza donde está el que aprende. Nuestro primer principio sobre el aprendizaje es este: *Aprendemos agregando algo a lo que ya habíamos entendido.*

Principio 2: Interés
El aprendizaje se basa en el interés. En las experiencias de la vida normal, aprendemos mejor cuando se trata de cosas en las que estamos interesados. ¿Qué aprenderá mejor un muchacho quinceañero: a conducir un automóvil o a lavar platos? Por cierto que a conducir un automóvil. ¿Por qué? Porque está mucho más interesado en ello. Cuando analizamos esta ilustración más

bien sencilla, el factor del interés se nos hace más significativo. A pesar de las protestas que acompañan el lavado de platos, es mucho más difícil conducir un automóvil que lavar platos; exige mucha más concentración; pone mucha más presión sobre el alumno. Hay mucha más posibilidad de fracaso al aprender a estacionar un vehículo en su lugar exacto. Pero un quinceañero se dedicará con empeño a la tarea de aprender a manejar. ¿Por qué? Su deseo de hacerlo es tan fuerte que le da la voluntad de pagar cualquier precio que sea necesario para el éxito. ¿Tienen miedo del trabajo duro los adolescentes (y los adultos)? No necesariamente. Trabajarán duro en tareas difíciles si tienen suficiente interés como para hacer bien su trabajo.

¿Qué dice esto a quienes enseñan en la escuela dominical? Si esa es la forma en que Dios nos ha hecho, si este es el camino en que aprendemos, entonces debemos reconocer y observar este principio en nuestra enseñanza. Significa que la pregunta "¿Cómo puedo despertar el interés de mi clase en esta lección?" es tan importante como la cuestión de lo que vamos a enseñar en dicha lección. Lamentablemente, muchos de nuestros maestros han estado interesados sólo con el segundo asunto. Han pasado largas horas de estudio preparando lo que han de enseñar, pero han dado poca o ninguna consideración a la tarea de despertar la curiosidad y estimular el interés del grupo en ese estudio en particular. Por supuesto, lo que vamos a enseñar es básico y fundamental; debemos enseñar la Palabra de Dios. Pero a menudo nos limitamos a poner a la gente frente a la verdad bíblica y esa mera exposición no los cautiva. ¿Realmente aprenderán los alumnos lo que enseñamos? Eso es determinado, al menos en parte, por el grado de interés que tengan en la lección.

Alguno puede objetar, diciendo: "Esta gente debe estar interesada en lo que enseñamos. Estamos enseñando la Biblia, que es la verdad eterna de Dios." Ciertamente, todos estaremos de acuerdo en que la gente debe estar interesada en estudiar la Biblia. Pero hablar de lo que la gente debe hacer y ser no resolverá nuestro problema. Debemos tomar a la gente tal como es. Por lo tanto, si la gente es así, el maestro que ignore el principio del interés lo hará en detrimento de sí mismo y de los alumnos.

Debemos agregar una palabra más: el maestro debe reconocer que hay una diferencia entre su interés y el de los alumnos. El maestro puede estar profundamente interesado en el tema que se estudia, pero los alumnos quizá estén sentados pasivamente y no aprenden nada. El maestro no debe dar por sentado que, porque él tiene interés, los alumnos lo estarán de la misma manera.

Como el aprendizaje se basa en el interés, al preparar su estudio, el maestro debe hacer planes cuidadosos para despertar la curiosidad y estimular el interés de la clase desde el comienzo de la lección, dándose cuenta de que hay poco valor en seguir adelante con el mismo hasta que tal interés se haya asegurado porque el interés se basa en la necesidad. Al hacer esto, el maestro está aplicando nuestro segundo principio sobre el aprendizaje: *Aprendemos aquello que nos interesa.*

Principio 3: Necesidad

El aprendizaje se basa en la necesidad. La necesidad sentida por el alumno está estrechamente ligada a su interés. Repito, debemos observar a la gente en sus relaciones diarias normales para comprobar si aprenden lo que necesitan saber. Imaginemos que un hombre y su esposa acaban de traer del hospital un bebé recién nacido y la señora debe quedarse en cama. No hay nadie que le ayude. ¿Qué aprenderá más pronto el esposo? ¿Cómo preparar la leche del bebé o cómo conjugar un verbo? Por supuesto, aprenderá a preparar el alimento del niño. ¿Por qué? Porque siente la necesidad.

Esto significa que el maestro debe conocer íntimamente a sus alumnos y sus necesidades. Con estas necesidades en mente, debemos estructurar el enfoque de la lección como para enfrentar las necesidades que ellos sienten y ayudarles a resolver sus problemas. El maestro puede decir: "Eso no es fácil de hacer." Por cierto que no. La enseñanza no es fácil. Sin embargo, debe tenerse en cuenta este principio si ha de lograrse una enseñanza efectiva. Los maestros deben preparar sus lecciones con esta cuestión siempre en mente: "¿Qué necesidad o necesidades tienen mis alumnos que son tenidas en cuenta en esta lección? ¿Cómo puedo ordenar la presentación y la consideración de estos materiales de modo que se traten esas necesidades?"

Si el maestro está presentando un pasaje del libro de Amós a un grupo de adolescentes o adultos, debe encontrar en el pasaje lo que los miembros necesitan en su vida actual. Los alumnos no estarán muy interesados en lo que Amós dijo o hizo hace más de 2.500 años. Como viven en el mundo actual, tienen cuestiones que necesitan respuesta, problemas que necesitan solución y ciertas actitudes que necesitan ser cambiadas.

Cuando el maestro prepara la lección, investiga cuidadosamente el libro de Amós, pero también observa la vida de los miembros de su clase. Más tarde o más temprano, comprueba que las preguntas que Amós trataba de contestar, las actitudes que trataba de cambiar y los problemas que trataba de resolver son similares a los que enfrenta hoy la gente. El maestro debe identificar las necesidades de sus alumnos. Comenzará con ellas y dejará que Amós las conteste. De esa manera, la clase y la Biblia serán algo más vivo para los alumnos. Así es como debe usarse la Biblia: no simplemente como fuente para pláticas devocionales, sino guía de Dios para la vida, que nos ayuda a contestar nuestras preguntas, a resolver nuestros problemas y a servir como trasfondo sobre el cual nuestras actitudes deben ser analizadas, evaluadas y cambiadas cuando no se adecuan a las enseñanzas de Dios.

La primera tarea de un maestro no es la de exponer el material, sino de enfrentar las necesidades de sus alumnos. Al preparar la lección, el maestro debe identificar específicamente las necesidades de los alumnos que pueden ser enfrentadas con ese estudio en particular. Entonces los materiales deben ser ordenados y el estudio enseñado de tal modo que esas necesidades sean enfrentadas. El interés se basa en la necesidad. De modo que el tercer principio es el de la necesidad: *Aprendemos lo que necesitamos aprender.*

Principio 4: Actividad

El aprendizaje tiene lugar por medio de la actividad. Un educador ha definido la enseñanza como la conducción de los alumnos a que se dediquen a actividades deseables y con propósito claro. Todos hemos oído del tedio que a veces experimentan los alumnos en la escuela, al escuchar a un profesor árido que dicta una conferencia aun más seca. Alguno ha dicho agudamente que una exposición escolar es el proceso por el cual las notas del profesor llegan al anotador de los alumnos sin pasar por la mente de ninguno de los dos. Sin embargo, fijémonos en los estudiantes que escuchan la exposición del profesor. Están tomando notas. ¿Están aprendiendo? Si no es así, ¿por qué no? Si están aprendiendo, ¿qué es lo que está presente? Es completamente posible que uno escuche una exposición escolar o en el templo sin aprender nada. *La actividad o respuesta de parte del estudiante es una parte crucial del aprendizaje.*

Alguien podrá hacer enseguida una pregunta: "¿Qué quiere decir 'actividad'? ¿Quiere decir usted que mis alumnos adultos deben hacer lo que cuenta la parábola del buen samaritano antes que se pueda decir que han aprendido?" Por supuesto que no. Esta actividad o respuesta puede ser mental, emocional o física. El maestro puede estimular a que la clase piense. Puede haber preguntas que vayan y vengan entre el maestro y los alumnos. A menudo, serán los alumnos los que harán las preguntas. Quizá haya un cambio de ideas entre ellos. Esta actividad mental puede llevar al aprendizaje. Los alumnos quizá tengan una respuesta emocional porque sus sentimientos han sido tocados, sus ideales han sido elevados, sus convicciones profundizadas o sus actitudes cambiadas. En cualquier caso, cuando actúa el maestro, el alumno debe reaccionar de modo que haya lugar para el aprendizaje.

Cuando enseñamos a los adolescentes y adultos, enfrentamos un problema. Cuando observamos la forma en que aprenden, tomamos conciencia de que también aprenden por medio de la actividad física. Un joven puede aprender a construir y operar un aparato de radio. El adulto aprende cómo hacer una visita efectiva a un cliente en perspectiva. A esto lo llamamos *aprendizaje por medio de la experiencia.* Este camino de aprendizaje ¿está vedado en la enseñanza de la escuela dominical? Por cierto que no. Necesitamos tener una conciencia más aguda de que la actividad no se limita a la clase en la escuela dominical.

Con mucha más frecuencia de lo que hacemos ahora, necesitamos aprender a guiar a nuestros miembros en actividades con fines determinados y ministerios que puedan llevarse a cabo fuera de la clase. Por cierto, el maestro comprobará que al cumplir estas actividades y ministerios, los alumnos a menudo aprenden una religión más práctica para sus vidas personales y desarrollan actitudes más cristianas de lo que ocurriría por el simple hecho de escuchar a un maestro —a cualquier maestro— en una clase.

Si el maestro quiere que la clase desarrolle un espíritu realmente misionero, entonces debe guiarla a algún ministerio misionero en la comunidad. Si el maestro lograra que la clase desarrolle una preocupación por los necesitados y marginados, debe guiarlos en un ministerio específico en el cual los alumnos ayuden a aquellos.

Sin embargo, para que esas experiencias produzcan el máximo de beneficio, cada individuo debe participar en el ministerio en forma personal y no por intermedio de otro. Falta algo esencial en nuestras vidas cristianas cuando simplemente damos dinero y permitimos que otros tengan la experiencia personal de ayudar a los necesitados. ¿Desea el maestro despertar en el grupo una preocupación profunda debido al pecado que hay en la comunidad? Entonces dirija a la clase a un ministerio destinado a eliminar algún pecado notorio en la comunidad y no sólo a hablar de él en clase. Seguramente eso demanda tiempo y trabajo, y la clase puede comprobar que sus manos se ensucian en la tarea. Pero esa es la forma en que desarrollamos el espíritu de Jesús y seguimos su ejemplo. ¿Quiere el maestro que la clase desarrolle conciencia de los males sociales de la comunidad? Entonces dirija al grupo a corregirlos. Será difícil. Quizá sean criticados, pero lo mismo pasó con Jesús. No podemos aprender qué es el cristianismo simplemente hablando. Aprendemos por medio de la experiencia. En la escuela dominical hablamos mucho, pero lo que se precisa es más acción.

Esa es la forma en que enseñaba Jesús. Después de un período de instrucción, mandó a los 12 y luego a los 70 a prestar servicio y también a aprender por medio de la experiencia el gozo del servicio. Volvieron entusiasmados con su experiencia. No podemos hacer nada mejor que seguir el ejemplo de Jesús en esta forma de enseñanza. Hacer menos es quedar lejos de la meta.

Al preparar el estudio, el maestro debe hacer planes para estimular a los alumnos a realizar actividades con fines determinados. Esta actividad puede ser mental, emocional o física. Puede tener lugar tanto dentro como fuera de la clase. Aprendemos mejor por medio de la experiencia; por lo tanto, siempre que sea posible, dirija a la clase a experiencias cristianas deseables. Recuerde que nuestro cuarto principio de aprendizaje es el principio de la actividad: *Aprendemos por medio de la actividad.*

Principio 5: Identificación

Aprendemos por medio de la identificación. Los educadores no han apreciado debidamente ni han puesto bastante interés en esto en el pasado. Al parecer, han estado tan preocupados con las teorías pedagógicas y los manejos psicológicos que no han logrado reconocer la importancia de la vida y personalidad del maestro en el proceso de enseñanza-aprendizaje. Algunos dan a esto el nombre de enseñanza encarnacional.

> La enseñanza encarnacional es la que expresa la revelación de Dios en el mundo, enseñando lo cual se respeta el carácter precioso de la vida cada vez que se la encuentra... Se la puede esperar en la relación maestro-estudiante, en las cualidades de la vida de cada persona en el proceso educacional, en las vidas de los excluidos o marginados por el proceso educativo, en las alegrías o tragedias de cada momento y en los actos de compasión y de ira ante la injusticia.[4]

Este tema es tan importante que los capítulos 3 y 17 tratarán al respecto con más profundidad. Aquí sólo podemos hacerlo brevemente.

Ross Snyder, ex profesor de la Escuela de Teología de la Universidad de Chicago, dijo una vez que, si queremos descubrir qué clase de persona es alguien, debemos preguntarle por sus padres y demás personas relacionadas con él en sus primeros años formativos. Esto es simplemente otra forma de decir que aprendemos los aspectos básicos de la vida por medio de la identificación personal.

Obtenemos nuestros ideales, nuestros gustos y disgustos, nuestros conceptos de lo malo y la bueno, nuestras actitudes hacia los demás y muchos otros conceptos básicos a partir de la persona o personas con quienes nos identificamos. Esto tiene un significado particular para los maestros cristianos porque nuestra preocupación por ayudar a otros hace desarrollar las actitudes fundamentales que dirigirán y controlarán sus vidas. En un análisis final, la escuela dominical es buena sólo en la medida en que los maestros lo son en la identificación personal.

Esto hace más fácil la enseñanza en la escuela dominical, pero también la hace más dura. La identificación personal hace más

---

[4] Mary Elizabeth Mullino Moore, *Teaching from the Heart* (Minneapolis: Fortress Press, 1991), p. 92.

fácil la enseñanza allí porque el maestro no pre
mente ser un especialista en teoría educativa y er
gógicas. Pero la identificación personal hace qu
allí sea más difícil porque el maestro debe llevar u
digna de imitar y que inspire a hacerlo.

Cinco principios de aprendizaje

1. El principio de la comprensión previa: Aprendemos sumando a lo que ya hemos entendido.
2. El principio del interés: Aprendemos lo que nos interesa.
3. El principio de la necesidad: Aprendemos lo que necesitamos aprender.
4. El principio de la actividad: Aprendemos por medio de la actividad.
5. El principio de la identificación: Aprendemos por medio de la identificación.

¿Por qué alguien se identifica con una persona y no con otra? ¿Por qué acepta y sigue las actitudes e ideales de esa persona y no de la otra? Cada cual tiende a identificarse con quienes le resultan más atractivos y aprenderá más de esas personas que le son atractivas que de otras. Esto implica mucho más que un atractivo físico. Se refiere al tipo de persona que corporiza de manera atractiva y apeladora las cualidades e ideales que cada individuo considera deseables y hacia los cuales dirige su vida.

¿Cómo se aplica esto a la enseñanza religiosa? Lamentablemente algunos maestros viven bien su vida cristiana pero de tal manera que nadie quiere ser como ellos. Igualmente lamentable es que en ciertos casos aquellos cuyas vidas son más atractivas también son los que tienen poca o ninguna vida espiritual. La razón para que eso ocurra no está primordialmente en que los últimos se dediquen a placeres pecaminosos que apelan a toda personalidad humana. La vida de la persona atractiva es cálida e invitante. La vida cristiana debe ser más atractiva que otras clases de vida. Si lo es o no, depende de aquel que la está viviendo.

El maestro cristiano debe tratar de corporizar los ideales de Cristo de manera tan atractiva y grata que su vida resulte digna de imitación y que la inspire. Este es nuestro quinto principio del aprendizaje: *Aprendemos por medio de la identificación.*

3

Algunas dinámicas en el acto de enseñar

Factores que dependen del maestro
    Actitud del maestro hacia el alumno
    Actitud del maestro hacia el material
    Actitud del maestro hacia la enseñanza
    Personalidad del maestro

Factores que dependen del alumno
    Concepto del alumno sobre sí mismo
    Concepto del alumno sobre los demás
    Concepto del alumno sobre el maestro
    Concepto del alumno sobre su situación

Factores que dependen del acto de aprender
    Espíritu de la clase
    Aula
    Tamaño de la clase

El Espíritu Santo como maestro

◆◆◆◆◆◆◆◆◆◆◆◆◆◆

La enseñanza no es solo técnicas y métodos. No se trata simplemente de apretar el botón adecuado para obtener la respuesta correcta. Hay factores dinámicos en el acto de enseñanza-aprendizaje que van más allá de las técnicas y los métodos. *Las dinámicas de la enseñanza pueden ser definidas como aquellos factores o fuerzas que forman parte del acto de enseñanza-aprendizaje que producen acción, reacción o interacción.* Estas ocurren dentro de las personas, entre las personas y el tema, entre la persona y el maestro o entre una persona y el grupo.

Un muchacho de 12 años había sido promovido a una nueva clase. Su nuevo maestro tenía bigote. El muchacho tenía una aversión inconsciente hacia los hombres con bigote. Esta aversión influiría el acto de enseñanza-aprendizaje. A veces estas dinámicas pueden provocar reacciones indeseadas o, por el contrario, pueden provocar reacciones deseables. Por ejemplo, una clase de jovencitas con la más atractiva mujer joven de la iglesia como maestra puede reaccionar hacia ella con un entusiasmo tan positivo que su cuadro mental para el aprendizaje puede aumentar grandemente.

Estos factores dinámicos en el acto de enseñanza-aprendizaje a menudo son difíciles de identificar. También son difíciles de controlar. El maestro debe tener conciencia de ellos y tratar de controlarlos y dirigirlos si quiere despertar una situación favorable al aprendizaje. Cualquier cosa relacionada con la situación de enseñar, al margen de lo trivial que sea, puede ser un factor dinámico: qué tipo de ropa usa el maestro, qué pasó en casa antes que el alumno llegue a la escuela dominical, si el piso está sucio, si el maestro pasó una buena noche, etc. Cualquier cosa que produzca acción o reacción entre maestro y alumno afecta el aprendizaje. El estudio siguiente ayudará a que el maestro identifique algunos de esos factores.

Factores que dependen del maestro

Los dos ejemplos que dimos antes ilustran factores que tienen su origen en el maestro. Allí tendrán su origen la mayoría. ¿Cuáles pueden ser otros?

Actitud del maestro hacia el alumno

La actitud del maestro hacia el alumno es importante. ¿Lo respeta como persona? ¿Muestra un interés personal en él? Su forma de enseñar ¿indica más interés en el contenido de lo que será enseñado que en la persona a la que se enseñará? ¿Acaso el maestro ve a los alumnos sólo como recipientes vacíos que deben ser llenados? Los alumnos captan rápidamente la actitud del maestro hacia ellos y reaccionan positiva o negativamente según sea el caso.

¿Ha construido el maestro una estrecha relación personal con la clase? Esta relación amistosa a menudo es edificada por medio de contactos entre maestro y alumnos fuera de la clase, por medio de la visita a su casa, ocasiones sociales, charlas personales, contactos incidentales y muchas otras formas. ¿Sienten los alumnos que el maestro los entiende y aprecia plenamente sus problemas, sus dudas, sus dificultades? El maestro que ha desarrollado esta relación personal ha dado un gran paso hacia la formación de una situación educativa favorable.

Actitud del maestro hacia el material

También tiene importancia la actitud del maestro hacia el material que debe ser estudiado. Si el maestro enfoca el estudio de una manera descuidada y lo presenta como si fuera un material aburrido y árido, que tiene la obligación de presentar, los alumnos responderán de la misma manera. Lo que se enseña debe ser vital y vívido en la experiencia del maestro si se ha de crear una reacción favorable en el alumno. Cuando el maestro trata de hablar sobre el perdón, la fe, el amor por los perdidos, esa verdad debe ser una parte genuina e integral de su experiencia. Cierto tipo de enseñanza deja fría a la clase porque aparece como si saliera de un refrigerador experimental.

Los cristianos del primer siglo sabían poco o nada de psicología o pedagogía, pero tenían un muy excelente método de enseñanza: enseñaban la ardiente realidad de sus experiencias. Cuando hablaban sobre ser valientes frente a la dificultad o sobre dejarlo todo por seguir a Cristo, sabían de qué estaban hablando y los alumnos comprendían que el maestro ya lo había experimentado. Este es una de las dinámicas fundamentales del proceso de enseñanza.

Actitud del maestro hacia la enseñanza

Una forma rígida y autoritaria por parte del maestro puede crear una barrera en la clase que hace difícil que los alumnos aprendan. El maestro puede tener un excelente dominio de lo que será estudiado y puede haber planeado el estudio con cuidado. Pero si reacciona desfavorablemente a las técnicas educativas, inevitablemente el resultado del aprendizaje se verá perturbado.

¿Tiene el maestro una actitud de sabelotodo? Esto suele provocar una actitud negativa. Un maestro debe tratar de dominar el material, pero los alumnos no deben esperar que el maestro lo sepa todo. Un buen maestro a veces tiene que decir: "No lo sé. Vamos a averiguarlo." El maestro debe estar dispuesto a admitir sus limitaciones sin disimularlas.

¿Trata el maestro de conocer y apreciar las experiencias de los alumnos? ¿Está dispuesto a que los alumnos no estén de acuerdo entre sí y con él sin sentirse amenazado o inseguro por ello? Un estudiante señaló: "El maestro no ha actuado conmigo de la misma manera desde que no estuve de acuerdo con él sobre cuál es la solución cristiana al problema moral que estudiamos el mes pasado." Esta reacción captada en el maestro había creado una situación educativa desfavorable.

Personalidad del maestro

Cuando una personalidad entra en contacto con otra, inevitablemente actúan la una sobre la otra de alguna manera, favorable o desfavorablemente. Esta interacción entre maestro y alumno tiene mucho significado para el aprendizaje. El maestro puede ser un buen cristiano, una persona de elevado carácter moral y un buen estudiante de la Biblia, usando las mejores técnicas pedagógicas, pero si su personalidad choca con alguno o todos sus alumnos, esto será un importante factor para determinar si se llegará al aprendizaje. Probablemente, no será así.

> **Cuatro factores que dependen del maestro**
>
> 1. Actitud del maestro hacia el alumno
> 2. Actitud del maestro hacia el material
> 3. Actitud del maestro hacia la enseñanza
> 4. Personalidad del maestro

Cualquier cosa que intervenga en lo que generalmente se conoce como una buena personalidad contribuye a una situación educativa favorable. Por ejemplo, uno es atraído por un maestro que tiene una disposición alegre y feliz y que trata de hacer que la situación educativa sea una experiencia agradable. Es útil que el maestro sea una persona sin tensiones. Generalmente el aprendizaje ocurre mejor cuando el ámbito es una situación informal, sin tensiones. El maestro debe mostrar autoconfianza e inspirarla en los alumnos. También debe ser una persona con profundas convicciones sobre la vida cristiana, pero no ser abrumador ni dictatorial sobre esas convicciones. Generalmente reaccionamos favorablemente ante aquellos que saben qué es lo que creen y por qué lo creen, aun cuando podamos no estar de acuerdo con ellos. Sin embargo, esto debe ser cuidadosamente balanceado con la tolerancia hacia las convicciones de los demás, como ya se ha dicho. Generalmente los alumnos son atraídos por los maestros a quienes pueden acercarse. Necesitan encontrar en el maestro a una persona con quien puedan hablar de sus problemas más íntimos y saber que encontrarán en él a un amigo que simpatice con ellos y los entienda. Hay muchas otras cualidades deseables que debe tener un maestro, pero las mencionadas servirán para indicar la dirección que queremos tomar.

Factores que dependen del alumno

El maestro no es el único que, en el proceso de enseñanza-aprendizaje, produce acción, reacción e interacción. Algunos de esos factores tienen su origen en el alumno.

Concepto del alumno sobre sí mismo

¿Qué concepto tiene el alumno de sí mismo? ¿Qué piensa sobre sí? ¿Cuáles son los ideales centrales y dominantes en su vida? ¿Cuáles son las metas que trata de alcanzar? ¿Cuánta fuerza tienen los impulsos que le llevan a esas metas? La actitud del alumno hacia sí mismo es de verdadera importancia al llegar al momento del aprendizaje. Por ejemplo, algunos jóvenes tienen metas elevadas para su vida, pero otros no piensan más allá de su cita del viernes por la noche. Los que aprenden mejor son los que tienen una idea de lo que es la vida y que tienen metas dignas.

Un maestro puede decir: "No puedo descubrir la manera de interesar a Sara en cualquier cosa." Puede ocurrir que Sara nunca se ha encontrado a sí misma. Puede ser que su desatención e indiferencia se debe al factor de que no tiene ni metas ni propósitos. Está satisfecha con sobrevivir, porque su actitud hacia sí misma y hacia la vida es de indiferencia. Sólo cuando las personas tienen un concepto adecuado de sí mismas, un propósito dominante en la vida y un impulso interior suficiente como para llevarlos en la dirección de un propósito, es que tenemos las condiciones para un aprendizaje efectivo.

Concepto del alumno sobre los demás

Otro de los factores dinámicos que influyen en el aprendizaje es la actitud del alumno hacia el grupo. ¿A qué conclusión ha llegado el individuo sobre lo que los demás piensan de él? Si esa conclusión se adecua a la verdad, no es el tema en cuestión. El alumno reacciona ante el grupo sobre la base de lo que cree que ellos piensan. Por lo tanto, la pregunta es: "¿Siente confianza en el grupo ese alumno? ¿Se siente aceptado o rechazado por ellos?" Cuando cree que el resto del grupo tendrá un buen concepto sobre él si se dedica a una actividad, entonces participará y aprenderá. Si, por lo contrario, el alumno se siente rechazado por el grupo, se levanta una barrera en el acto de aprender que el maestro sólo podrá superar por medio de una comprensión de la situación y mucha inteligencia para enfrentarla.

La persona también aprende en y del grupo cuya aprobación busca. Por lo tanto, es importante lo que piensa del grupo de la iglesia en general y de su clase de escuela dominical en particular. Los que componen el grupo ¿son de "su tipo" o percibe que son un grupo con el cual no puede identificarse? Se puede ver fácilmente que la actitud que se tenga hacia el grupo puede desempeñar una parte significativa en la determinación de si el acto de aprendizaje será favorable o desfavorable.

La influencia de la actitud del grupo hacia el aprendizaje está estrechamente relacionada con esto. Los estudios indican que, al desarrollar actitudes y cambios de conducta, el espíritu de la clase desempeña un importante papel. Los estudios también indican que estas actitudes son específicas. En cierta escuela había un fuerte tabú contra la copia en los exámenes, pero el grupo toleraba una extrema arrogancia. Esto simplemente refuerza la tesis de este libro. Si hemos de buscar resultados ciertos de nuestra enseñanza, debemos hacer que nuestras metas sean mucho más específicas en cuanto a la respuesta en la conducta.

Concepto del alumno sobre el maestro

La importancia del maestro como un factor dinámico en el acto de enseñanza-aprendizaje ya ha sido estudiado previamente. Baste decir aquí que la actitud del alumno hacia el maestro puede ser influida por asuntos que son importantes, pero también por cosas extremadamente triviales. Quizá al alumno no le guste la forma en que se peina el maestro y quizá por eso reaccione negativamente a la personalidad de aquél. Sea importante o trivial, sea lo que fuere que determine la actitud del alumno, eso provee el ámbito psicológico en el cual debe tener lugar el aprendizaje, sea bueno o malo. Notemos que el hecho de que la impresión o actitud hacia el maestro sea correcta o no, no es el punto en cuestión; sigue siendo un factor dinámico para la enseñanza.

Concepto del alumno sobre su situación

Esta es otra de las fuerzas escondidas que influyen en el acto de enseñanza-aprendizaje, que se presenta sin ser invitada, a menudo sin ser percibida. Hay varios aspectos de este factor que deben ser identificados.

¿Cuál es la actitud del alumno hacia la enseñanza en general? ¿El alumno tiene un deseo genuino de mejorar? Esto ayudará a determinar si estudiará y aprenderá en una situación específica.

Cuatro factores que dependen del alumno

1. Concepto del alumno sobre sí mismo.
2. Concepto del alumno sobre los demás.
3. Concepto del alumno sobre el maestro.
4. Concepto del alumno sobre su situación.

¿Cuál es el conocimiento previo del alumno en el aspecto que está en estudio? Generalmente, cuanto más conocimiento tiene una per-

sona en un área específica, más interés tendrá en estudiar al respecto. Por ejemplo, una persona que no sabe nada de electrónica se aburrirá completamente en una conferencia sobre ese tema, mientras que otra con un buen fondo en el asunto puede entusiasmarse con la misma conferencia. Algunas personas de la escuela dominical quizá muestran poco interés en estudiar la Biblia porque los maestros aún no les han dado un verdadero fundamento de conocimiento bíblico (estudiaremos el tema en el capítulo 11). La falta de conocimiento puede ser una de las causas de la falta de interés.

¿Cuál es la actitud del alumno hacia el tema en cuestión? ¿Será que el alumno cree que el material es algo anticuado y obsoleto? ¿Cree que la Biblia presenta cosas que ocurrieron hace mucho y que no tienen relación con la vida actual? ¿Cree el alumno que el estudio de la escuela dominical es sólo un tema para conversar o que es realmente un elemento de guía para su vida?

Los alumnos que interactúan en la enseñanza están más abiertos al aprendizaje. Sienten que están ante algo real, que se trata de *su* problema. En el capítulo 8 estudiaremos cómo hacer que el estudio sea algo personal en su ubicación en la vida o por algún otro medio. El aprendizaje tiene lugar en mejor forma cuando el alumno se identifica con la situación en estudio.

Factores que dependen del acto de aprender

Estos factores tienen su origen tanto en el maestro como en el alumno, pero también debemos considerar algunos factores inherentes en el acto mismo de aprender.

Espíritu de la clase

A falta de un término mejor, mencionamos esto como "espíritu de la clase". Pareciera que los miembros aprenden mejor cuando hay un fuerte espíritu de grupo y lealtad entre los miembros de la clase. ¿Tiene cada uno de los miembros de la clase la sensación de que pertenece a ella? ¿Es aceptado cada miembro de la clase por todos los demás? ¿Se ha desarrollado un espíritu fuerte de ser algo "nuestro"?

¿Ocurre que los conflictos entre los miembros del grupo obstaculizan la edificación de un fuerte espíritu de clase? Los conflictos pueden provenir de antipatías personales que han surgido entre los alumnos fuera de clase. Pueden ser provocadas por diferencias sociales o por situaciones económicas. Sea lo que fuere que cause las diferencias o distinciones entre los miembros puede llegar a ser una barrera para el aprendizaje.

¿Hay voluntad de la clase para asumir actitudes en grupo? A menudo, una persona está más dispuesta a dedicarse a una tarea o un proyecto difícil cuando puede hacerlo como miembro de un grupo que como individuo.

¿Prevalece un espíritu de libertad y democracia en la clase? ¿Se sienten libres los miembros para expresar sus opiniones honestas o se sienten censurados por otros en cuanto a sus puntos de vista? Esta libertad no es algo fácil de lograr. Por ejemplo, una clase puede estar procurando determinar cuál es el curso cristiano de acción en una situación en que se está actuando mal. Algunos de los miembros pueden llegar a la conclusión de que para ellos tal o cual criterio es el más elevado o cristiano y entonces adoptan una actitud de "más santo que tú" hacia aquellos que llegan a una conclusión diferente. Esto puede ser una influencia perjudicial y divisiva en cualquier grupo de aprendizaje. La libertad de expresar las propias ideas honestas sin temor es algo esencial para una enseñanza efectiva. De otro modo, los miembros simplemente contestarán las preguntas del maestro de la forma que éste espere y los demás acepten.

¿Existe en la clase un espíritu de autoridad adecuado para equilibrar ese espíritu de libertad? Esto tiene una importancia especial cuando se trata de gente joven. El hecho de que una clase tenga espíritu de libertad y democracia no significa que el maestro abdique de su posición. El maestro no debe ser tan permisivo como para que la clase le pase por encima. Nadie respeta a un maestro de ese tipo. Es visto como el líder de la clase que no sólo da guía y dirección en el acto de enseñar sino que también pone el control. Debe haber suficiente autoridad en la clase para que los alumnos entiendan que están buscando una visión espiritual y una verdad cristiana, lo que es una empresa seria e importante.

Aula

Los factores físicos, si bien no son necesariamente determinantes, a menudo son influencias importantes en el acto de aprender. ¿Hay ventilación adecuada? Si no es así, los alumnos pueden volverse desatentos y adormilados, y su capacidad de aprender se reducirá notoriamente.

Un equipo adecuado es esencial en toda aula. Como mínimo cada clase debe tener un pizarrón, un tablero de anuncios y mapas adecuados. No basta con que todo esto esté en cada aula, sino que además debe ser usado y usado bien. Debe haber sillas cómodas. A algunas clases les agrada tener mesas en las que apoyar sus Biblias. Una mesa también puede servir cuando los alumnos deben tomar notas si se toma en serio la enseñanza.

El arreglo de las sillas en la clase también tiene importancia. Los arreglos tradicionales ubicando al maestro en el frente y a los alumnos en hileras generalmente llevan a una situación en la que el maestro domina la clase. En muchos casos, el maestro será el único o casi el único que hable mientras que los alumnos permanecen como recipientes pasivos.

Si no, las sillas pueden ser arregladas en un círculo. El maestro ocupa su lugar en el círculo como miembro responsable del grupo. En este arreglo, todos están enfrente de todos. Nadie está en una posición que es naturalmente de dominio. Este arreglo alienta la conversación no sólo entre el maestro y los alumnos sino también entre los mismos alumnos.

Tamaño de la clase

¿Cuál es el número máximo que debe haber en una clase? Esto varía de acuerdo con las diferentes edades o etapas de la vida. En ciertos grupos, hay mucha discusión actualmente sobre el valor relativo de las clases de adultos grandes o pequeñas. Los que favorecen las más grandes enfatizan la fraternidad que se promueve en el grupo. La dificultad de este argumento es que, si bien la promoción de la fraternidad es importante, no es el propósito primario de una clase de escuela dominical; lo es el aprendizaje. Este ocurre mejor cuando el alumno recibe atención individual. Hay principios muy serios en lo educativo que indican que la clase pequeña, aun con adultos, se adecua mejor para la enseñanza y al aprendizaje. Sin embargo, aquí nuestro propósito no es discutir si es mejor la clase grande o la pequeña, sino señalar algunas de las dinámicas sobre el tamaño de la clase que afectan el aprendizaje.

Tres factores que dependen del acto de enseñar

1. Espíritu de la clase
2. Aula
3. Tamaño de la clase

El tamaño de la clase a menudo afecta la disposición de una persona para participar en el análisis del estudio. Una persona puede estar extremadamente recelosa de contestar una pregunta o expresar su punto de vista en una clase grande (digamos que de 40 o más). Es mucho más fácil y menos atemorizador quedarse quieto. Algunos maestros de adultos se quejan de que no pueden conseguir que sus alumnos participen en el diálogo sobre el estudio. Una razón puede ser que la clase es tan grande que los miembros tienen temor o vergüenza de hablar.

Por esa razón, el tamaño de la clase también influye en el método de enseñanza. En una clase grande el maestro invariablemente usará el método de la conferencia. Hay dos razones para ello. En primer lugar, el maestro no puede conseguir que los alumnos se expresen y entonces diserta. En segundo lugar, el maestro se da cuenta de que no todos en la clase pueden expresar una opinión. No quiere gastar tiempo tratando de contestar las preguntas que pueden hacer, de modo que lo ahorra y abarca mayor cantidad de material para más personas, para lo cual apela al método de la conferencia. Esas decisiones pedagógicas tienen verdadera importancia educacional porque, para que ocurra un aprendizaje efectivo, el alumno debe ser un participante activo y no meramente un oyente pasivo.

Los alumnos también tienden a perderse en una clase grande. La mayor parte de las clases grandes tienen presentes no más del 50% de los que están matriculados. Los que están presentes llenan el aula y el maestro dice: "Hoy somos un buen número." El 50% que está ausente es olvidado y pronto está perdido en cuanto concierne a la clase. Si bien éste es un asunto relativo a la administración y quizá no cabe en un estudio sobre la dinámica del aprendizaje, sin embargo necesita ser enfrentado.

En las clases grandes en las que el maestro ha sido capaz de lograr cierta participación, debe notarse que a menudo los que nablan en clase son los mismos, domingo tras domingo. La mayoría de la clase jamás dice una palabra. Inconscientemente, están perdidos; se sientan a los costados al tiempo que el maestro presta su atención a los pocos que están discutiendo el estudio. En cuanto a aquellos que nunca hablan en una clase grande, ¿cómo sabe el maestro si han alcanzado el aprendizaje o no? Han sido colocados ante alguna enseñanza, pero eso no es suficiente.

 ## El Espíritu Santo como maestro

Dado que estudiamos al Espíritu Santo como maestro en el tema de la dinámica del aprendizaje, eso no significa que lo identificamos a él y a su obra con las acciones e interacciones psicológicas en el proceso de enseñanza-aprendizaje. Su obra se estudia aquí porque es una de las fuerzas en el acto de enseñar que va más allá de los temas que generalmente se asocian con las técnicas de enseñanza.

No tenemos aquí la intención de un análisis comprehensivo de las enseñanzas bíblicas sobre el Espíritu Santo como maestro. Más bien, nuestro propósito es señalar brevemente algo de su obra en el proceso mismo de la enseñanza y aprendizaje. Dos pasajes del Evangelio de Juan indican la función didáctica del Espíritu Santo: "Estas cosas os he hablado mientras todavía estoy con vosotros. Pero el Consolador, el Espíritu Santo, que el Padre enviará en mi nombre, él os enseñará todas las cosas y os hará recordar todo lo que yo os he dicho" (Juan 14:25, 26). El otro pasaje es aun más explícito: "Todavía tengo que deciros muchas cosas, pero ahora no las podéis sobrellevar. Y cuando venga el Espíritu de verdad, él os guiará a toda la verdad" (Juan 16:12, 13). Estas declaraciones fueron hechas a los apóstoles, pero también se aplican a todos los cristianos (ver 1 Jn. 2:20, 27).

Así, una de las funciones del Espíritu Santo es guiar al cristiano a un entendimiento de la verdad y a dar al que la está buscando una visión cristiana. Pilato hizo a Jesús la sorprendente pregunta de qué es la verdad. Hoy los cristianos fervientes siguen acosados por problemas que implican conceptos sobre la verdad, en particular cuando se aplica a situaciones específicas de la vida. Por todas partes se oyen preguntas como: "¿Está mal hacer esto? ¿Qué es lo que está bien?" "¿Cuál es la actitud cristiana?" Para el

que busca sinceramente la verdad, examinando con diligen.... ...
Escrituras, que le darán una cuidadosa evaluación de toda ayuda
disponible, el Espíritu Santo le proveerá la visión de lo que es la
verdad.

Otra función del Espíritu Santo en el acto de enseñanza-aprendizaje es la de convencer, de traer convicción: "Cuando él venga,
convencerá al mundo de pecado, de justicia y de juicio" (Juan
16:8). El objetivo básico del maestro es el de despertar en los
alumnos la conciencia de que ciertos aspectos de su vida no están
a la altura de los ideales cristianos y dirigirlos a aceptar y seguir
ese ideal. De ese modo, el maestro lleva a la clase los problemas
que enfrentan los alumnos en la vida diaria. ¿Cuál es la actitud
cristiana hacia los desamparados y cómo debe expresársela?
¿Cuál es la actitud cristiana hacia los grupos minoritarios y cómo
debe ser expresada? ¿Cual es la actitud cristiana hacia los perdidos y cómo debe expresarse? ¿Cuál es la actitud cristiana en el
hogar y cómo debe ser expresada? ¿Cuál es la actitud cristiana
hacia la sociedad y cómo debe ser expresada?

Problemas como éstos son presentados ante la clase para su
consideración. En el estudio del grupo, cuando se escudriñan las
Escrituras, cuando maestro y alumnos comparten estas ideas,
conceptos y experiencias, aquel que no está viviendo a la altura
del ideal cristiano llega a la convicción de ello por medio del Espíritu Santo en y por medio de este proceso. Esto es algo que el
maestro humano no puede hacer. El maestro sólo puede presentar ideas y compartir experiencias, pero el Espíritu Santo única-
mente puede dar convicción al individuo de cualquier pecado o
insuficiencia. ¿Qué maestro no ha sentido sus limitaciones e ina-
decuación personales cuando llega a la clase con una profunda
ansiedad de llevar a los alumnos a algún criterio cristiano, o a
una convicción cristiana, o a un curso de acción cristiano? Pero
cuando el maestro ya ha hecho lo mejor que podía, hay un punto
que no puede sobrepasar. En cuanto a la convicción y decisión, el
maestro se encuentra desvalido ante el alumno. En este punto, el
Espíritu Santo debe ocupar su lugar y hacer su obra efectiva. El
maestro puede descansar en la confianza de que el Espíritu Santo
está siempre presente, siempre listo, siempre capaz de hacer su
obra.

Segunda parte:

La enseñanza con
una respuesta de
conducta como meta _____ *obejectivos*

4. Establecer metas específicas

5. Por qué las metas deben ser específicas

6. Cómo lograr un estudio bíblico con propósito

7. Desarrollo del estudio

8. Hacer que el estudio sea algo personal

9. Asegurar la aplicación posterior

10. El maestro y el plan del estudio

◆◆◆◆◆◆◆◆◆◆◆◆◆◆◆

4 *Paso # 1* *EXAMen*

Establecer metas específicas - *lo que el maestro quiere enseñar en la clase.*

¿Qué es una meta? — *objectivo*

Tres cualidades de una buena meta
Lo bastante breve como para ser recordada
Lo bastante clara como para ser escrita
Lo bastante específica como para ser
alcanzable

Tres grupos de metas
Metas trimestrales
Metas de unidades
Metas de cada estudio

Metas y resultados

Distinción entre las tres metas
¿Qué es una meta de conocimiento?
¿Qué es una meta de inspiración?
¿Qué es una meta de respuesta de conducta?

Aprendiendo a identificar cada tipo de meta

◆◆◆◆◆◆◆◆◆◆◆◆◆◆

Si hemos de asegurarnos de tener resultados de nuestra enseñanza, debemos conocer e identificar los resultados específicos que deseamos. Hay demasiados casos en que los maestros preparan su estudio, quizá con cuidado, obteniendo una idea general de lo que se trata. Quizá puedan hacer un buen bosquejo del estudio. Pero sólo enseñan el domingo en términos generales. Al parecer, su objetivo primordial es enseñar la lección. Allí encontramos una debilidad importante. No tienen en mente un *objetivo específico*. Si algún domingo por la mañana, el director de la escuela dominical encuentra a tres maestros en camino al culto y les pregunta cuál fue la meta para el estudio de esa mañana, algunos lo mirarían asombrados: "¿Qué quiere decir?" Muchos quedarán profundamente confundidos porque no podrían contestar. Algunos mencionarán una meta generalizada como de que quieren ayudar a sus alumnos a ser mejores cristianos o a desarrollar un carácter cristiano. Pocos podrían hacer una afirmación valedera de una meta digna. Este es uno de los aspectos más trágicos de nuestra enseñanza actual. Enseñar la Palabra viviente de Dios a los seres humanos es demasiado importante como para tener ese tipo de enseñanza sin metas.

Una enseñanza sin metas tiene algunas consecuencias desdichadas. Por ejemplo, el maestro puede tratar de abarcar demasiado material. Al no tener una meta u objetivo claro en mente, el maestro no tiene una base a partir de la cual determinar qué parte del material del estudio debe ser usado o qué parte, de ser necesario, debe ser omitida. Al abarcar demasiado material, de hecho el maestro alcanza pocos resultados.

Al no tener una meta definida en mente como guía, el maestro divaga por caminos colaterales y pierde tiempo con cosas que no son esenciales, saltando de un tema a otro. A menudo la enseñanza no estará relacionada con las necesidades personales en la vida de los miembros. Al haber dedicado poco tiempo en la preparación de buscar una meta definida, el maestro lo único que hace es hablar. Los problemas de los alumnos claman por una solución pero quedan sin ser tocados y resueltos.

Finalmente, la enseñanza sin metas produce pocos o ningún resultado. Es como si no hubiera cambios en la actitud ni en la conducta porque el maestro no tiene cambios en mente.

¿Qué es una meta?

(anotaciones manuscritas:) → goal ① breve recorda ② escrita ③ específica para poder lograr

Una meta es una afirmación de lo que el maestro espera alcanzar en un estudio determinado. El tener una meta hace que el proceso de enseñar se eleve al nivel de la conciencia, la inteligencia y el propósito. El maestro puede estar perplejo sobre cómo determinar una meta. ¿Qué factores deben ser considerados para determinar una meta?

1. Al determinar una meta, el maestro debe considerar el pasaje bíblico que será estudiado.

2. Al determinar una meta, el maestro debe considerar los problemas y decisiones que los alumnos enfrentan a diario. Alguien ha dicho que una de las funciones de la educación es ayudar a que la gente haga mejor lo que va a tener que hacer de cualquier modo. Los maestros de la escuela dominical deben procurar siempre que sus metas estén estrechamente relacionadas con la vida.

3. Al determinar una meta, el maestro debe considerar a los miembros concretos de su clase. La vida enseña al maestro muchas cosas en general, pero el maestro no está enseñando a un grupo en general sino a una clase en particular. Las necesidades específicas de los alumnos determinarán la meta del maestro. El maestro sabio examinará cuidadosamente el pasaje sugerido y encontrará la meta que corresponde más estrechamente a las necesidades profundas de los alumnos.

Tres cualidades de una buena meta

Desde una perspectiva pedagógica, el maestro puede saber si la meta que ha seleccionado es buena. Debe ser evaluada de acuerdo con las tres cualidades siguientes.

Lo bastante breve como para ser recordada

Cuando el maestro establece una meta, a menudo se trata de algo demasiado largo y enredado. La meta declara lo que el maestro quiere que la clase aprenda o haga. Si se trata de una afirmación demasiado larga como para que el maestro no pueda recordarla, ciertamente los alumnos la olvidarán y no serán capaces de alcanzarla. Por lo tanto, *una buena meta es lo bastante breve como para ser recordada* y el maestro debe poder citarla sin dificultad.

Lo bastante clara como para ser escrita

Por extraño que parezca, uno de los problemas más difíciles que tienen los maestros es el de escribir la meta del estudio. La mayoría piensa que tiene su meta clara en la mente. Cuando tratan de escribirla, sin embargo, comprueban que están confundidos y generalmente terminan diciendo: "Bueno, ustedes saben lo que quiero decir." A menudo pensamos que nuestra meta es clara hasta que tratamos de escribirla. Entonces comprobamos que es extremadamente difícil expresar exactamente lo que queremos decir. *Una meta es buena cuando es lo bastante clara como para ser escrita.*

Lo bastante específica como para ser alcanzable

Nuestras metas de enseñanza a menudo son demasiado vagas y generales. ¿Cómo usaremos nuestros 30 o 40 minutos el domingo próximo? Cuando escribimos nuestra meta para el estudio del domingo próximo, debemos cuidar que sea alcanzable en esos pocos minutos. Trataremos más ampliamente este punto en el próximo capítulo.

Muchos maestros preguntan si deben hacer saber a la clase cuál es su meta. Esto depende del tipo de meta. Si estamos enseñando con una meta relacionada con el conocimiento o la inspiración, sería bueno darla a conocer. Pero no se debe declarar una meta que procure un cambio de conducta al comienzo de la clase. Al enseñar con ese fin, la meta debe ser tan clara que los alumnos tengan plena conciencia de ella. Cuando ha terminado la clase, si alguien quiere preguntar a un alumno cual fue la meta del maestro esa mañana, el alumno debe poder contestar sin dudas.

Tres grupos de metas

La enseñanza en la escuela dominical por lo común tiene tres tipos de metas: por trimestre, por unidad y por estudio.

Metas trimestrales* ①

El maestro trabaja con una meta para la serie de estudios que han de ser considerados en un trimestre dado. Este tipo de meta a menudo se llama una meta general. Como una meta general también puede referirse a una meta para un año y aun para la vida parecería que, en pro de la claridad, sería mejor apelar a un término más específico o sea trimestral.

Si el maestro va a lograr resultados de su enseñanza, será necesario tener una meta clara y definida para el trimestre. Esto significa que el maestro debe llegar a estar familiarizado con todos los estudios de un trimestre a fin de determinar qué objetivos desea alcanzar en las vidas de los alumnos por medio de esas lecciones. El maestro puede pensar que esto es demasiado difícil y lleva demasiado tiempo, pero es absolutamente necesario si pretende tener unidad y un propósito dado como consecuencia de sus esfuerzos pedagógicos.

Hay demasiados maestros que enseñan cada estudio como si fuera una unidad en sí mismo, sin relacionarlo con lo que se enseñó el domingo anterior o lo que se enseñará el siguiente. Si hemos de hacer un dibujo de este tipo de enseñanza, los estudios parecerán algo como esto:

En cada una de estas lecciones, la actividad de la clase es llevada en una dirección, pero ¿cuál? Con este tipo de enseñanza, a menudo el maestro tiene poco o ningún sentido de lograr algo al fin de un trimestre. En la clase simplemente se han cubierto una serie de estudios aislados y sin relación.

---

* Nota del Editor: El lector puede considerar aquí cualquier otro período, de acuerdo con el material curricular que utilice y los períodos correspondientes (cuatrimestre, semestre, año, etc.).

El maestro que tiene una meta para el trimestre ve como cada estudio ayuda a cumplir la meta trimestral. Cada uno de ellos es edificado sobre el fundamento puesto el domingo anterior y lleva al estudio del próximo. Si tuviéramos que dibujar este tipo de enseñanza, podría ser algo así:

De hecho, este dibujo cambiará cuando consideremos las metas por unidad. Cuando un maestro tiene una meta clara para el trimestre en mente, cada estudio se relaciona con todos los demás y aporta lo suyo para alcanzar la meta trimestral. Al fin del trimestre, el maestro y los alumnos tienen un sentido de haber logrado algo. Lo que estamos señalando aquí es muy simple. El maestro tendrá una oportunidad mucho mejor de lograr resultados si estas metas se conocen exactamente antes que comience el trimestre que si enseña los estudios como van llegando, totalmente sin relación a cualquier objetivo central y simplemente espera que surja algo bueno de su enseñanza. Esto es tan obvio que no se necesita más argumentación.

Elaborar una meta trimestral lleva tiempo y esfuerzo, pero es algo que se requiere para una enseñanza efectiva. Los maestros deben estar dispuestos a pagar este precio o aceptar la responsabilidad por la falta de resultados. Dios ayuda a los que se ayudan a sí mismos, pero no tenemos derecho a esperar que Dios cubra toda nuestra falta de voluntad de tomar el tiempo y esfuerzo para hacer un trabajo realmente bueno para prepararnos para enseñar.

He aquí un ejemplo de una meta trimestral: "Mi meta en
trimestre es ayudar a mis alumnos a practicar tres virtudes cristianas en su vida diaria: (1) usar la Biblia como guía para hacer
decisiones morales difíciles; (2) practicar la comunión diaria con
Dios, y (3) dedicarse al testimonio cristiano personal." Al tener en
mente tres objetivos específicos para cumplir, el maestro podrá
hacer que ciertas lecciones contribuyan a lograr alguno de los
tres propósitos. El maestro que tiene en mente tal plan al comienzo del trimestre tiene una mejor oportunidad de sentirse exitoso
al término del mismo.

Metas de unidades (2)

Una meta de unidad es la que el maestro establece para un
grupo de dos o más estudios que naturalmente van juntos. Un período de clase es siempre un tiempo demasiado breve para alcanzar un objetivo principal. Por ello, cuando el maestro prepara
los estudios para el trimestre, comprobará que hay grupos de estudios que están relacionados y que se pueden usar para alcanzar el mismo objetivo. Este objetivo llega a ser una meta de unidad.

En la meta que pusimos como ejemplo más arriba, había tres
metas de unidad. La meta para la primera era la de guiar a los
alumnos a tomar decisiones morales difíciles. Digamos que los
estudios uno, dos, tres y cuatro tratan de esa meta. La meta de la
segunda unidad era la de guiar a los alumnos a practicar la
comunión diaria con Dios. Quizá los estudios cinco, seis, siete,
ocho y nueve tratan de ese asunto. La meta para la tercera unidad
era la de guiar a los alumnos a ocuparse del testimonio cristiano
personal. Los estudios diez, once, doce y trece pueden tratar ese
tema. Si quisiéramos tratar de diagramar la relación de metas de
unidades con la meta trimestral, se vería de esta manera:

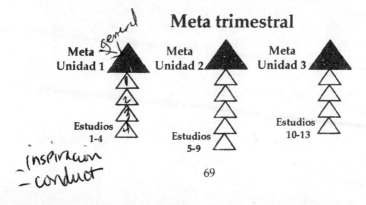

Meta trimestral

Meta Unidad 1   Meta Unidad 2   Meta Unidad 3

Estudios 1-4   Estudios 5-9   Estudios 10-13

Una vez más debe admitirse que la elaboración de metas de unidades lleva tiempo y esfuerzo, pero produce ricos dividendos por medio de una enseñanza más efectiva.

Metas de cada estudio

Una meta de estudio es la que el maestro elabora para cada estudio dominical. Esta meta será presentada más plenamente en el resto del capítulo.

Metas y resultados

Llegamos ahora a considerar cómo se determinan nuestras metas a fin de asegurar resultados en la vida cristiana. Una de las principales razones por la que no tenemos mayores resultados es que nuestras metas han sido demasiado vagas y genéricas. Por lo tanto, una de las cualidades de una buena meta es que debe ser lo bastante específica como para ser alcanzable. La cuestión es hasta qué medida debe ser específica.

Los objetivos de la mayoría de los maestros de escuela dominical podrían resumirse en tres aspectos principales:

▲ Dar conocimientos.

▲ Producir inspiración.

▲ Asegurar una respuesta en la conducta.

Lamentablemente, la mayoría de los maestros tratan de alcanzar los tres objetivos en cada estudio. Esto es un error. Estos tres objetivos no son mutuamente excluyentes, pero en la enseñanza de un estudio determinado el maestro debe tener sólo *uno* de ellos como meta dominante. Si el maestro quiere dar conocimientos, entonces la meta de conocimiento debe ser dominante y servirá como factor determinante de lo que se enseña. Si desea una respuesta de conducta, entonces esta debe ser la fuerza dominante y directriz en el estudio, determinando lo que se enseña y cómo se enseña. *El maestro debe establecer una de estas tres metas para un estudio determinado y proseguir esa meta con un esfuerzo indiviso.*

Quizá una razón por la que no hemos tenido más acción posterior de la enseñanza de la clase en la vida diaria es porque la mayor parte de la enseñanza ha sido hecha sobre una base de inspiración con algunas aplicaciones o exhortaciones generales hechas al final del estudio. Los alumnos pueden haber disfrutado del estudio; quizá sus emociones han sido despertadas; pueden haber estado de acuerdo con los conceptos generales que presentó el maestro... pero no hacen nada con lo que se les enseñó. La enseñanza no ha sido bastante específica y no se han hecho planes definidos en clase para que esa acción posterior tenga lugar.

Distinción entre las tres metas

¿Qué se quiere decir cuando se habla de una meta de conocimiento, una meta de inspiración o una meta de respuesta de conducta? ¿En qué difieren? Aquí sólo daremos una breve distinción (los capítulos 5 a 9 explicarán la meta de respuesta de conducta y los capítulos 11 a 14 la meta de conocimiento).

¿Qué es una meta de conocimiento?

Los maestros que eligen una meta de conocimiento deben tener como su propósito dominante *tratar de guiar a la clase en un estudio serio y sistemático de una porción importante de material bíblico a fin de ayudar a los alumnos a entender y dominar ese conocimiento.* Los términos más significativos en esa afirmación son las palabras *entender* y *dominar.* En el tiempo limitado de que se dispone en una clase, el maestro simplemente no tiene el tiempo necesario para guiar a los alumnos a una comprensión detallada o dominio de la porción bíblica que se estudia. Vemos "oscuramente, por medio de un espejo" (1 Cor. 13:12). Pero con frecuencia la comprensión y dominio de la Biblia que tienen los alumnos es baja. Por ello, la enseñanza con un propósito de conocimiento es muy necesaria y trataremos el tema más ampliamente en el capítulo 13. Un ejemplo de meta de conocimiento podría ser el siguiente: "Guiar a los miembros de mi clase a dominar los hechos esenciales del relato de la creación en el Génesis."

¿Qué es una meta de inspiración?

Los maestros que escojan una meta de inspiración tendrán como propósito dominante: *tratar de guiar a los alumnos a una apreciación más profunda y a una dedicación a algún ideal o actitud cris-*

tianos. Por supuesto, ya tenemos ideales y actitudes, pero necesitamos aclarar todo esto desde una perspectiva bíblica y profundizar nuestra dedicación a ellos. Es muy importante que un maestro entienda esta meta y sepa cuándo y cómo usarla. He aquí dos ejemplos de metas de inspiración: "Tratar de guiar a mi clase a tener una apreciación más profunda de Cristo como divino Hijo de Dios" o "Tratar de guiar a mis alumnos a tener una conciencia social más profunda."

¿Qué es una meta de respuesta de conducta?

Los maestros que escojan una meta de respuesta de conducta tendrán como su propósito dominante: *tratar de guiar a los alumnos a comenzar a expresar de una manera específica alguna acción cristiana en la vida diaria.* Esta acción o respuesta debe ser observable y la persona debe comenzar a practicar esa respuesta de inmediato. He aquí un ejemplo: "Tratar de guiar a mi clase de adultos para que organicen un programa deportivo para nuestros jóvenes."

Estas metas no se excluyen mutuamente, pero son distintivas. Si el maestro tiene una meta de conocimiento para una serie dada de estudios, tratará que el estudio sea lo más inspirador posible. Pero la meta básica será la de guiar a los alumnos a dominar cierto conocimiento bíblico. El maestro que tenga una meta de inspiración obviamente impartirá alguna enseñanza, pero esta enseñanza no será un estudio lógico, sistemático, intensivo de una sección del contenido bíblico. En una meta de inspiración, el maestro usará una porción bíblica muy corta o, por el otro lado, podrá usar material de muchas secciones diferentes de la Biblia.

Por ejemplo, al usar la meta de inspiración señalada antes ("tratar de guiar a mis alumnos a tener una conciencia social más profunda"), el maestro obviamente dará alguna nueva información, pero el propósito primario no debe ser el dominio de una porción dada de hechos. La exhortación al fin de la clase debe ser: "Desarrollemos todos una conciencia social más profunda." Pero no debe haber planes definidos hechos en clase para dar expresión a esa conciencia social más profunda ni planes para tratar de eliminar de inmediato algunos de los males e injusticias sociales en la comunidad.

Con esto no queremos minimizar la importancia de la meta de inspiración o el desarrollo de ideales generalizados; los consideraremos en el capítulo 16. La meta de inspiración es importante porque los ideales, las actitudes y las convicciones establecen las metas o propósitos de nuestras vidas y aprendemos al ponernos en armonía con ellos. Si un individuo no tiene una convicción profunda en relación con un tema dado, en ese aspecto habrá poco o ningún aprendizaje. Una de las mayores tareas de la enseñanza cristiana es profundizar y extender las metas para la vida de una persona en términos de actitudes cristianas deseables.

Quizá otro ejemplo ayude a clarificar la distinción entre una meta de conocimiento y una de inspiración, así como de otra de respuesta de conducta. En primer lugar, veamos la diferencia en una meta trimestral:

▲ Meta de conocimiento: Tratar de guiar a los alumnos a aprender los hechos significativos de la vida de Jesús en orden cronológico.

▲ Meta de inspiración: Tratar de guiar a los alumnos a tener un aprecio creciente de la vida y enseñanzas de Jesús.

▲ Meta de respuesta de conducta: Tratar de guiar a los alumnos a practicar tres virtudes cristianas en su experiencia diaria: (1) usar la Biblia como guía al tomar decisiones morales; (2) practicar la comunión diaria con Dios; y (3) dedicarse al testimonio cristiano personal.

Notemos ahora las diferencias tal como se las puede ver en metas para un estudio. Digamos que el estudio para el próximo domingo es sobre el primer viaje misionero de Pablo y que la clase es de jóvenes.

▲ Meta de conocimiento: Tratar de guiar a los alumnos a conocer a fondo los hechos del primer viaje misionero de Pablo.

▲ Meta de inspiración: Tratar de guiar a los alumnos a tener más conciencia misionera.

▲ Meta de respuesta de conducta: Guiar a los alumnos a ocuparse de un proyecto misionero, como el de organizar una fiesta para un grupo de niños de un sector pobre de la ciudad.

El maestro tendrá una oportunidad mucho mejor de asegurarse resultados en conocimiento, inspiración o respuesta de conducta si tiene una meta claramente definida en sólo una de estas tres áreas. El problema del maestro surge cuando confunde las tres y trata de combinarlas en la misma lección.

Aprendiendo a identificar cada tipo de meta

En cualquier momento durante la semana, el maestro comienza a preparar el estudio y entonces la primera pregunta que debe hacerse es: "¿Quiero una meta de conocimiento, de inspiración o de respuesta de conducta para este estudio en particular?" El maestro puede necesitar mucho trabajo y práctica para poder distinguir entre estos tres tipos de metas, pero aprender a hacerlo es imprescindible. Podrán ser de ayuda para identificar los diferentes tipos de metas:

1. ¿Quiero que este estudio tenga una meta de conocimiento? ¿Es mi primer propósito enseñar hechos, dar información o interpretar el significado?

2. ¿Quiero que este estudio tenga una meta de inspiración? ¿Mi propósito primario es profundizar el aprecio o desarrollar una actitud general? (Notemos que las metas de conocimiento e inspiración pueden ser más generales que una meta de respuesta de conducta.)

3. ¿Quiero que este estudio tenga una meta de respuesta de conducta? ¿Mi propósito es el de asegurar una respuesta específica para la vida diaria? Si se ha elegido una meta de respuesta de conducta, entonces hay otras preguntas que se deben plantear. ¿Es esta meta lo bastante breve como para ser recordada? ¿Es bastante clara como para poder ser escrita? ¿Es bastante específica como para ser alcanzable? Es necesaria una palabra de clarificación sobre el carácter específico en una meta de respuesta de conducta. La cuestión de lo específico de una meta relaciona entre sí a los tres tipos de metas, pero las relaciona de manera especial con la meta de respuesta de conducta. Hay otras dos preguntas que deben ser formuladas para determinar si la respuesta de conducta es suficientemente específica:

▲ ¿Qué quiero que hagan los alumnos?

▲ ¿Cómo pueden hacerlo esta semana?

Apliquemos ahora nuestras preguntas a esta meta: "Tratar de guiar a mis alumnos a mantenerse firmes en Cristo en las relaciones diarias."

Esta meta ¿es de conocimiento, inspiración o respuesta de conducta?

Esta meta ¿es bastante breve como para ser recordada? Sí.

Esta meta ¿es bastante clara para ser escrita? Sí.

Esta meta ¿es específica? No, es demasiado general. Si alguien preguntara al maestro qué quisiera que hagan los alumnos, probablemente respondería: "Bueno, quiero que se mantengan firmes en Cristo, naturalmente." Si la persona insistiera en preguntar: "Pero, ¿qué es lo que usted quiere que hagan los alumnos como evidencia de que se mantienen firmes en Cristo?" Es probable que el maestro diría: "Hay montones de cosas que se pueden hacer." Si la persona repusiera: "¡Mencióneme una!", existe la posibilidad de que el maestro encuentre difícil pensar en algo específico.

Ese es el problema. Un maestro elige una meta que suena bien. Al enseñar el estudio, lleva al grupo a concordar en general que la meta es buena (por ejemplo, que un cristiano debe mantenerse firme en Cristo). Pero debido a que el maestro no tiene una respuesta de conducta específica en mente, la clase sólo concuerda en que el maestro tiene razón y deja la clase sin dar ninguna respuesta específica.

¿Cómo puede ser más específica una meta como la citada para una clase de adolescentes? He aquí una sugerencia: "Tratar de guiar a los alumnos a decir algo positivo sobre las personas lisiadas (o sobre un grupo social o racial) cuando otros hablan de ellos en términos negativos." Esta es una forma de expresar la elección de mantenerse firmes en la vida por Cristo. (El lector puede pensar que eso es demasiado específico. Cómo hacer que esa meta se aplique a cada alumno se explicará luego.)

He aquí otro ejemplo de una meta: "Guiar a los alumnos a vivir una vida más consagrada." Si esta es una meta de respuesta de conducta, es demasiado general. El maestro debe hacer la pregunta: "¿Qué quiero que hagan los alumnos?" Entonces la pregunta siguiente debe ser: "¿Cómo puedo hacer que los alumnos expresen esta vida consagrada la semana próxima?" De ese modo, el maestro debe tener en mente aquellas cosas que los alumnos no están haciendo para que puedan comenzar a vivir una vida consagrada más profundamente. Casi todos los que asisten a la escuela dominical estarán de acuerdo en que los cristianos deben llevar una vida más consagrada. La dificultad es que pocos de nosotros hacemos algo específico que nos ayude a llevar ese tipo de vida.

Estamos empezando a ver que uno de nuestros mayores problemas para enseñar en la escuela dominical es que hemos estado enseñando conceptos tan vagos y generalizados que todos los que asistan estarán de acuerdo pero no lograrán hacer algo específico para llevar a cabo esos ideales. Por esa razón, si hemos de ver resultados en la vida cristiana, nuestra enseñanza debe ser más específica.

5

Por qué las metas deben ser específicas

◆◆◆◆◆◆◆◆◆◆◆◆◆◆◆

Este capítulo continúa nuestro estudio del primer paso en el plan de un estudio sobre una respuesta de conducta: "Señalando la meta."

En el capítulo anterior, hemos sugerido que el maestro no debe tener en la misma lección o estudio metas de conocimiento, inspiración y respuesta de conducta. El maestro responsable se ha hecho hace tiempo la pregunta: "¿Por qué no puedo tener las tres metas en un estudio? No veo cómo alguien puede enseñar una lección sin dar algún conocimiento, alguna inspiración y alguna respuesta de conducta." Admito que esto es verdad, pero insisto en que el maestro obtendrá mejores resultados si tiene sólo un tipo de meta en un estudio determinado.

Se debe procurar que una meta sea la *meta primordial*. La mayoría de los maestros han enseñado durante tanto tiempo sólo con una meta general que tienen dudas de considerar cualquier otro enfoque. No estoy pidiendo una aceptación inmediata de este punto de vista. Sólo espero que el juicio definitivo sea postergado hasta que hayan sido leídos los próximos cuatro capítulos. Por ahora sólo haré una explicación parcial y una justificación de la enseñanza con un solo tipo de meta en cada estudio.

Sin embargo, quisiera sugerir cuatro razones por las que creo que este enfoque es correcto. La exposición siguiente enfatiza la certeza de los resultados con una meta de respuesta de conducta. Por supuesto, la meta de conocimiento y la de inspiración son totalmente merecedoras e importantes. Pero la meta final de toda enseñanza cristiana es la vida cristiana y el mundo de hoy necesita desesperadamente de un cristianismo en acción.

Cómo se desarrolla el carácter

Si los maestros han de buscar resultados seguros en la vida cristiana la meta de respuesta de conducta debe ser dominante y muy específica por la forma en que se desarrolla el carácter. Hay una considerable diferencia de opinión en cuanto a cómo se desarrolla el carácter. Lo que aquí se presenta es lo que me parece la mejor explicación de este complejo proceso. Por supuesto, reconozco que el proceso del desarrollo del carácter es más complejo de lo que estoy describiendo aquí.

En lo que sigue pondremos énfasis en la búsqueda de certeza

en áreas específicas. Sin embargo, reconozco que, cuando un individuo cambia en un área específica, cambia todo el patrón de su experiencia. Los descubrimientos actuales en la psicología nos sugieren que los individuos responden como un todo a la situación total. Sin embargo, este énfasis en ser específico en la enseñanza es necesario para llamar la atención a lo inadecuado de la enseñanza generalizada tradicional. Haremos el intento de presentar este complejo problema en forma simplificada, tratando de hacerlo comprensible y exacto.

Conceptos generales

El carácter crece tanto por el desarrollo de los conceptos generales como por el de las respuestas específicas. Cada individuo comienza por aceptar un ideal general como la honestidad, la bondad o el altruismo como forma en que debe vivirse. Sin embargo, al mismo tiempo que el individuo acepta el ideal en su conjunto, éste no actúa automáticamente en todas las relaciones específicas de la vida de la persona. Quizá la siguiente ilustración clarificará este punto.

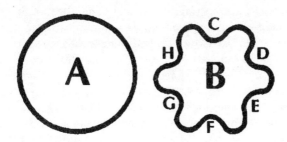

"A" es el concepto general de honestidad que acepta el individuo, cuando cree que una persona debe ser honesta. El individuo tiene cierta convicción sobre el tema.

"B" indica aquellas áreas de la propia vida (y pueden ser muchas) en las que practica este ideal de honestidad; pero esta área no forma un círculo perfecto como ocurre con la idea general, porque pocos —si alguno— de nosotros practicamos un ideal dado en todas nuestras relaciones.

Por lo tanto, "C", "D", "E", "F" y lo demás solo indican áreas en las que el individuo no practica la honestidad.

Por ejemplo, una persona respetable nunca sueña con robar dinero de un banco, pero no tendrá reparos en estirar un poco las cuentas cuando se trata de calcular los impuestos. O pensemos en el ideal de la bondad. Una adolescente puede ser buena con su gatito, pero poco amable con la muchacha que se acaba de mudar a la vecindad. A la vez que los individuos mantienen ciertos ideales generales, esos ideales pueden o no actuar en situaciones específicas.

Al pasar debe declararse que la finalidad de un estudio con una meta inspiracional es la de desarrollar esos ideales y convicciones cristianas generalizadas de las que han de provenir las respuestas específicas. La inspiración no debe ser minimizada. Estos ideales deben ser desarrollados hasta ser convicciones y ser profundizados lo suficiente como para dirigir decisiones y controlar la vida en situaciones específicas.

¿Por qué los estudios inspiracionales generalizados son inadecuados para la enseñanza cristiana? En primer lugar, la experiencia ha indicado que las respuestas específicas no siguen automáticamente a la aceptación de un ideal generalizado. En segundo lugar, la convicción cristiana no da automáticamente una visión cristiana a cada individuo. Un padre de familia puede desear fervientemente ser cristiano en sus relaciones hogareñas, pero eso no le dice cuántas veces debe llevar a su esposa a comer fuera de casa ni la forma adecuada de disciplinar a sus hijos. A juzgar por la forma en que algunos predicadores descuidan a sus familias, parece que hay muchas cosas no cristianas en sus hogares, más que en otros aspectos. También puede ser que otros son tan culpables como los pastores.

Respuestas específicas

Es verdad que no basta con llevar a una persona a aceptar un ideal cristiano general. ¿Cómo pueden aplicar los individuos estos ideales en las áreas en que necesitan ser puestas en práctica? O más bien, ¿cómo pueden ser puestas bajo el control y dirección de ese ideal esas relaciones específicas?

En las clases de la escuela dominical, las áreas específicas deben ser elevadas al nivel de la conciencia. Los alumnos deben adquirir conciencia de su fracaso para expresar adecuadamente su propio ideal. Las Escrituras se usan para echar luz sobre el problema; los alumnos comparten sus ideas, problemas y experiencias. El maestro guía la discusión, aportando criterios y experiencias. En este proceso, el Espíritu Santo tiene oportunidad de llevar convicción de pecado a cada persona, así como de sus limitaciones. Si esta convicción es lo bastante profunda, los alumnos cambiarán sus prácticas para adecuarlas al ideal. Esto es una respuesta de conducta.

No basta que el maestro continúe con metas generales como:

▲ Guiar a la clase a ser más honestos.

▲ Guiar a la clase a ser más bondadosos.

▲ Guiar a la clase a tener más conciencia misionera.

Más bien, el maestro debe plantear un área específica en la que la clase tiene necesidad, como p. ej.:

▲ Guiar a la clase a ser más honestos en (un área específica).

▲ Guiar a la clase a ser más bondadosos en (una relación específica).

▲ Guiar a la clase a tener más mentalidad misionera por medio de (una respuesta específica).

Si cada individuo de la clase tiene una necesidad diferente, la meta debe adaptarse a cada individuo, pero ser específico en cada caso. Para un grupo de adolescentes, una meta podría ser: "Tratar de dirigir mi clase para hacer que sus hogares sean lugares más felices (1) manteniendo sus habitaciones en orden; o (2) colgando todas sus ropas; (3) tendiendo sus camas; (4) cortando el césped; o (5) secando los platos."[1]

Cada individuo de la clase debe escoger la respuesta específica que le es más necesaria para que su hogar sea más feliz. El punto está en que *enseñar en términos generales es inadecuado para tener certeza de una respuesta de conducta.* Más bien, la necesidad de una

[1] El maestro debe entender que estas respuestas específicas no han de ser el foco de la discusión en el desarrollo del estudio. Estas respuestas específicas no serán mencionadas hasta la parte del estudio llamada "Asegurar la acción posterior" o quizá puede usarse una en la parte del plan de estudio llamada "Hacer que sea algo personal".

persona se encuentra en esas áreas específicas donde necesita poner en práctica tales ideales.

¿Hay peligro de que este tipo de enseñanza llegue a ser demasiado personal? ¿Se ofenderán algunos alumnos? Eso depende del maestro. Si usa de su buen criterio, si tiene una buena relación con la clase y si demuestra que está tratando de hacer lo que enseña, se habrá resuelto una gran parte del problema. Luego debe entenderse que la enseñanza para una respuesta de conducta se basa en una experiencia de conversión en la cual el alumno indica que su deseo más profundo es conocer y seguir la voluntad de Dios y las enseñanzas de Jesús. Esta enseñanza trata de ayudar al individuo para descubrir qué significa la vida cristiana en situaciones y relaciones específicas. Si el maestro la conduce correctamente, no hay razón para que un alumno se ofenda. Simplemente es el cristianismo en acción.

Alguno podrá objetar que estos resultados visibles pueden llegar a ser prácticas farisaicas que son puramente mecánicas o reacciones externas en la vida de una persona. Este peligro siempre está presente en una religión espiritual y de experiencia. Una motivación espiritual es la única motivación adecuada para una acción cristiana. Sin embargo, las alternativas no son una expresión externa sin motivación espiritual por un lado o la motivación espiritual sin expresión externa por el otro. El ideal es tener una acción cristiana basada en una motivación espiritual. Es responsabilidad del maestro hacer que la motivación espiritual siga siendo dominante en las decisiones de los alumnos.

Al analizar las situaciones de la vida, los maestros ayudan a los alumnos a desarrollar conceptos que cambiarán sus vidas. Los alumnos ya han aceptado un concepto general, pero no tienen criterios específicos. El maestro ayuda a que sus alumnos desarrollen esos criterios, pero eso implica más que el maestro:

▲ Las Escrituras echan luz sobre el problema.

▲ Otros miembros de la clase comparten sus puntos de vista y sus experiencias.

▲ El Espíritu Santo guía a los individuos.

Al final, el individuo llega al punto en que se dice a sí mismo: "¡Ahora lo veo! ¡Ya lo entiendo! ¡Eso está bien!" Esta visión es algo que cambia la vida. No es algo mecánico sino basado en la convicción de pecado y en la convicción de que un curso determinado de acción es lo correcto. La motivación espiritual siempre es básica.

Transferencia de capacitación

Aun puede hacerse la pregunta de si este enfoque significa que debemos ocuparnos de cada respuesta específica que puede haber en la experiencia de una persona antes de poder desarrollar un carácter cristiano. La respuesta es que no, pero la misma pregunta sugiere el tema de la transferencia de capacitación. Es posible que aquellas cosas que una persona aprende en una situación se transfieran e influyan en su respuesta a otra situación *bajo ciertas condiciones*. Sin embargo, esta transferencia no es automática.

Hay por lo menos cuatro factores que ayudan a determinar si las cosas aprendidas en una situación se transferirán y afectarán a otra. Consideremos estas cuatro preguntas:

1. ¿Hay elementos comunes en la nueva situación del alumno y sus experiencias pasadas?

2. ¿Hasta qué extensión está consciente el alumno de estos elementos comunes?

3. ¿En qué profundidad la convicción del alumno ha llegado en esta área en particular?

4. ¿Cómo son de fuertes las otras influencias que presionan al alumno en la nueva situación?

Tomemos una situación y veamos cómo estos cuatro factores pueden afectar la transferencia de capacitación. Supongamos que a un niño de ocho años se le da el dinero exacto como para viajar en un ómnibus hasta la ciudad. Al subir al ómnibus con un grupo de gente, se olvida de pagar por el viaje. Mucha gente está subiendo al vehículo, de modo que el conductor no nota la omisión. Al sentarse, el niño nota que el dinero está en su bolsillo. Al niño se le ha enseñado la idea general de la honestidad. En otras experiencias, se le ha enseñado que no debe sacar monedas del bolso de su madre, que no debe tomar manzanas de la frutera o que no debe apoderarse de un lápiz ajeno en la escuela. ¿Qué hará en esta nueva situación? ¿Su pasado se transferirá e influirá en su respuesta a la nueva situación?

Apliquemos ahora nuestras cuatro preguntas al chico del ómnibus. Los cuatro factores no aparecen en un orden en especial, pero podemos seguir el que dimos antes.

Primera pregunta: ¿Hay elementos comunes en la nueva situación del niño y sus experiencias pasadas? Sus experiencias previas en los ámbitos del perdón o la claridad no afectarán la nueva situación porque no hay elementos comunes. Pero ha tenido ciertas experiencias que convalidan la importancia de la honestidad y en la nueva situación que enfrenta hay elementos en común con sus experiencias pasadas. De modo que existe la posibilidad de que las experiencias pasadas puedan afectar su respuesta... o quizá no.

Segunda pregunta: ¿Hasta qué extensión está consciente el niño de estos elementos comunes? Como adultos, podemos verlos fácilmente, pero la falla del niño de ver que no pagar su boleto es lo mismo que tomar dinero de una caja registradora influirá su respuesta. Por el otro lado, el niño puede volver a casa más tarde y decir: "Mamá, hoy no tuve que pagar el boleto." La madre le preguntará por qué. "Porque me olvidé de pagarlo." Entonces la madre responderá con cierto sentimiento: "Hijo, ¿no sabes que eso está mal? Es lo mismo que robar." El niño puede responder inocentemente: "Mamá, yo no sabía que estaba mal. Yo no sabía que era robar." O sea que él no ve la relación entre no dar al conductor el precio de su boleto y sus experiencias pasadas en el área de la honestidad. Si ese fuera el caso, sus experiencias pasadas no afectarían su respuesta. No habría habido transferencia.

Tercera pregunta: ¿A qué profundidad ha llegado la convicción del niño en cuanto a la honestidad? Si se ha desarrollado en él un intenso rechazo a la deshonestidad y un deseo profundo e íntimo de ser honesto, su respuesta será de acuerdo con esa influencia. Por el otro lado, el niño puede tener conciencia de los elementos comunes; puede saber que no pagar el boleto está mal. Pero no tiene una profunda convicción sobre la honestidad o los males del robo, puede decirse a sí mismo: "No importa. Al fin me quedaré con el dinero." Su convicción no ha sido lo suficiente fuerte como para influir en su respuesta. Este no es un factor sin importancia, tanto a nivel infantil como adulto. Hay muchos que saben que deben hacer algunas cosas (ir al templo o a la escuela dominical, tratar de mejorar su comunidad y muchas otras cosas), pero se quedan allí. Su convicción en esas áreas específicas no es bastante profunda como para producir la acción correspondiente.

Cuarta pregunta: ¿Cómo son de fuertes las otras influencias que presionan al niño en la nueva situación? Quizá el chico tiene conciencia de los elementos comunes y tiene convicciones muy fuertes en cuanto a la honestidad. Pero él puede pensar en lo lindo que sería usar ese dinero para comprarse un helado. Es completamente posible que el deseo por un helado sobrepasará todos los otros factores y sea el émbolo que determine la respuesta.

¿Cómo responderá este niño? Dependerá de cuál de los cuatro factores sea el más fuerte en esta situación en particular. La aceptación de una persona y la práctica del ideal de honestidad en ciertas situaciones no significa que este aprendizaje se transferirá automáticamente y actuará en otras situaciones. Tampoco significa que la transferencia de capacitación no puede ocurrir. Sí significa dos cosas: (1) que debemos tratar de guiar a los alumnos a tener las convicciones más profundas posibles; y (2) que debemos tratar sobre respuestas específicas, ayudando a los individuos a ver la relación de una respuesta en particular con tantas otras respuestas similares como sea posible.

Traspaso de ideales generales a respuestas específicas

Ya hemos mencionado la dificultad que tiene la gente para transferir los ideales generales a respuestas específicas. ¿Qué significa ser un cristiano cabal en nuestras relaciones comerciales? Seguramente el seguir el espíritu de Cristo en los negocios implica más que ser honesto y cortés. Sin embargo, la gente que está en el comercio a menudo encuentra difícil extender este ideal a otras respuestas específicas.

Identificación de acciones específicas

Supongamos que una maestra de mujeres jóvenes ya ha escrito la siguiente meta para un estudio: "Tratar de guiar a mi clase a expresar su amor por Jesús en las relaciones cotidianas." Ahora apliquemos nuestras preguntas de prueba a estas metas de las páginas 71-74.

▲ ¿Se trata de una meta de conocimiento, de inspiración o de respuesta de conducta? La maestra contesta: "Pretendo que sea una meta de respuesta de conducta."

▲ ¿Es bastante breve como para ser recordada? Estamos de acuerdo en que sí.

▲ ¿Es bastante clara como para ser escrita? De nuevo, estamos de acuerdo en que sí.

▲ ¿Es específica? La maestra responde que, por supuesto, lo es. Pero, en realidad, ¿es suficientemente específica?

Para comprobar si es específica debemos hacer dos preguntas más a la maestra:

▲ Si lo que se está buscando es una respuesta específica de conducta, ¿qué quiere que haga su clase? La maestra responde: "Quiero que expresen su amor por Jesús en su vida diaria."

▲ ¿Cómo pueden expresarlo? ¿Qué acciones específicas deben realizar?

Supongamos que el maestro ha enseñado este estudio usando dicha meta. Después de la clase, una de las jóvenes se acerca a la maestra y le dice: "Fue un estudio maravilloso. Realmente quedé convencida. Quisiera hacer lo que usted sugiere y tratar de expresar mi amor por Jesús en mi vida diaria. ¿Qué puedo empezar a hacer *que no esté haciendo ahora* para expresar este amor?" ¿Qué diría la maestra?

Una parte esencial de la pregunta anterior es la frase "que no esté haciendo ahora". Por lo común en una clase donde el maestro nos desafía a practicar algún ideal cristiano (o en el culto cuando el pastor nos desafía en cuanto a algún ideal), nuestra tendencia es a pensar en aquellos aspectos de nuestras vidas donde ya expresamos ese ideal y entonces nos convencemos de que realmente somos "muy buenas personas".

La maestra podría dar dos respuestas diferentes a la pregunta del alumno. Una es que no lo sabe. Esto sería trágico, pero algunos deberían hacer tal confesión. Otra respuesta posible podría ser que hay muchas formas en que se puede demostrar ese amor. Es cierto, pero ¿cuál es la que esa joven ahora no está haciendo que puede comenzar a practicar de inmediato? Algunos maestros tendrán dificultad para pensar en algo específico. Si es así, pueden estar seguros de que lo más probable es que los alumnos tampoco piensen en algo específico.

Es probable que simplemente estarán de acuerdo con la meta general del maestro y seguirán viviendo como hasta entonces. Los psicólogos nos dicen que cambiamos nuestras vidas en áreas específicas. Pocas veces cambiamos en los aspectos generales. En otras palabras, normalmente no llegamos a ser buenos en todo. El maestro necesita conocer a los alumnos tan íntimamente que reconozca algún área en particular donde no están logrando expresar su amor por Jesús. Entonces, en la parte siguiente del plan del estudio, puede dirigir el pensamiento de la clase a ese aspecto como para que los discutan abierta y francamente. El Espíritu Santo tendrá oportunidad de actuar dentro de ellos en alguna forma específica. Si la convicción es bastante profunda, el individuo cambiará su forma de vida y el maestro tendrá una parte en la producción de esa respuesta de conducta.

Palabras de advertencia

Es necesario dar dos palabras de advertencia en cuanto a este énfasis de ser específico en el área de la respuesta de conducta.

Algunos lo objetarán. A pesar de que se insista, quizá a los alumnos no les agrade este énfasis. O sea que quizá no estén dispuestos a hacer cambios específicos en sus vidas. Han llegado a alguna situación cómoda en ella. Al mismo tiempo que confesamos que necesitamos mejorar nuestras vidas cristianas, algunos no estamos listos para hacer tanto como podemos suponer.

Quisiera poner un ejemplo tomado de una tira cómica llamada "Beetle Bailey", de Mort Walker.[2] En el primer cuadro, un tal Sarge se acerca a Beetle Bailey, que esta dormitando arrimado a la pared de un edificio. En el siguiente, Sarge lo acusa de ser un maldito haragán. Beetle dice: "Sarge, estás generalizando demasiado." En el siguiente Beetle continúa: "¿Cómo puedo mejorar si no me dices específicamente lo que he hecho de malo?" En el cuadro siguiente, Sarge dice: "Muy bien, necesitas un corte de pelo y tu camisa está sucia; le faltan los botones..." En el otro cuadro, continúa: "Tu piso está lleno de polvo, tu cama está deshecha, hay goma de mascar debajo de los estantes..." En el cua-

---

2 The (Orlando) Sentinel, 22 de septiembre de 1992.

dro siguiente, Sarge continúa: "Un libro está cabeza abajo, un perchero está fuera de lugar, la cama está dos centímetros fuera de donde debe estar, hay manchas en tus zapatos." En el cuadro siguiente, Beetle responde: "¿Sabes, Sarge? Me gustabas más cuando generalizabas." Lamentablemente, muchos nos parecemos a Beetle.

No espere resultados automáticos. Mi segunda palabra de advertencia es ésta: El maestro no debe esperar resultados automáticos porque tenga una meta de respuesta de conducta. Aun cuando hagamos todo lo mejor que podamos, algunos alumnos no tendrán cambio alguno. El Espíritu Santo es aún el gran Maestro. Pero, como el campesino, debemos cooperar inteligentemente con Dios y proveer las condiciones más favorables para que él actúe con eficacia. Tendremos una mejor oportunidad de asegurarnos una respuesta de conducta cuando tengamos una meta de ese tipo en mente que si sólo tenemos algo general.

Tiempo limitado

Hay una razón muy práctica por la cual no es sabio tratar de alcanzar los tres tipos de metas en un solo estudio. El tiempo que tenemos para enseñar es muy limitado. Cuando tenemos una meta de conocimiento en mente, debemos tratar de estimular el interés de parte de la clase en el material que debe ser estudiado. Debe despertarse una motivación lo bastante profunda que culmine en un estudio serio. El conocimiento que debe ser alcanzado tiene que ser presentado o descubierto. La elaboración, la repetición y el repaso deben ser la culminación que permita que lo aprendido perdure. Lleva tiempo enseñar un conocimiento y hacerlo bien.

Lo mismo es verdad cuando se procura una meta de inspiración. Lleva tiempo dirigir a la gente en el estudio de un ideal o actitud que despierte sus emociones, eleve sus apreciaciones y profundice sus convicciones. Ciertamente, se precisa tiempo para estar seguros de que se ha logrado una meta de respuesta de conducta. En el mejor de los casos, la gente no siempre está dispuesta a cambiar. No es fácil inducir a la gente para que excluya ciertas cosas de sus vidas, cuando se han hecho habituales o a comenzar a practicar ciertas virtudes cristianas que no han sido parte de su experiencia normal.

De modo que si pensamos sólo en términos del factor tiempo, se hace obvio que el maestro enfrenta una tarea casi imposible cuando trata de alcanzar las tres metas en un estudio.

Diferentes metas y diferentes enfoques

El maestro debe usar un enfoque diferente para cada uno de estos tres tipos de metas. Supongamos que la meta es guiar a la clase a aprender los hechos importantes del primer viaje misionero de Pablo. El maestro usará un enfoque totalmente distinto si la meta es la de guiar a la clase a tener una mente más misionera o a dedicarse a un proyecto misionero. Si el maestro ha elegido una meta de respuesta de conducta, ciertamente tendrá que usar cierto grado de conocimiento, pero no usará los métodos pedagógicos que lleven a un dominio del conocimiento como tal. Debe usar el enfoque que asegure una respuesta de conducta que sería muy diferente si buscara una meta de inspiración o de conocimiento. Los próximos cuatro capítulos contendrán una elaboración y explicación de esta afirmación.

Quisiera concluir declarando una vez más que los tres tipos de enseñanza son válidos. Mi énfasis en los próximos cuatro capítulos es sobre la respuesta de conducta. Las metas de conocimiento e inspiración son de la misma dignidad. Hay un tiempo y un lugar para cada una de las tres metas. Pero cada una de ellas requiere un enfoque diferente. Presentaremos el enfoque que creemos que debe usarse para asegurar una respuesta de conducta.

6

Cómo lograr un estudio #2
bíblico con propósito

Preparar a la clase para leer la Biblia
1. Despertar interés y curiosidad en los alumnos
   Decir a los alumnos qué se debe buscar
   Pedir respuestas a los alumnos

Una ilustración

Análisis de la ilustración
   Despertar interés y curiosidad
   Decir a los alumnos qué se debe buscar
   Pedir respuestas a los alumnos

Ocho errores que deben evitar los maestros
   Plan tedioso
   Transición pobre
   Introducción excesiva
   Introducción compleja
   Lectura bíblica sin preguntas
   Preguntas en nivel inadecuado
   Preguntas no relacionadas con la meta del
      estudio
   Demasiadas preguntas

Ejemplos de cómo lograr un estudio bíblico con
   un propósito
   Salmo 100
   Lucas 1:1-4
   Romanos 7:4-25

◆◆◆◆◆◆◆◆◆◆◆◆◆

Hemos dedicado dos capítulos a examinar cómo establecer una meta. Este es el paso 1 de un plan para un estudio que busca una respuesta de conducta.[1] Ahora estudiaremos el paso 2 del plan del estudio, o sea cómo asegurarse de que se tiene un estudio bíblico con propósito.

Esta presentación se centra en lo que generalmente llamamos introducción al estudio. En este capítulo queremos encontrar los principios que nos ayuden a despertar el interés de la clase y crear en ella un deseo de leer el texto bíblico en que se basa el estudio. Este capítulo *no* es una presentación de cómo debe usarse la Biblia en el desarrollo del estudio.

Muchos maestros comienzan la clase el domingo leyendo el pasaje sugerido para el estudio. Pero esta lectura por lo común no despierta en los alumnos un sentido de santa expectativa y no produce una respuesta entusiasta. ¿Por qué? Probablemente porque el maestro aún no ha despertado en los alumnos un deseo genuino de leer las Escrituras.

Algunas clases ni siquiera usan la Biblia, sino sólo la revista o el libro de estudio. En otras, el maestro es el único que lleva la Biblia. Los alumnos nunca la llevan porque no tienen oportunidad de usarla.

Hay también otras clases en que se usa la Biblia, pero no de forma efectiva. El maestro hace poco esfuerzo o nada para estimular el interés de los miembros por leerla. Da por sentado que, cuando la Biblia es leída, los alumnos automáticamente prestarán atención. En algunas clases de adultos, se pide a un miembro de la clase que lea el pasaje bíblico. El lector tartamudea a lo largo del texto sin dar ningún significado y los alumnos siguen allí, sentados, pensando en otra cosa.

A menudo, los maestros de adolescentes piden que cada alumno lea un versículo del pasaje. Esto asegura la participación, pero no garantiza un estudio bíblico con un propósito. Por lo común, mientras los primeros dos o tres alumnos están leyendo, los otros estudian en silencio los versículos que tendrán que leer en alta voz más tarde. Después de leer el versículo asignado, cada participante descansa e ignora los que leen los demás. Una vez más, la Biblia no ha sido usada eficazmente.

---

[1] Los cinco pasos de un plan para un estudio que busca una respuesta de conducta se dan en la pág. 160.

Después que un trozo poco familiar es leído en una clase típica de escuela dominical, pocos alumnos pueden explicar lo que contiene el pasaje. Si queremos exaltar la Biblia en nuestras clases, debemos descubrir cómo hacer que sea importante y significativa.

Preparar a la clase para leer la Biblia

¿Cómo puede el maestro lograr la atención de la clase? ¿Cómo puede profundizarse esta atención para que se transforme en interés? ¿Cómo puede ayudar a los alumnos para que quieran abrir la Biblia buscando qué dice sobre el problema que será presentado en la lección? Los maestros deben considerar estas cuestiones al planear la introducción al estudio.

El pasaje bíblico generalmente es leído al comienzo del estudio, pero a veces es mejor retrasar la lectura bíblica hasta mitad del tiempo de clase. Otras veces se pueden leer partes del pasaje a medida que transcurre el tiempo de la lección. Ningún método asegura un estudio serio y significativo, pero el siguiente método de tres pasos da resultado para muchos maestros.

Paso 1: Despertar interés y curiosidad en los alumnos

Esta es una regla general: No lea la Biblia como primera cosa en el tiempo de la clase. Hágalo sólo después que los alumnos estén listos para ello. Pero ¿cuándo están listos para la lectura bíblica?: Sólo después que el maestro ha despertado el interés de los alumnos en saber qué dice el pasaje bíblico. Si el estudio bíblico ha de tener un propósito, el grupo también ha de tener una razón para estudiarlo. Su curiosidad debe ser despertada y enfocada. Usando preguntas o afirmaciones bien dirigidas para comenzar el estudio, el maestro despierta un interés tan profundo en los alumnos que éstos desean estudiar ese pasaje en particular.

Surge entonces naturalmente otra cuestión: ¿Cómo puedo despertar este interés en los miembros? He aquí cuatro sugerencias sencillas:

1. *La introducción debe estar en el ámbito de los intereses del grupo.* Sea lo que fuere que se diga en la afirmación inicial, ello debe apelar a los intereses de los miembros. Pondrán atención sólo si

están interesados en el tema. Si el maestro de muchachos adolescentes comienza un estudio hablando de Salum y Menajem, reyes del reino de norte de Israel, probablemente comprobará que los muchachos están incómodos y desinteresados. Por el otro lado, si el maestro comienza refiriéndose al partido de fútbol que ellos vieron (o en el que jugaron) el sábado a la tarde, captará su atención de inmediato. Aun cuando el propósito primario de la escuela dominical es estudiar la Biblia, el maestro no debe presumir que los alumnos se sentirán interesados automáticamente y darán inmediata atención.

Al determinar cómo preparar a un grupo para un estudio bíblico con propósito, el maestro siempre debe tener en mente que el propósito de esas afirmaciones iniciales es despertar la curiosidad de los miembros. Su propósito es el de despertar preguntas en sus mentes. Quiere que piensen algo por sí mismos. Hay muchas formas de lograr esto:

▲ Preguntas planeadas cuidadosamente.

▲ Afirmaciones inusuales o llamativas.

▲ Historias o ilustraciones.

▲ Recortes de periódicos.

▲ Artículos de revistas.

▲ Fotografías.

Cierto domingo, cuando el estudio era sobre la bebida, un maestro de adultos recortó algunos avisos de revistas, de atractivos colores, que promovían las bebidas alcohólicas. Las pegó como para hacer luego un rollo de gran tamaño. El domingo en la mañana, comenzó el estudio diciendo: "¡Miren lo que encontré en algunas revistas la semana pasada!" Entonces desplegó el rollo ante la clase. Aquellos dos metros y medio de avisos de alcohol captaron la atención de todos y el maestro no tuvo dificultad para dirigir su pensamiento al pasaje bíblico de referencia.

Cualquiera que sea el método de introducción, el maestro debe esperar alguna respuesta oral del grupo antes de comenzar la lectura bíblica. Esta expresión de la clase concentra su atención y profundiza su interés.

2. *Cuide que la introducción esté en la misma línea que la meta del estudio.* No basta que el maestro logre la atención hablando de

algo en lo cual la clase pueda estar interesada. Cualquier maestro puede interesar a un grupo de adolescentes en el partido de fútbol del día anterior. Pero ¿es capaz de llevar su interés más allá del fútbol como para llegar al estudio? La introducción del maestro debe hacer ambas cosas. Debe estar en la línea de los intereses del grupo, pero también debe estarlo con la meta del estudio. 3. *Use una transición natural.* En el ejemplo anterior, la posible dificultad del maestro para pasar al estudio puede ser evitada si se planea cuidadosamente la transición del fútbol a la lectura de las Escrituras. La transición es algo crucial. Sin ella, la clase continuará en una charla vacía, hablando de cualquier cosa que les interese. El maestro debe captar su atención, pero luego guiarlos a una lectura inteligente de la Escritura.

Paso 2: Decir a los alumnos qué se debe buscar

Cuando el maestro ha estimulado el interés de su clase para que esté en la misma línea con el propósito del estudio, ya estará listo para pasar al segundo paso en su esfuerzo para lograr tener un estudio bíblico con propósito. Debe guiar a los alumnos a leer las Escrituras diciéndoles qué deben estar buscando en el pasaje bíblico mientras se lo lee. Esto dirige su atención a las cosas más importantes del estudio. Al mismo tiempo, da a la clase un propósito y una dirección en el estudio.

A menudo he leído un pasaje poco usado de la Biblia a grupos de maestros. Después de la lectura, he hecho una o dos preguntas simples basado en el pasaje. Muy pocas veces los maestros han sido capaces de contestarlas. Siempre dicen: "Léalo de nuevo." Cuando les pregunto por qué quieren que lo vuelva a leer, el grupo responde: "Ahora sabemos qué debemos buscar en él." Esta experiencia me ha enseñado que *el maestro debe decir a la clase, de antemano, qué debe buscar en un pasaje cuando es leído.*

Por lo común, tendremos mejores resultados cuando señalamos lo que se debe buscar haciendo una pregunta. A veces he hecho tres o cuatro preguntas, pero no pueden recordar más de tres. Ayuda si se las escribe en un pizarrón. En cualquier caso, debemos asegurarnos de que todos las han entendido bien.

No siempre es necesario hacer preguntas. A veces el maestro puede decir simplemente: "Quisiera que ustedes notaran las siguientes cosas a medida que se lee el pasaje bíblico." El maestro puede pensar en otras variantes que sean útiles.

Paso 3: Pedir respuestas a los alumnos

Después que se ha leído el pasaje bíblico, el preguntar a los alumnos cuáles son las respuestas a las preguntas ya señaladas ayuda a la clase de dos maneras:

▲ El maestro se asegura de que los miembros de la clase han encontrado las respuestas correctas. A menudo damos por sentado que nuestros alumnos saben más de lo que realmente saben. Las respuestas orales a las preguntas ayudan al maestro para estar seguro de que los alumnos no tienen alguna idea errada o para poder aclarar algún punto oscuro.

▲ Los alumnos reconocen qué quiere decir realmente el maestro al pedirles una respuesta. Si el maestro pide a la clase que encuentre la respuesta a una o más preguntas pero no vuelve a presentarlas, los alumnos pronto se olvidarán de ellas.

Preguntar y responder esas preguntas lleva naturalmente a la discusión del desarrollo del estudio.

Una ilustración

Hagamos que una clase de adultos jóvenes tenga un estudio con esta meta: "Guiar a mis alumnos a una apreciación más profunda de Jesús como Hijo divino de Dios", lo que es una meta de inspiración.

MAESTRO (al comienzo del estudio). —¿Les dice algo el nombre de David Koresh? (La tragedia de Koresh y su culto davidiano ocurrió poco antes de que este libro fuera escrito; en ella murieron 80 personas dirigidas por ese falso profeta.)
RESPUESTA. —Era el líder de una secta en Waco, Texas.
MAESTRO. —¿Koresh pretendía realmente ser Dios?
RESPUESTA. —No lo sé. No leí nada sobre ese asunto.
RESPUESTA. —Vaya, yo sí leí. El diario decía que Koresh escribió una carta y la firmó "Yavé Koresh".[2]
MAESTRO. —¿Acaso los que le seguían eran gente sin cultura?

---

[2] The (Orlando) Sentinel, 11 de abril de 1993, A3.

RESPUESTA. —Yo vi en la televisión una entrevista con un hombre que dijo que su hermana estaba allí. Parecía ser alguien bien preparado.

RESPUESTA. —Oí que uno de sus seguidores era graduado de la Universidad Harvard.

MAESTRO. —¿Qué piensan ustedes de David Koresh?

RESPUESTA. —Pienso que era un farsante.

RESPUESTA. —Yo creo que estaba loco.

MAESTRO. —¿Qué creen ustedes que habrían pensado de Jesús si hubieran vivido en su tiempo?

Por un momento, la clase se quedó en silencio sopesando cuál habría sido su actitud a la luz de lo que habían estado diciendo. Finalmente, habló uno de los alumnos.

RESPUESTA. —No estoy seguro.

RESPUESTA. —A veces he pensado acerca de eso.

RESPUESTA. —¡Pero las enseñanzas de Jesús eran muy diferentes!

RESPUESTA. —Evidentemente, ¡las enseñanzas de Koresh también apelaban a sus seguidores!

RESPUESTA. —Hombre, eso es algo duro de tragar.

MAESTRO. —¿Qué pensaba de Jesús la gente de su tiempo? Busquemos Juan 12 y comprobemos cuál era su reacción. Mientras leemos los versículos 12 al 19 y 35 al 43, busquemos las respuestas a estas preguntas:

▲ ¿Cuál era la reacción de las masas?

▲ ¿Cuál era la reacción de los fariseos?

▲ ¿Cuál era la reacción de algunos de los gobernantes?

A esta altura, todos abrieron sus Biblia y el maestro leyó el pasaje.

Después de la lectura, el maestro preguntó: "¿Cuál fue la reacción de las masas?" La clase respondió. El maestro prosiguió con las otras dos preguntas y luego los dirigió naturalmente a la presentación del estudio.

Análisis de la ilustración

Analicemos ahora esta ilustración a la luz de nuestros tres principios.

Despertar interés y curiosidad

El primer principio que hemos establecido fue que el maestro debe despertar el interés y la curiosidad de la clase hasta el punto de que tengan el deseo de estudiar el pasaje bíblico.

Para despertar interés y curiosidad, el comienzo de la presentación del maestro debe estar en la línea de los intereses del grupo. El nombre y los actos de David Koresh estuvieron tanto tiempo en las noticias que todo el mundo estaba familiarizado con su nombre e inclusive tenían la curiosidad de lo que ocurriría después. Las preguntas que siguieron tenían el propósito de profundizar su interés y estimular su pensamiento.

Para lograr y profundizar la atención de la clase, debe haber una transición normal de la discusión inicial hasta el problema que será presentado en el estudio. La transición de la ilustración previa estuvo en las dos preguntas: "Si ustedes hubieran vivido en la época de Jesús, ¿qué habrían pensado de él?" y "¿Qué pensó de él la gente de su tiempo?" Quizá la clase estaba interesada en continuar la discusión sobre David Koresh, pero esas preguntas volvieron inmediatamente el pensamiento del grupo alejándolo de David Koresh y dirigiéndolo a Jesús. La transición fue tan natural que el grupo casi inmediatamente se olvidó de Koresh.

La forma en que el maestro enfoque el tema para lograr la atención y guiar a un estudio de la Escritura con un propósito también debe estar en la línea de la meta del estudio. La pregunta: "¿Qué decía la gente de su tiempo sobre él?" está estrechamente relacionada con el estudio.

Decir a los alumnos qué se debe buscar

El segundo principio sugerido es que debe decirse a la clase qué se espera. El maestro de la ilustración planteó tres preguntas. Notemos que cada una de ellas estaba en la línea de la meta del estudio: guiar a mis alumnos a una apreciación más profunda de Jesús como el Hijo divino de Dios.

Pedir respuestas a los alumnos

En este punto, el pasaje bíblico es leído y el maestro ha pedido respuestas a sus preguntas. El hecho de preguntar y contestar las preguntas lleva al desarrollo del estudio.

Ocho errores que deben evitar los maestros

He usado este plan con maestros durante varios años y he descubierto los ocho errores que los maestros hacen con más frecuencia. Quizá la lista pueda ayudar al lector a evitarlos.

Error 1: Plan tedioso

A menudo el plan del maestro para asegurarse del interés del grupo no es debidamente estimulante. Cuanto más dramática o intrigante se pueda hacer esta fase del estudio, mejor será. El ideal o meta del maestro debe ser el despertar la curiosidad y el interés del grupo lo suficiente como para producir un genuino interés de abrir la Biblia y ver lo que dice. No es una meta fácil de alcanzar, pero es la única por la que debe luchar un maestro.

Error 2: Transición pobre

Muy a menudo el maestro no logra una transición normal que lleve de la fase de obtener el interés a la introducción del problema que debe ser considerado en el estudio. Debido a esta falla en tener una buena transición, a menudo al maestro le resulta difícil guiar con naturalidad la presentación del estudio. La clase sigue hablando sobre el tema sugerido por el maestro, que le ha interesado, pero este no logra sacarlos de ese tema y pasar al estudio. Esto hace perder un tiempo valioso en una charla vacía e inútil. Esta transición es importante y debe ser planeada con cuidado.

Error 3: Introducción excesiva

En su introducción, el maestro no debe decir a la clase qué contiene el pasaje bíblico. La tarea del maestro es la de llevarlos a querer conocer cuál es ese contenido. El decir a la clase lo que hay en el pasaje no la estimula a estudiarlo ni les da un propósito para hacerlo.

Error 4: Introducción compleja

Algunas veces el maestro se enreda tratando de elaborar un plan que le asegure un estudio bíblico con propósito. No permita que su plan sea largo, enredado o complejo. Sea tan específico y simple como sea posible.

Error 5: Lectura bíblica sin preguntas

El maestro a menudo se olvida de dar a la clase algunas preguntas para las cuales deben encontrar respuestas cuando se lee el pasaje bíblico. Esta es una parte importante de todo el proceso. Si vamos a guiar a nuestra clase a estudiar la Biblia con un propósito, debemos decir específicamente qué debe buscarse. Esto dirigirá su estudio.

Error 6: Preguntas en nivel inadecuado

Las preguntas deben estar en el nivel de edad de la clase a la que se enseña. Si el maestro tiene un grupo de adultos, no querrá hacerles preguntas tan simples que ofendan su inteligencia. Si tiene una clase de adolescentes, no querrá hacer preguntas tan difíciles que no les sea posible dar con las respuestas. Sin ser demasiado difíciles, las preguntas deben desafiar las mentes de los alumnos, sea cual fuere su edad.

Error 7: Preguntas no relacionadas con la meta del estudio

A veces se plantean preguntas que no están relacionadas con la meta que el maestro tiene para el estudio. Deben tener alguna relación con la meta, de modo que al responderlas, eso llevará naturalmente de la introducción al desarrollo del estudio.

Error 8: Demasiadas preguntas

A veces los maestros piden al grupo que busque respuestas a demasiadas preguntas. No hay que abrumar al grupo. Las preguntas deben limitarse a dos o tres.

Durante años he enseñado estos principios en conferencias y la pregunta que los maestros hacen con más frecuencia en cuanto a esta sección sobre el plan del estudio ha sido: "Suponiendo que el maestro ha 'preparado adecuadamente' a los alumnos para la lectura bíblica, ¿quién es el que de hecho debe leer la Biblia en voz alta: el maestro o los alumnos?" Como siempre, en esto el mejor enfoque es la variedad. Sin embargo, dado que yo he tenido fuertes convicciones sobre este punto, quisiera hacer algunos comentarios. Cada vez que se lee la Biblia, ¡debe ser bien leída! Debe leerse de modo que los oyentes puedan captar su significado. Esto quiere decir que quien lee debe haberlo hecho antes de la clase y probablemente haber practicado esa lectura a fin de hacerlo en forma fluida y comunicar así el mensaje correcto del pasaje. Lamentablemente, muchos maestros (y pastores) necesitan ayuda y práctica en este punto. Por esa razón, siento fuertemente que el maestro debe ser el que lea la porción bíblica en esta parte del estudio. Y ayudará mucho si el maestro y los alumnos usan una versión con lenguaje moderno. Siento que la clase obtendrá mucho más de la lectura de las Escrituras si la están siguiendo, buscando respuestas a las preguntas que ha planteado el maestro. Este no es el mejor tiempo ni el mejor método para asegurar la participación de los alumnos. Más adelante, al desarrollar el estudio y en otras partes del plan para el mismo, los alumnos harán preguntas, discutirán y leerán la Biblia.

Ejemplos de cómo lograr un estudio bíblico con propósito

Salmo 100
Este ejemplo fue preparado por un laico que enseña en una iglesia en la ciudad de Louisville, EE. UU. de A. No se indica la edad de los alumnos, pero se presume que eran muchachas en la edad de la escuela secundaria. La meta del maestro para este estudio era: "Tratar de guiar a mis alumnas a asistir al culto matutino todos los domingos de este trimestre." (Esto es una meta de respuesta de conducta.)

MAESTRO. — ¿Cuántas de ustedes saben tocar un instrumento?
RESPUESTAS. —Yo sé (con alguna indicación de qué instrumento) o yo no.
MAESTRO. —¿Qué tipo de música les gusta más?
RESPUESTAS. —Rock pesado, rock liviano (y otros similares).
MAESTRO. —Si estuvieras tocando en una banda que debería hacerlo para el presidente de la república y tuvieras que elegir la música, ¿qué elegirías?
RESPUESTAS. —Música patriótica. Algo que haga lucir al saxofón, ya que él lo toca.*

---

* Nota del Editor: Se refiere a William Jefferson Clinton, presidente de los EE. UU. de A. al escribirse esta actualización y ampliación.

MAESTRO. — En otras palabras, seleccionarías algo adecuado para la ocasión o algo que le gustara al presidente. ¿Todo el mundo tiene el mismo gusto?

RESPUESTAS. —¡Por supuesto que no! ¡Mi familia odia el rock pesado!

MAESTRO. —¿A Dios le gusta la música y el canto?

RESPUESTA. —Supongo que sí.

MAESTRO. —Busquemos en la Biblia el Salmo 100. Mientras yo leo, quiero que ustedes encuentren la respuesta a tres preguntas (el maestro escribe las siguientes preguntas en el pizarrón).

▲ ¿Qué tipo de música le agrada a Dios? (alegre)

▲ Cuándo entramos al culto de adoración, ¿qué debemos dar a Dios? (Acción de gracias y alabanza.)

▲ ¿Qué nos ha dado él? (Misericordia y fidelidad.)

Lucas 1:1-4

Una de mis ex estudiantes preparó lo siguiente como plan de un estudio con una meta de conocimiento. Este ejemplo ilustra el hecho de que este enfoque también puede usarse para un estudio de ese tipo. Indicó su meta de esta manera: "Tratar de guiar a los alumnos a dominar algunos hechos básicos sobre la redacción de cada uno de los cuatro Evangelios."

La maestra llevó a la clase cuatro fotografías de la misma persona tomadas en diferentes épocas y lugares.

MAESTRA (mostrando las cuatro fotos a los alumnos). —¿Qué tienen en común estas cuatro fotos?

RESPUESTA. —Son de la misma persona.

MAESTRA. —¿En qué son diferentes?

RESPUESTAS. —Han sido tomadas en distintos lugares. La persona tiene ropas diferentes. Sólo dos de ellas han sido tomadas al aire libre.

MAESTRA. —¿Por qué razones son diferentes?

RESPUESTAS. —Han sido tomadas en épocas distintas. Una de ellas fue tomada por un fotógrafo profesional. La persona usa joyas diferentes en cada foto.

MAESTRA. —Pero todos estamos de acuerdo en que es la misma persona. ¿Podemos tener alguna idea de su personalidad por medio de estas fotos? Si es así, ¿qué?

RESPUESTAS. —Es atlético, porque en una de las fotos está jugando al tenis. Y en otra aparece en una fiesta.

MAESTRA. —Tenemos cuatro "fotografías" de Jesús a nuestro alcance. Las llamamos "los cuatro Evangelios". Ninguno es más válido o mejor que los otros, pero cada uno presenta la vida y ministerio de Jesús desde una perspectiva diferente. El médico Lucas nos da una breve declaración de por qué escribió su Evangelio. Busquemos Lucas 1, versículos 1 al 4 y, mientras leemos, encontraremos las respuestas a las siguientes preguntas:

1. ¿Eran los libros de Mateo, Marcos, Lucas y Juan los únicos relatos de la vida de Jesús que se escribieron? (No, Lucas dice que fueron "muchos".)

2. ¿Qué era algo que Lucas se proponía hacer? (Quería escribir su historia ordenadamente.)

3. ¿Cuál era el motivo de Lucas para escribir? ("Para que conozcas bien la verdad de las cosas en las cuales has sido instruido.")

Romanos 7:4-25

Esto también fue preparado por un estudiante para una clase de adultos jóvenes. La meta del maestro era: "Tratar de guiar a mi clase para profundizar su vida espiritual íntima por medio de: (1) comenzar la práctica de la lectura bíblica diaria, (2) orar a diario con otra persona, (3) comenzar un grupo de estudio y oración en la oficina, o (4) escoger alguna actividad similar que produzca el mismo resultado."

MAESTRO. —¿Quién me puede explicar qué es una personalidad dividida?

RESPUESTA. —Es una persona que muestra dos personalidades diferentes en momentos diferentes.

MAESTRO. —¡Muy bien! De hecho, puede haber más de dos personalidades en el mismo cuerpo. ¿Cuál es el ejemplo, de la realidad o la ficción, más famoso que ustedes conocen?

RESPUESTA. —El doctor Jekyll y el señor Hyde.

MAESTRO: ¡Muy bien! Díganme, ¿cómo se sentirían si tuvieran una personalidad dividida?

RESPUESTA. —No me gustaría. Ya tengo bastante problema con la mía.

MAESTRO. —Cuando pensamos en el doctor Jekyll y en el señor Hyde, pensamos que una personalidad dividida es algo malo. Pero ¿saben que el apóstol Pablo se consideraba a sí mismo como una personalidad dividida?

RESPUESTA. —¡No se puede creer! ¡Usted está bromeando!

MAESTRO. —Veamos en Romanos 7. Voy a empezar a leer en el versículo 15 y quiero que encuentren las respuestas a estas dos preguntas:

▲ ¿Qué versículo le señala mejor el conflicto que Pablo tenía en su vida? (Las respuestas pueden variar. Que un par de alumnos lea el versículo que elige para apoyar su respuesta.)

▲ ¿Cómo se sentía Pablo en cuanto a este conflicto? (Se sentía muy desdichado.)

Digamos una palabra final. Ningún maestro usará siempre este método exactamente como es sugerido aquí. Cualquier plan puede llegar a ser monótono. Los maestros deben variar en sus procedimientos, pero los mismos principios pueden usarse cualquiera que sea la situación.

7 *Peso # 2*

Desarrollo del estudio

¿Por qué es necesario un desarrollo del estudio?
 Comprensión del pasaje bíblico
 Edificación de actitudes cristianas
 Dedicación a una actitud cristiana

Ordenamiento del contenido en el desarrollo de
 un estudio
 Ordenamiento temático
 Ordenamiento por actitudes

Una ilustración de ambos enfoques
 Ordenamiento lógico
 Ordenamiento psicológico

Resumen
 Autoexamen del maestro
 Uso del contenido bíbli o
 Actitud del maestro

◆◆◆◆◆◆◆◆◆◆◆◆◆◆◆

El tercer paso en un plan de respuesta de conducta es el desarrollo de la lección. Esta parte del estudio ocupa la mayor porción del tiempo en la clase del domingo en la mañana. Y para la mayoría de los maestros también requiere el mayor tiempo de preparación. Estamos considerando la meta de respuesta de conducta.

Más adelante consideraremos cómo planear un estudio con una meta de conocimiento. El enfoque que se sugiere para desarrollar la meta de conocimiento es radicalmente diferente del que bosquejaremos en este capítulo.

¿Por qué es necesario un desarrollo del estudio?

Cada parte de un plan para el estudio tiene un propósito. La meta sirve a un propósito. Asimismo la introducción. Pero, ¿cuál es el propósito del plan del estudio que llamamos "desarrollo"? Quizá el lector esté pensando: "Eso lo sabe cualquiera. Es cuando compartimos con la clase las verdades espirituales del pasaje bíblico." Por supuesto, eso es cierto. Pero esa afirmación es demasiado vaga y general. (Es el mismo problema que enfrentamos cuando tratamos de que nuestra meta para el estudio fuera lo suficientemente específica.) Quisiera explicar lo que quiero decir al hablar de un propósito al desarrollar el estudio.

Por supuesto, el propósito general del desarrollo del estudio es *ayudar a alcanzar la meta del mismo*. Por obvio que pueda ser dicho propósito, ¡casi siempre es violado! He visitado muchas clases de escuela dominical en todo mi país. Muchos maestros parecen estar más preocupados por abarcar el material del pasaje bíblico que por cumplir con una meta identificable.

A partir de este propósito general, hay por lo menos tres propósitos específicos para el desarrollo del estudio que el maestro debiera tratar de cumplir. Cada uno de los tres es muy importante.

Propósito 1: Comprensión del pasaje bíblico

En el desarrollo del estudio, el maestro debe procurar que los alumnos tengan alguna comprensión del significado del pasaje bíblico. Ya hemos dicho que a menudo los maestros parecen más preocupados por abarcar el pasaje bíblico que por alcanzar una meta definida. Sin embargo, los maestros deberían estar profundamente preocupados por ayudar a la clase a tener *cierta comprensión* de la Escritura que es la base del estudio. ¿Hasta qué extremo debe procurar llegar el maestro? Esto depende de cuánto tiempo necesita para las otras partes del plan del estudio. Asimismo, el maestro debe recordar que comprender el pasaje bíblico es sólo una de las tres cosas necesarias para cumplir el propósito del desarrollo del estudio.

Propósito 2: Edificación de actitudes cristianas

El segundo propósito que debe buscar el maestro en el desarrollo del estudio es guiar a los miembros a comprender la actitud cristiana sobre la cual se basa la meta. Es obvio que toda respuesta cristiana de conducta se basa en una actitud cristiana general. Recomiendo que el maestro *identifique esa actitud*. ¡Dígalo con palabras! Dé un nombre y hágalo con honestidad. O descríbalo de manera atractiva. Recuerde que una actitud es un concepto generalizado. En un plan del estudio, el maestro debe escribir la designación de la actitud junto al acápite "Desarrollo del estudio". El maestro debe identificar y escribir esta actitud cristiana para dejar en claro con exactitud lo que quiere que entiendan sus alumnos.

Hay dos preguntas que pueden ayudar a edificar actitudes cristianas en el desarrollo del estudio.

¿Qué enseñanzas o ideas básicas se dan en el pasaje bíblico respecto a la actitud cristiana? Eso debe escribirse porque será la mejor parte del desarrollo del estudio. Más adelante en el mismo se decidirá cómo usarlos. Por ahora, simplemente hay que identificarlos.

¿Hay otros puntos de vista en otros pasajes de la Biblia que deben ser considerados para entender esa actitud cristiana? Por supuesto, el tiempo en la clase será tan limitado que habrá que omitir algunas lecciones espirituales del texto bíblico básico. Todas son verdades espirituales importantes, pero Dios nos ha llevado a desarrollar una respuesta específica en la conducta de los miembros de nuestra clase. Por ello, en el siguiente estudio, enfóquese en el desarrollo de la actitud más bien que en tratar de explicar todo versículo que el estudio sugiera.

Pero al buscar una meta de conducta de respuesta, se deben considerar las enseñanzas de toda la Biblia a ese respecto. Esto es básico. Es verdad que el tiempo será un factor limitante, pero en la medida en que lo permita, el maestro debe guiar a los alumnos a confrontar y considerar algunas de las enseñanzas bíblicas que no están incluidas en un estudio determinado. Al planear el estudio, el maestro debe pensar en cada miembro de la clase y en sí mismo, preguntándose: "¿Qué parte de la enseñanza bíblica necesitan más estudiar los alumnos sobre esta actitud?" Hacerse esta pregunta ayudará al maestro a saber dónde poner el foco.

Propósito 3: Dedicación a una actitud cristiana

El desarrollo de la lección debe guiar a los alumnos a comenzar el proceso de su dedicación a la nueva actitud. El maestro debe notar que dos de los tres propósitos del desarrollo del estudio se relacionan con la actitud cristiana que subyace bajo la respuesta de conducta deseada. Esto señala la importancia de que los maestros tengan claramente en mente y pongan por escrito la nueva actitud cristiana; de otro modo, el maestro no podría elaborar desarrollos de estudios como debe ser hecho.

Recordemos en este punto que el maestro está a solas con Dios al planear el estudio. Al tratar de guiar a los alumnos hacia una profundización de la dedicación a la actitud, el maestro debe hacer dos preguntas.

¿Qué problemas enfrentarán los alumnos si expresan esta nueva actitud en algún aspecto de su vida? ¿Qué problemas, dificultades y tentaciones les llegan de fuera de sí mismos? Esto depende de la edad de aquellos que están siendo enseñados. Esa es también la razón por la cual los maestros necesitan conocer íntimamente a su clase y desarrollar con ella una relación de cuidado y confianza. ¿Se trata de una clase de mujeres adultas, que incluye madres solteras, amas de casa de tiempo completo y esposas que trabajan fuera del hogar? ¿Se trata de un grupo de jóvenes de la escuela secundaria, que enfrentan la presión de sus compañeros en cuanto a drogas y conflictos de todo tipo? Cualesquiera que sean la edad y las circunstancias, los alumnos enfrentan hoy una amplia variedad de problemas. El maestro debe ayudarles a enfrentar esos problemas y a relacionarlos con las enseñanzas de la Sagrada Escritura.

¿Qué limitaciones pueden sufrir los alumnos? Al hablar de "limitaciones", en realidad nos estamos refiriendo a todas las dificul-

tades que vienen de su interior. Ya hemos tenido experiencias con gente de otras razas y estas experiencias han formado nuestra actitud hacia esas razas. Ya hemos trabajado con ciertas prácticas en las relaciones comerciales que han llegado a ser parte del patrón de nuestras vidas.

Cuando el maestro de una clase grande de la escuela dominical interpreta un pasaje de un modo que choca con una actitud básica preexistente, ¿qué hace la mayor parte de los alumnos? La mayoría lo rechazan silenciosamente o lo ignoran, porque a lo largo de los años, han aprendido cómo protegerse tras un escudo.

¿Qué sucede en una clase pequeña donde hay una relación abierta y honesta? El maestro tiene una oportunidad de buscar con cuidado y aprecio cómo conducir a cada miembro para que se identifique y evalúe (sea en privado u oralmente, según prefiera) cuáles son sus limitaciones reales y difíciles. Los alumnos de una clase pequeña lucharán con más probabilidad por alcanzar la actitud bíblica que se está estudiando.

Ordenamiento del contenido en el desarrollo de un estudio

Ahora que entendemos claramente los tres propósitos del desarrollo de un estudio, entonces, ¿cómo ordena el maestro el contenido que planea usar en esta parte de su estudio? Espero que se entienda que no estoy preguntando qué método o métodos deben usarse. Se trata de una pregunta importante, pero por ahora no entramos en la metodología. Ya hemos dicho antes que el desarrollo del estudio a menudo se menciona como el cuerpo del mismo. Esto significa que incluye la mayor parte del contenido. La pregunta que debe hacerse aquí el maestro, en un estudio con una meta de respuesta de conducta, es cuál es el contenido que debe usarse y cómo se lo debe ordenar. Sin duda, hay numerosos enfoques para ordenar el contenido en el desarrollo de un estudio. Quisiera examinar y evaluar dos de esos enfoques.

Ordenamiento temático
Los predicadores se esfuerzan por exponer el contenido de un pasaje bíblico de la manera más lógica posible. Este ordenamien-

to por temas es un *ordenamiento lógico*. A menudo, los maestros usan un ordenamiento lógico para el desarrollo del estudio. Dividen el pasaje bíblico en dos, tres o más puntos para usarlos en el desarrollo del estudio. Señalan los subpuntos para desarrollar y clarificar cada uno de los puntos principales del bosquejo. A veces inclusive añaden subpuntos a los subpuntos.

Una forma aun más popular de ordenamiento lógico es la exposición versículo por versículo. Al visitar iglesias, he comprobado que la mayoría de los maestros usan este criterio. El maestro sabe que la mayor parte de las ayudas de las revistas o libros curriculares son exposiciones versículo por versículo. Esto es muy apreciado por ellos, ya que tienen muy poco conocimiento bíblico serio. Cualquier ayuda que puedan obtener es de gran importancia.

He aquí un enfoque versículo por versículo del desarrollo de un estudio basado en las Bienaventuranzas. El pasaje bíblico base es Mateo 5:1-12. A la mayoría de los maestros les gusta enseñar este estudio porque está lleno de verdades para enfatizar. Enseñan versículo por versículo, tomando la verdad de un versículo y presentándola a la clase como un diamante, poniendo esa verdad de un lado y otro, haciendo que el sol del amor de Dios brille sobre ella. La clase contempla una hermosa verdad. El maestro vuelve a meterla "en la caja" y extrae una nueva verdad, exponiéndola hacia atrás y hacia adelante para que se dejen ver las "chispas" de la verdad. De ese modo, el maestro toma las verdades de a una, exhortando a los alumnos a practicar este o aquel ideal en su vida. Al terminar la clase, los alumnos estarán sumamente inspirados. A lo largo de los años, he pasado por esta experiencia en muchas clases de escuela dominical y he sido inspirado como los demás. Pero pocos de esos estudios me llevaron alguna vez a cambiar mi conducta. Si nuestra meta es una respuesta de conducta, es señal de que necesitamos un mejor enfoque para el desarrollo del estudio.

He aquí un segundo ejemplo de ordenamiento lógico que he copiado de una revista trimestral para maestros de hace algunos años.

Título del estudio: Rut, una extranjera que fue
bienvenida.

Texto básico: Rut 2:8-13; 4:13, 17

Bosquejo sugerido:
1. Una caballero amable (2:8, 9)
2. Una extranjera agradecida (2:10)
3. Una actitud generosa (2:11, 12)
4. Un pedido gentil (2:13)
5. Una gloriosa cosecha (4:13, 17)

La revista aportaba al maestro ayudas adicionales para el estudio, que incluían comentarios, ilustraciones y subpuntos sugeridos. La historia de Rut es ciertamente un hermoso incidente en el plan de Dios y éste es un buen bosquejo.

Pero este buen bosquejo es inadecuado para un estudio que busque una respuesta de conducta. Mi evaluación del enfoque lógico como una forma posible de desarrollar el estudio cuando el maestro planea usarla para una respuesta de conducta es que *el ordenamiento temático (o lógico) es absolutamente un enfoque equivocado para cuando se desea una meta de respuesta de conducta.* Ese bosquejo permitiría un buen sermón. Dramatiza la necesidad humana, el posible romance y la humildad. Tiene una buena conclusión. Pero un estudio de escuela dominical no es una predicación, en especial cuando se está enseñando un estudio que busca una respuesta de conducta.

Ya hemos estudiado los tres propósitos de un estudio de respuesta de conducta:

▲ Entender el pasaje bíblico.

▲ Construir actitudes cristianas; y

▲ Consagrarse a la nueva actitud.

El bosquejo que hemos transcripto sirve sólo para uno de los tres propósitos. En el desarrollo del estudio también declaramos que había tres preguntas que el maestro debía plantear y responder. El plan expuesto antes no sugiere ninguna de las preguntas o respuestas. Podría servir admirablemente para un sermón o un devocional. Pero este plan de clase no debe ser usado para desarrollar un estudio que busque una respuesta de conducta.

Ordenamiento por actitudes

La actitud que subyace bajo la meta del estudio debe determinar el ordenamiento cuando se enseña con una meta de respuesta de conducta. Esto es llamado *ordenamiento psicológico*. El maestro debe mantener dos cosas en mente.

▲ Cada una de las tres metas de estudios (la meta de respuesta de conducta, la meta de inspiración y la meta de conocimiento) requiere su propio tipo de plan de estudio. Este capítulo está enfocado en la meta de respuesta de conducta.

▲ La actitud es un eje cuando se enseña con una meta de respuesta de conducta. Por eso se debe dejar bien en claro cuál es esa actitud y ponerla por escrito en la parte superior de la sección que ahora estamos estudiando: el desarrollo del estudio.

¿Cómo puede identificarse la actitud que subyace bajo la meta? Sólo pensando en los alumnos. Hagámonos la pregunta: "¿Qué puntos o criterios despertarán en ellos el deseo de pensar más claramente en su actitud? ¿Qué es lo que hará que se consagren mejor a esta actitud?"

Una vez que se ha identificado la actitud que subyace bajo la meta, examinemos el pasaje bíblico que estamos estudiando. ¿Qué dice el pasaje bíblico sobre las necesidades de los miembros a la luz de la meta del estudio? Una vez que hemos respondido esa pregunta, debemos ordenar el desarrollo del estudio de acuerdo con la actitud que estamos tratando de abarcar.

Esto es un ordenamiento por actitud o psicológico. Las necesidades de los miembros a la luz de la actitud que subyace bajo la meta debe determinar qué es lo que ha de destacarse, qué ha de ser usado brevemente o qué se dejará afuera. Hemos enfatizado que no se pueden usar todas las verdades que contiene un pasaje bíblico. Sencillamente, el maestro no tendrá tiempo para hacerlo. Al usar un ordenamiento psicológico el maestro trata de producir comprensión y desarrollar una dedicación más profunda a una actitud. Por lo tanto, la actitud que subyace a una meta de respuesta de conducta determina qué parte o partes de la Escritura serán usadas y cuál será dejada de lado por necesidad.

¿Cómo funciona esto en la práctica? Después de hacer un breve repaso de todo el pasaje, el maestro comienza el desarrollo serio del estudio. Puede poner la atención en un versículo o aun en una frase dentro de un versículo. Puede comenzar en medio del texto básico o al final del mismo. O sea que el maestro comienza el desarrollo serio donde se enfatiza la actitud que subyace bajo la meta o donde comienza el tratamiento de la misma. Inclusive el maestro puede apelar a partes de la Biblia que no se mencionan en el texto básico, pero lo hace para profundizar la comprensión y dedicación de los alumnos.

Una ilustración de ambos enfoques

Pocos escritores son capaces de escribir con tal claridad que podamos entender exactamente lo que quieren decir. A veces un ejemplo o ilustración clarifica lo que un autor está tratando de decir. Hemos sugerido que los maestros desarrollen sus estudios con un ordenamiento psicológico más bien que uno lógico. Luego compararemos ambos ordenamientos estudiando primero el bosquejo de un estudio que usa un ordenamiento lógico y luego bosquejaremos *el mismo estudio con el mismo texto bíblico* pero usando un ordenamiento psicológico. Este ordenamiento lógico fue tomado de una revista para maestros de adultos de hace algunos años.

Ordenamiento lógico

Título del estudio: La iglesia

Texto básico: 1 Corintios 12:12, 13; Colosenses 1:18-20;
　　　　　　　 1 Pedro 2:4-9

Meta de enseñanza-aprendizaje:
　　Llevar a la clase a unirse con Cristo en la edificación de la
　　iglesia.

Cómo lograr un estudio bíblico con propósito:

Desarrollo del estudio:

Actitud:

(El maestro, que estará básicamente en el ordenamiento lógico, no se molestará en escribir la actitud que hay tras la meta. Tiene en mente un enfoque en general. En cuanto al ordenamiento del contenido, lo que sigue es un bosquejo lógico del desarrollo del estudio. Tome su Biblia y lea cada versículo que aparece en el bosquejo y vea cómo se desarrolla lógicamente el estudio.)

Bosquejo
1. Unidad de la iglesia (1 Cor. 1:12, 13)
    (1) Unidad en la multiplicidad (1 Cor. 12:12)
    (2) Fuente de la unidad (1 Cor. 12:13)
2. Preeminencia de Cristo en la iglesia (Col. 1:18-20)
    (1) Cristo cabeza de la iglesia (Col. 1:18)
    (2) El don del Padre (Col. 1:19)
    (3) Comprados por un alto precio (Col. 1:20)
3. La piedra rechazada (1 Ped. 2:4-8)
    (1) Rechazada por los hombres y elegida por Dios (1 Ped. 2:4)
    (2) Edificados como casa espiritual (1 Ped. 2:5)
    (3) Gozo para el creyente; juicio para el incrédulo (1 Ped. 2:6-8)
4. El pueblo de Dios (1 Ped. 2:9)
    (1) Elegido por Dios (1 Ped. 2:9)
    (2) Separados por Dios (1 Ped. 2:9)

Ordenamiento psicológico

Título del estudio: La iglesia

Texto básico: 1 Corintios 12:12, 13; Colosenses 1:18-20; 1 Pedro 2:4-8

Meta de enseñanza-aprendizaje (respuesta de conducta): Tratar de guiar a los alumnos a unirse a la misión de Dios en el mundo esta semana:

▲ dando un testimonio especial a un compañero de trabajo,

▲ compartiendo revistas de la escuela dominical usadas con presos,

▲ hablando con un adolescente que puede estar comenzando a tener un problema de drogas o

▲ visitando a una persona anciana internada en un hogar de ancianos.[1]

Desarrollo del estudio:

Actitud: Ser parte de la misión en el mundo

1. ¿En qué formas diferentes usamos la palabra "iglesia"?

   (1) La iglesia es hermosa (un edificio)

   (2) Voy a la iglesia a las once (un culto)

   (3) La Iglesia Metodista tiene muchos miembros (una denominación)

2. Concepto bíblico de la iglesia (breve repaso del pasaje bíblico)

   (1) Muchas partes, un solo cuerpo (1 Cor. 12:12, 13)

   (2) Cristo es la cabeza (Col. 1:18-20)

   A. Cristo debe ser preeminente en todo (Col. 1:18)

   B. Cristo nos ha reconciliado consigo (Col. 1:20)

   (3) Dios nos llama a ser sacerdotes (1 Ped. 2:4-9)

3. ¿Qué significa ser la iglesia?

   (1) Una definición típica de una iglesia no oficial. (Escríbala en un pizarrón.): "Una iglesia es un grupo de personas de igual doctrina, que se reúnen voluntariamente para promover la obra de Dios en todo el mundo." ¿Qué piensa usted de esa definición?

   (2) Tal como usted entiende la iglesia, ¿es un grupo que "se reúne voluntariamente", o es un grupo al que Dios ha llamado?

   (3) ¿Qué diferencia hace eso?

   (4) Una ilustración. Dos pastores estaban hablando. El pri-

---

[1] Ver las páginas 165, 166 en el capítulo 10 en cuanto a por qué la meta dada arriba, con sus múltiples respuestas posibles, no viola la afirmación de las páginas 65, 66 en el capítulo 4 de que una respuesta de conducta debe ser "lo suficientemente breve como para ser recordada".

mero dijo: "Soy pastor de una misión. Lo que más deseo es guiarlos hasta ser una iglesia." El segundo pastor dijo: "Soy pastor de una iglesia. Lo que más quiero es guiarlos para ser una misión."

A. ¿Qué es lo que estaba diciendo cada pastor?

B. ¿Cuál estaba más cerca de la verdad en lo que decía tal como usted lo ve?

4. Eche una mirada breve al ministerio de Jesús (buscando en otras partes de la Biblia).

Divida la clase en cuatro grupos. Asigne a cada grupo uno de los cuatro Evangelios. Pida que cada grupo encuentre en su Evangelio:

(1) Casos en los que Jesús estaba dedicado a un ministerio.

(2) ¿Qué estaba haciendo?

(3) ¿Dónde lo estaba haciendo? Haga que cada grupo informe. Escriba esos ministerios en el pizarrón. (Note que ocurren primordialmente en el mundo y no en la sinagoga. ¡Cuide el tiempo en este punto!)

5. Si la iglesia es efectivamente el cuerpo de Cristo:

(1) ¿Hacia dónde debe ir entonces?

(2) ¿Qué debemos hacer nosotros, la iglesia? (Ponga en términos modernos los hallazgos de los grupos.)

6. ¿Cuáles son algunas de las razones por las cuales la iglesia no cumple con esas cosas? Sea tan específico como sea posible al contestar.

(1) ¿Cuáles son algunos de los problemas que enfrentamos en nuestra propia vida?

(2) ¿Qué sería necesario para cambiarlos?

Recordemos que esto es sólo el desarrollo del estudio. Algunas de estas preguntas tendrían que omitirse. Aun nos quedan dos partes principales del plan del estudio: hacer de ella algo personal y asegurar que será aplicado en adelante. Esto será considerado en los próximos dos capítulos.

Resumen

Autoexamen del maestro

He aquí algunas preguntas que los maestros deben hacerse al considerar el desarrollo de un estudio que procura una respuesta de conducta.

▲ ¿Qué actitud fundamenta la respuesta deseada?

▲ ¿Qué se necesita para darle una comprensión del pasaje bíblico?

▲ ¿Qué preguntas tendrán los alumnos que necesitan ser enfrentadas y respondidas?

▲ ¿Qué problemas o dificultades relativos a esta actitud necesitan ser traídos a luz y considerados por los alumnos?

▲ ¿Qué hará el maestro para tratar de profundizar la convicción personal en el ámbito de esta actitud?

Uso del contenido bíblico

Espero que se haya visto claramente por qué el método de versículo por versículo es un enfoque equivocado para el desarrollo de un estudio con meta de respuesta de conducta. Quizá usted ya está dedicando demasiado de su tiempo tratando de guiar a los alumnos a empezar a entender y a tener convicción y dedicación a una actitud. Aun así, todavía puede obtener alguna respuesta, por pequeña que sea, de parte de los alumnos. El enfoque de versículo por versículo es de inspiración y de agrado, pero simplemente no aporta el fundamento para una respuesta en vidas cambiadas como desea el maestro.

¿Qué método o métodos se usarán en el desarrollo de un estudio? Pueden ser muy variados, pero es imperativo que los alumnos estén envueltos en ellos. En el bosquejo de desarrollo del estudio que dimos antes, el maestro dividió la clase en cuatro grupos y les hizo buscar en la Biblia, dar su informe y hablar entre sí. Por supuesto, el maestro también participará en el diálogo.

Actitud del maestro

Lo que estamos reclamando es que la actitud del maestro corresponda a su ser en totalidad, a su ser esencial o espíritu. Si alguien va a ser un maestro que produzca una diferencia en la vida de la gente, hay ciertas actitudes que deben caracterizar su personalidad. Esas actitudes debieran ser características íntimas todo el tiempo, pero las menciono aquí al hablar del desarrollo del estudio porque deben estar presentes en nuestra vida así como en toda nuestra enseñanza, especialmente cuando desarrollamos el estudio. Sin ellas, es poco lo que va a ocurrir.

¿Es usted una persona abierta y honesta? En el ámbito total de la clase, ¿demuestra el maestro el espíritu de una persona abierta y honesta? El maestro desea profundamente que los alumnos, cualquiera que sea su edad, actúen abierta y honestamente ante la verdad que estudian. Esto no ocurrirá a menos que durante la clase el maestro comparta sus luchas, problemas y dificultades o limitaciones de manera abierta y honesta. Si los maestros no orientan el camino y dan el ejemplo, serán demasiadas las clases que tratarán serias verdades bíblicas de una manera trivial y superficial. Esto no significa que el maestro debe revelar sus más profundas dudas, problemas o dificultades personales. Por cierto, todos tenemos no sólo el derecho sino también la responsabilidad de mantener en privado algunos aspectos de nuestra vida. Pero la responsabilidad del maestro es la de moldear la apertura y la honestidad para que los alumnos traten seriamente la verdad bíblica en estudio.

¿Es usted una persona que se preocupa por los demás? El maestro también debe desarrollar un clima en el cual los alumnos sepan que realmente él se preocupa por ellos. Una vez oí a un pastor que decía a la congregación de la cual yo era miembro: "Lo que a usted le pasa es algo que me afecta." Ciertamente eso era característico de su ministerio y nunca olvidaré esa afirmación. Nada puede ocupar el lugar de esta actitud cristiana básica y los alumnos muy pronto notarán su ausencia.

¿Es usted una persona que sabe establecer relaciones? En todas sus relaciones, el maestro debe saber comunicarse con los demás. "Usted es importante para mí. Me identifico con usted. Lo entiendo." El aprendizaje se produce en el contexto de relaciones. Es algo que tiene que ver con la comunidad. En esta relación, el maestro dice: "Comparto mi vida con usted. Me expongo ante usted y a sus posibles agresiones. Estoy dispuesto a afrontar esa oportunidad. Cristo dio su vida por usted y yo doy mi vida por ustedes."

Esto no puede ser fraguado por el maestro. No puede hacerlo si realmente no se preocupa por el otro.

Escuchar puede ser peligroso

Al escuchar corremos el riesgo de oír.
Al escuchar corremos el riesgo de preocuparnos.
Al preocuparnos corremos el riesgo de quedar
   envueltos.
Escuchar puede ser peligroso.

¿Es usted una persona que sabe escuchar? Muchos maestros tienen la tendencia de dar conferencias. Algunos se molestan por las interrupciones de los alumnos cuando hablan de sus necesidades personales. Tales maestros deben tener conciencia de que aquello que dice un alumno puede ser mucho más importante para su aprendizaje que lo que dice el maestro.

Escuchar con todo nuestro ser es uno de los aspectos más descuidados de la comunicación. El maestro debe hacer mucho más que escuchar las palabras. El maestro debe escuchar lo que está detrás y más allá de las palabras ajenas. Debe haber una actitud de escuchar que sea genuina y sensitiva; y el maestro no puede hacerlo —y no lo hará— a menos que genuinamente tenga interés por cada alumno.

8 4º paso.

Hacer que el estudio
sea algo personal

Una tarea difícil
    Enfoques generales y específicos
    Razones por las cuales es mejor el enfoque
    específico

Seis problemas de una aplicación mal enfocada
    El problema del significado
    El problema de la relación
    El problema del prejuicio
    El problema de la información
    El problema de las presiones personales y
    sociales
    El problema de las situaciones complejas

Técnica de la situación vital

Tres principios para usar las situaciones de la vida
    Ser realista
    Ofrecer dos cursos de acción
    Aplicar el estudio

Errores que deben evitarse

Variantes

◆◆◆◆◆◆◆◆◆◆◆◆◆◆◆

La señora Esperanza había terminado de enseñar la lección de la escuela dominical de muchachas adolescentes. Estaba bastante contenta con su clase. El tema era "El amor de Dios hacia todos". Había planteado el hecho de que Dios ama a todos a pesar de lo ricos o pobres que sean. Había señalado que los cristianos deben demostrar amor a todos. Las muchachas habían participado con entusiasmo en la conversación y todo indicaba que estaban consagradas a ese ideal cristiano.

Cuando iba caminando hacia el templo para el culto de adoración, la señora Esperanza pasó junto a algunas de sus alumnas y las vio murmurando, riéndose de otra de ellas debido al vestido ordinario que usaba. El mundo se le vino abajo. ¡Las muchachas no habían aprendido nada del estudio!

El problema de aquella maestra es el mismo que enfrentan todos los maestros cristianos: cómo hacer que aquellos a quienes enseñamos apliquen el ideal cristiano que hemos estudiado en las situaciones específicas de su vida diaria. En este capítulo, pondremos nuestra atención al cuarto paso de un plan de clase en procura de una respuesta de conducta: cómo hacer que las decisiones sean personales.

Una tarea difícil

No es tan difícil abarcar una porción de material bíblico o explicar una verdad espiritual ni aun enseñar un conocimiento bíblico, pero cuando el maestro trata de instilar una verdad espiritual en las vidas de los alumnos, está emprendiendo una tarea difícil.

Enfoques generales y específicos

El objetivo final de toda enseñanza en la escuela dominical es que las verdades espirituales de la Biblia formen parte de la vida de la gente. Para alcanzar ese objetivo podemos seguir dos enfoques distintos.

En gran medida, los maestros de escuela dominical han seguido el enfoque más general o sea que la verdad espiritual se presenta y explica, se hace la aplicación y la clase recibe la exhortación del maestro de seguir la verdad espiritual.

Por ejemplo, durante un estudio de uno de los Evangelios, el maestro puede tener un estudio sobre "La vida cristiana como sacrificio". Al desarrollarla, el maestro puede señalar casos del ministerio de Jesús y los discípulos cuando tuvieron que hacer sacrificios personales. El maestro puede extraer algunas conclusiones generales y entonces exhortar a la clase a que salga al mundo y lleve una vida de sacrificio.

Según otro enfoque, en este punto del plan de la lección, el maestro debe tener una meta más específica en mente, haciendo que los alumnos se pregunten: "¿Qué es lo que yo debo comenzar a hacer específicamente, algo que no estoy haciendo ahora para demostrar mi unión con Cristo en su vida de sacrificio?" El maestro lleva a la clase a identificarse y enfrentar situaciones concretas en las que no están alcanzando el ideal cristiano. Sólo por ese camino ocurrirán cambios en su vida y acciones.

Razones por las cuales es mejor el enfoque específico --Cambios

Un análisis franco de este enfoque general revela que no ha tenido éxito en lograr resultados en la vida cristiana tal como sería de desear. El enfoque general parece estar basado en la presunción de que, si una persona sabe lo que está bien o conoce una verdad espiritual, habrá de ponerlo en práctica. Por lo tanto, el maestro concibe su tarea como si fuera la de extraer todas las verdades que haya en la lección de modo que los alumnos las *conozcan* con la esperanza de que las *practiquen*.

Un día un vendedor estaba presionando a un granjero diciéndole que un juego de enciclopedias le ayudaría. Le explicó toda la información que había en esos libros en cuanto a la agricultura y señaló que esa información mejoraría sus cosechas. El granjero escuchó la exposición del vendedor sin decir una palabra. Finalmente se tomó de la barba y dijo: "Ahora, amigo, escuche; este juego de libros que usted me quiere vender podrá enseñarme muchas cosas sobre agricultura que yo no sé. Pero le quiero decir esto: Ya sé sobre agricultura mucho más de lo que estoy usando."

En demasiados casos, los que declaramos ser cristianos somos como el granjero. Si bien es cierto que nuestro conocimiento de la Biblia es extremadamente limitado, es aun más cierto que sabemos sobre la fe cristiana mucho más de lo que estamos usando. Sabemos sobre evangelismo, perdón y amor en la vida cristiana mucho más de lo que estamos practicando.

Debemos llegar a la conclusión de que el simple hecho de conocer una verdad espiritual no significa necesariamente que se la ha de seguir. Por lo tanto, no debemos descansar en el simple hecho de una presentación general de verdades espirituales a los alumnos para obtener los resultados deseados.

El cuadro mental de los alumnos a menudo se opone a hacer cambios en su forma de vida. Aunque hay excepciones a esto, uno se pregunta si esta actitud es más generalizada de lo que queremos admitir. ¿En qué medida la gente viene a la escuela dominical con la actitud de que todo lo que se necesita es llegar, sentarse, estar de acuerdo con lo que se dice e irse? Todos están de acuerdo en general con la verdad espiritual que se presenta, pero no planean hacer algo específico con lo que se enseña y adecuar su vida a ello.

Hay dos factores que han obstaculizado mi enseñanza en la escuela dominical. Uno de ellos es lo que yo he llamado el "factor entonces y ahora" y el otro es el "factor ellos y nosotros". Cuando yo era un joven alumno de la escuela dominical y aun siendo adulto, de alguna manera sentía que las cosas que habían ocurrido (en especial las del Antiguo Testamento) ocurrieron "allá entonces". De alguna manera, debía ser más fácil hacer lo correcto entonces que ahora. "Allá entonces" oyeron hablar a Dios. Algunos de ellos inclusive caminaron con Dios. Yo sentía que si hubiera vivido en los tiempos del Antiguo Testamento, podría haber sido santo. Pero ahora las cosas eran reales y por lo tanto diferentes. ¿Aquellas cosas que pasaron en la Biblia ocurrieron en este planeta? En cierta forma, yo nunca identificaba el mundo de la Biblia con el mío. Eso de "entonces y ahora" se me hacía difícil.

Lo mismo ocurría con lo de "ellos y nosotros". Yo sentía que debió ser relativamente fácil para Isaías, Amós, Pedro y Pablo hacer las cosas que hicieron. Isaías tuvo una visión. Pedro vio al Cristo resucitado. Pablo había tenido una experiencia de conversión excepcional. Si yo hubiera tenido una visión o hubiese visto al Cristo resucitado, ¡seguramente también habría cambiado mi vida! Pero a mí nunca me pasó nada de eso y era escéptico cuando leía de otras personas que habían tenido visiones. Soy una persona concreta que vive en esta época y lugar con todos los problemas cotidianos. Puedo entender por qué la gente hace cualquier cosa para evitar un encuentro con Dios en forma real.

Realmente somos "evasores de Dios". A veces puedo entender por qué los hechos y personajes de la Biblia no son reales para nosotros. ¿Es posible que nosotros los maestros realmente no esperamos que nuestros alumnos hagan algo definido en relación con lo que enseñamos y predicamos? ¿Es falta nuestra que la gente haya desarrollado la actitud de que todo lo necesario es venir, sentarse, escuchar y estar de acuerdo con lo que se dice? Si esta actitud realmente existe, debe ser cambiada antes que podamos obtener los resultados que deseamos en la vida cristiana.

Seis problemas de una aplicación mal enfocada

Carece totalmente de sabiduría el maestro que deja que sus alumnos hagan sus propias aplicaciones sin guía. Sin embargo, en un análisis final, los alumnos deben tomar sus propias decisiones si éstas tendrán significado y se aplicarán a la experiencia. La expresión clave de la afirmación del título es *mal enfocada*. Hay maestros que dicen: "Yo me limito a enseñar la Biblia y dejo que los alumnos de mi clase decidan qué han de hacer con ello." Ese procedimiento no es válido si se quiere obtener cambios en la vida de la gente. Consideremos algunos de los problemas que implica.

El problema del significado

A menudo los alumnos pueden no conocer el significado de la enseñanza de Jesús en su vida personal. Por ejemplo, en el Sermón del monte, él dijo: "Bienaventurados los pobres en espíritu" (Mat. 5:5). Si el alumno pretende cumplir con ese precepto del Señor, ¿qué debe comenzar a hacer específicamente la semana próxima que no haya estado haciendo hasta entonces? El alumno término medio tendrá mucha dificultad para pensar en una respuesta de conducta definida que cumpla la enseñanza de Jesús. (Trate de pensar una usted mismo.) En consecuencia, la mayoría de los miembros, al ser dejados para que hagan su propia aplicación mal enfocada, probablemente no harán ninguna.

No es fácil traducir las verdades espirituales de la Biblia como para que sean respuestas de conducta específicas para la vida diaria. Por esa razón, el maestro no debe descansar totalmente en enseñar verdades generales.

Una vez un educador cristiano contó una experiencia que un pastor había tenido con algunos niños en una clase. Les había hablado del versículo: "¡Tened valor: yo he vencido al mundo!" (Juan 16:33). Durante el cambio de ideas, el pastor preguntó a los niños: "¿Qué significa este versículo para vuestras vidas personales?" Los niños no supieron responder. El pastor les dijo: "Significa que en las experiencias comunes debemos estar alegres a pesar de las dificultades." El pastor pidió luego que los niños le dieran ejemplos en sus vidas diarias en que se pudiera aplicar este principio. Los niños no encontraban ningún ejemplo. Habían aceptado las enseñanzas de Jesús, pero necesitaban ser guiados para saber cómo esa enseñanza en particular podía actuar en su conducta diaria. Alguno quizá discuta que seguramente un adulto tendrá bastante inteligencia como para aplicar las enseñanzas de Jesús en las situaciones específicas de la vida, pero eso no es fácil ni aun para los adultos.

El problema de la relación

Un individuo puede no ver la relación entre una situación especial de la vida en que se encuentra y alguna verdad espiritual. Por ejemplo, cuando una persona ha sufrido una gran injusticia por parte de otra, quizá no piense en la expresión bíblica sobre poner la otra mejilla. O cuando alguien va a votar, puede votar en base a su lealtad partidaria o a un prejuicio y no pensar nunca en ideales espirituales. Cuando una persona cruza un barrio pobre o una zona árida, quizá nunca piense en relacionar los estudios que ha tenido hace poco con esos males sociales. Por esa razón, la persona necesita ser dirigida para elevar esos casos concretos al nivel de la conciencia. Entonces el Espíritu Santo podrá convencer al estudiante de su falta de interés y actividad en esas u otras áreas. De acuerdo con esa convicción, el individuo puede ser dirigido a la actividad cristiana y a un plano más alto de la vida cristiana.

El problema del prejuicio

A veces un prejuicio hace que alguien no esté dispuesto a aplicar los ideales cristianos. En la vida de muchos de nosotros, juega un papel más dominante el prejuicio que la verdad espiritual cuando se trata de determinar la conducta. Cuando el prejuicio y la verdad espiritual entran en conflicto, a menudo la gente mantiene la verdad espiritual en su mente mientras que sus vidas son guiadas por el prejuicio. Los cristianos aceptan el principio de que Dios "no hace acepción de personas". Pero cuando este ideal espiritual debe aplicarse específicamente al trato con grupos minoritarios, son demasiados los cristianos que niegan en la práctica la verdad espiritual y son gobernados por el prejuicio. Hay que guiar a la gente a evaluar sus prejuicios en situaciones específicas si quiere asegurar un cambio en la actitud y la conducta.

El problema de la información

A menudo un individuo tiene una información insuficiente como para entender cómo puede actuar un ideal cristiano en muchas de las relaciones de la vida. La gente puede considerar que está actuando como cristiana cuando en realidad simplemente está viviendo de acuerdo con los patrones sociales comunes, que muy probablemente pueden ser menos que los cristianos. Consideremos a un individuo que está en los negocios, sin darse cuenta de que está obrando como no cristiano en ciertas prácticas y actividades porque no capta que los códigos prevalecientes en esas áreas son anticristianos. No habrá cambio en la vida de un individuo hasta que esas áreas sean planteadas específicamente para su comprensión.

El problema de las presiones personales y sociales

Es posible que los individuos no puedan o no quieran hacer una aplicación personal y específica debido a las presiones de la sociedad o las que ellos mismos ponen en sus vidas. Al ser humanos, todos estamos sujetos a las debilidades de la carne. En el conflicto entre la carne y el Espíritu, cada persona necesita ser ayudada y guiada. Por ejemplo, cuando alguien ha captado una visión del elevado camino de la vida cristiana, hay una profunda urgencia para vivir de acuerdo con ello. Pero cuando mira alrededor, ve que son pocos los que andan por ese camino; de hecho, la mayoría de los miembros de la iglesia están andando por un camino inferior. Por lo tanto, debido a las dificultades en la ruta superior y a la propia debilidad, el individuo deja atrás el camino elevado para andar por el más bajo junto con el resto de la gente.[1] Una tragedia del cristianismo moderno es que nos hemos acostumbrado tanto a recorrer el camino inferior que lo hemos identificado como si fuera la norma de la vida cristiana. Todos tenemos conciencia de la debilidad de la carne y de la tentación de racionalizar nuestras acciones para no tener que enfrentar las dificultades y el desafío de viajar por la senda superior.

Por ejemplo, pensemos en un hombre que ha llegado a tener una aguda conciencia de algún pecado flagrante de su comunidad. Quiere tomar en serio su vida religiosa y combatir ese pecado. Pero sabe que, si lo hace, llamará mucho la atención. La gente, aun de la iglesia, dirá: "Es un fanático" o "Está loco". Nadie quiere ser considerado como un ejemplar particular, de modo que ese hombre decide que, como nadie hace nada al respecto, el tampoco lo hará.

Pensemos en una adolescente que, como cualquier otra, quiere tener alguna cita. Se sienta junto al teléfono, noche tras noche, esperando que suene. Sabe lo que está bien y lo que está mal. En general, quiere hacer lo que está bien. Pero también desea ser popular y el tener una cita le resulta tan importante que comienza a relajar sus patrones morales. En situaciones como esas la gente no necesita que se la deje sola para hacer sus propias aplicaciones. Necesitan que se les ayude, fortalezca, dirija y apoye.

El problema de las situaciones complejas

A menudo no hay una distinción clara entre el bien y el mal en muchas situaciones complejas de la vida. El cristiano no tiene mucha dificultad en tomar decisiones cuando se trata de temas que son definidamente buenos o malos. Pero sí la tiene para tomar decisiones cuando los temas no son claros. Hay quienes dicen que una persona que realmente es cristiana siempre podrá saber la diferencia entre lo bueno y lo malo. Esto no es tan sencillo como puede parecer superficialmente. Por ejemplo, se preguntó a un gran número de predicadores si fue bueno o malo lanzar la bomba atómica sobre Hiroshima. Alrededor de un 50% dijo que estuvo bien y los otros que estuvo mal. El hecho de que

---

[1] Ver M. Scott Peck, *The Road Less Traveled* (New York: Simon & Schuster, 1978).

fueran cristianos no les dio un criterio automático o un acuerdo sobre la moralidad básica de esa situación.

En particular, los jóvenes siempre están planteando preguntas a sus maestros que comienzan con "¿Está mal...?" No es tarea del maestro el decir a los individuos dogmáticamente lo que está bien o mal. Su responsabilidad es la de guiarlos a un estudio serio y sistemático de la cuestión que está siendo considerada de modo que los individuos o los grupos puedan resolver por sí mismos cuál es la actitud o el curso de acción cristianos. Después que todos los hechos han quedado en claro, después que toda la información ha sido puesta a la luz, después que el grupo ha analizado los diferentes criterios, puede ser llevado a decidir individualmente lo que es cristiano en ese asunto en particular. Por supuesto, es completamente posible —quizá es probable— que seguirá habiendo diferencias de opinión en el grupo. Pero al final cada uno tendrá su propia decisión sobre la base de la información e inspiración que no tenían antes que se hiciese el estudio.

El maestro no es un miembro desinteresado del grupo cuando se está llevando a cabo el estudio; él es un miembro responsable del grupo, que hace sus propias contribuciones y da dirección en toda la situación de enseñanza. Naturalmente, el deseo del maestro será que todas las decisiones sean tomadas con inteligencia bajo la guía del Espíritu Santo. Como los alumnos tomarán decisiones de una manera u otra, el maestro debe poner más atención en ayudarles a resolver los problemas específicos que enfrentan al tratar de descubrir por sí mismos qué es lo cristiano.

Parece ineludible la conclusión de que los maestros deben ser más específicos en su enseñanza. La enseñanza generalizada es la razón básica para el fracaso de los maestros en asegurarse que su trabajo aporta una continuación. Si hemos de enseñar para conseguir resultados, debemos hacer que la enseñanza sea algo personal. La presunción de que el maestro puede enseñar principios generales y dejar a los alumnos totalmente sin guía para hacer sus propias aplicaciones específicas, no parece ser algo válido o seguro. Hay demasiadas cosas contra la posibilidad de que el alumno haga sus propias aplicaciones, especialmente si ello implica un cambio en su vida.

Haciendo un análisis, ¿qué puede pasar dentro del alumno a

quien se deja que haga su propia aplicación sin ser guiado? En primer lugar, el alumno debe hacer una aplicación válida y seguirla. Lo que se ha dicho hasta ahora no debe ser interpretado como si quisiera decir que la enseñanza de la escuela dominical como es practicada ahora sea un fracaso. Hay quienes la toman seriamente, que procuran ardientemente encontrar y seguir la voluntad de Dios y que hacen una aplicación inteligente de esa enseñanza. Debemos dar gracias a Dios por ellos.

Quizá la segunda respuesta es más común que la primera. El alumno oye cierta enseñanza y la aplica en los aspectos en que ya lo está haciendo, pero no logra hacerlo en otros. Por ejemplo, si el estudio es sobre la honestidad, una persona puede recordar los aspectos en que es completamente honesto, pero es probable que no piense en los que no lo es. Una tercera reacción es la persona que piensa en algunos aspectos en los que no está aplicando cierta enseñanza; lo más probable es que racionalice su posición y siga con el mismo criterio.

De ese modo, el maestro debe reconocer el hecho de que es difícil estar seguro de un cambio. La gente lo resiste, en particular cuando implica un cambio que ocurre en una actitud o en la conducta personal. Por lo tanto, si los maestros han de lograr una respuesta de conducta y en la acción luego de su enseñanza, tendrán que usar algo más que enseñanza y exhortación generales para llegar a cumplir esos fines deseados.

Técnica de la situación vital

El maestro puede hacer que el estudio sea algo personal por medio del uso de una situación en la vida, o la situación que podría llamarse "¿usted qué haría?"

¿Cómo se ubica esto en el plan de clase? En primer lugar, el maestro ha presentado la lección y logrado un estudio con propósito de la Biblia. En segundo lugar, el maestro ha desarrollado la lección por medio del estudio de la Escritura y preguntas y debate. Los alumnos han llegado al punto en que hay una aceptación general de la meta que el maestro tiene en mente. En tercer lugar, es en este punto del plan de la clase que el maestro debe usar una situación de la vida para hacer que la enseñanza sea algo personal.

Supongamos que el maestro tiene una clase de muchachos en

la primera adolescencia y que su meta es: "Buscar guiar a los alumnos a decir la verdad a sus padres a pesar de las dificultades." En el desarrollo de la lección, el maestro ha guiado al grupo en un estudio de varios pasajes relacionados con la verdad. Han estudiado Juan 1:14; 8:32 y 14:6. Han surgido varias preguntas durante la clase y se han planteado algunas objeciones. Salvo un par de ellas, se ha llegado al consenso de que todos deben decir la verdad todo el tiempo aun cuando no sea fácil hacerlo. Puede usarse la siguiente situación concreta.

Santiago vuelve de la escuela y encuentra un gran trozo de torta de chocolate en la mesa. Procede a comérselo. Más tarde, oye a su madre que entra en la cocina y dice en alta voz: "¿Quién se comió el último pedazo de la torta que yo guardé para la señora Moreira?"

Santiago está asustado. En ese momento entra su hermana María. Ha estado comiendo una golosina de chocolate y tiene la señal por toda la boca.

Naturalmente, la madre piensa que María se ha comido la torta, pero ella lo niega. La madre dice: "María, sé que has comido esa torta de chocolate y te voy a castigar por ello." Santiago oye todo desde el otro cuarto. Se queda completamente quieto, pero le vienen muchos pensamientos. Sabe que si sigue callado, María será castigada. ¿Qué haría usted?

Al dirigir a la clase a enfrentar la situación, el maestro los está guiando a considerar la meta del estudio de decir la verdad a los padres a pesar de los problemas. Este tipo de situación también hará que el estudio sea algo real para la clase. En un momento previo todos han estado de acuerdo en que los hijos deben decir la verdad a sus padres. Pero cuando se ven confrontados con una situación concreta como ésta, ya no contestarán livianamente ni considerarán el tema con superficialidad. En una situación concreta comprenden de qué está hablando el maestro, y se dan cuenta de que ellos mismos pueden encontrarse en una situación similar.

Hay dos cosas que deben despertar la atención del maestro en este punto. La primera tiene que ver con la cuestión de qué se debe hacer. Es importante que el maestro haga la pregunta de modo que tenga un enfoque especial sobre la actitud de cada uno. Aunque en la historia puede haber estado hablando de "Santiago" y de "María", o de "José" y "Susana", la pregunta que se hace es la de qué haría cada uno. Al usar nombres concretos, se ayuda a que la clase vea el tema desde afuera, pero el planteo de lo que haría cada uno los lleva al punto que el maestro desea. En segundo lugar, aunque esto es considerado una situación concreta no es necesario que se trate de un hecho real. Puede serlo o no. Puede ser simplemente una situación hipotética que surge de la imaginación del maestro. O puede provenir de algo que ha leído en un diario o una revista. Sin embargo, el maestro debe conocer tan bien a sus alumnos que podrá presentar situaciones ligadas tan estrechamente a las experiencias habituales del grupo que les resulten cosas reales; de otro modo, serán de poco o ningún valor.

Veamos otro ejemplo. El maestro de una clase de muchachos de 18 años, con la misma meta, puede usar esta situación concreta:

Tomás está en el último año de la escuela secundaria y ha estado manejando su propio auto durante alrededor de un año. Un día lo llama su padre y le dice: "Tomás, sabes que siempre hemos sido francos entre nosotros. También sabes que nunca he tratado de espiarte para descubrir si estás haciendo algo malo. Sin embargo, me ha llegado el rumor de que has estado manejando el auto con más velocidad de lo prudente y en una manera descuidada. Hijo, quiero que nos pongamos de acuerdo. Voy a confiar en que manejarás adecuadamente. No voy a ser un perro guardián para ver si lo haces o no. Voy a confiar en ti. Pero si te llega una multa por exceso de velocidad, te quitaré el uso del auto por tres meses. ¿De acuerdo, hijo?" Tomás admitió que había estado manejando demasiado rápido algunas veces y dice estar de acuerdo que lo que su padre propone es justo y está perfectamente bien para él.

Pasan algunos meses. Tomás se ha olvidado de la conversación con su padre. Una noche, Luis y él tienen una cita con las dos muchachas más bonitas de la escuela. Pasaron un tiempo maravilloso hablando de cómo ganar un premio en una competencia usando el auto de Tomás. Están tan entusiasmados con sus planes que Tomás se olvidó de mirar el velocímetro. Pronto se oye una sirena detrás de ellos. Un policía le entrega a Tomás una boleta por exceso de velocidad. Entonces él se acuerda de repente de la conversación con su padre. Alicaído se lo cuenta a sus amigos y dice que no podrá usar el auto para la competencia como habían planeado. El grupo queda muy desilusionado. Entonces Luis dice: "Tomás, tengo una idea. Me das la boleta y yo te la pago. Tu papá nunca se va a enterar." Las muchachas lo apoyan con entusiasmo, diciendo que esa es la solución. Tomás tiene dudas. ¿Qué haría usted?

Cuando esta situación concreta se usó en clase con un grupo de jóvenes, uno dijo: "Yo esperaría hasta la competencia y luego se lo diría a mi padre." Su solución era un indicativo de que no había logrado ver todas las implicaciones de decir la verdad. La verdadera honestidad, para un cristiano, es la voluntad de decir la verdad al margen de las consecuencias, aun cuando la persona sepa que le alcanzará un castigo. Aunque la respuesta del joven era una indicación de que el estudio había llegado a ser algo real para él, también indica que aunque la verdad había sido aceptada, no había sido plenamente aprendida.

Tres principios para usar las situaciones de la vida

Principio 1: Ser realista ⁓
Al elegir una situación concreta, ésta debe tener un tono de realismo para la clase. Por ejemplo, el maestro de un grupo común de adolescentes no usaría el ejemplo de alguien que tiene que decidir qué hacer con un millón de dólares. Una situación así no sería realista para el grupo. Sería más apropiada una situación relativa a cómo usar unos pocos dólares.

El maestro debe tener cuidado en elaborar una situación en la cual los alumnos puedan implicarse fácilmente. Debe ser tan realista que la clase se identificará con ella emocionalmente.

Principio 2: Ofrecer dos cursos de acción
La situación concreta debe presentar dos cursos de acción. Uno es la respuesta humana. Al seguir este curso de acción, la persona debe estar haciendo lo que surge naturalmente. Por ejemplo, en la primera situación concreta que dimos antes en este capítulo, lo que era natural que hiciera Santiago era quedarse quieto y dejar que su hermana fuera castigada. En la segunda situación, el curso natural de acción sería que Tomás no dijera a su padre que le habían multado. Al elaborar una situación concreta, es importante que el maestro ponga en acción todos los pros y los contras que le sea posible para hacer que tal curso de acción sea el más deseable. Así es como va la vida. El curso cristiano de acción es la otra alternativa. Por supuesto, al presentar tal situación concreta, el maestro no dice al grupo que tiene por

delante dos caminos abiertos. Pero toma cuidado de ver que ambos posibles cursos de acción queden abiertos.

Principio 3: Aplicar el estudio

La situación de la vida debe ser ayudar a la clase a aplicar la meta del estudio presentado por el maestro haciendo la elección adecuada. En el ejemplo de Santiago y la torta, si él hubiera elegido confesar que se la había comido aunque sabía que su madre le castigaría, estaría cumpliendo la meta del estudio que es: "Se debe decir la verdad a pesar de las dificultades." El maestro no revela la meta del estudio a la clase, pero debe ser algo inherente a esa situación.

Usar una situación concreta de la vida no es lo mismo que aplicar el estudio a la vida. Al aplicar el estudio a la vida, el maestro señala cómo se aplican a ella las verdades que han sido estudiadas en clase. Termina con una exhortación a la clase para que las aplique. Una situación concreta no lleva a una aplicación generalizada, sino que presenta el problema espiritual que está envuelto en el estudio en términos de una situación realista y específica en la cual pueden estar envueltos los alumnos con facilidad. Extrae la verdad espiritual del ámbito de lo abstracto y lo teórico. Este enfoque permite que grupos de distintas edades vean más claramente la relación de una verdad religiosa con la vida porque es presentado en términos de una situación concreta de la vida. Hay un conflicto envuelto y una decisión que debe tomarse.

Una situación concreta no es lo mismo que una ilustración. Esta es una historia o episodio que está completo en sí mismo. En una ilustración se dice cuál es el fin o resultado. En una situación concreta no se lo dice. Se guía al grupo hasta el punto en el cual hay que tomar una decisión, pero no se indica cuál es. En el clímax del conflicto, cuando la lucha entre la respuesta humana y la cristiana está en lo más agudo, el maestro confronta a los alumnos con la pregunta de qué haría cada uno. Este es uno de los valores de una situación concreta: como el resultado no ha sido dicho, queda abierto el camino para un debate o posibles resultados que serán sugeridos por los alumnos.

A menudo los maestros usan ilustraciones y piensan que han presentado situaciones concretas. ¿Cuál es la diferencia entre una ilustración y una situación concreta? Una ilustración dice a la clase que algo fue dicho o hecho o describe la situación en que ocurrió. En el ámbito de una clase de escuela dominical, tiene el fin de alentar a la clase a seguir ese ejemplo. (O a no seguirlo si tal es el caso.) En una situación concreta, el maestro presenta una situación realista y conflictiva, la eleva al plano donde debe ser tomada una decisión difícil y entonces pregunta qué haría cada uno.

Si los alumnos no responden cuando el maestro les pregunta qué harían, éste debe guiar al grupo a enfrentar el tema hasta que lo hagan. Debe dar algún tiempo para que lo piensen y entonces preguntar qué harían. Quizá no estén seguros de lo que harían. Quizá sea la primera vez que al fin han comenzando a ver cómo una verdad espiritual juega un papel en las experiencias diarias. ¿Qué se debe hacer si los alumnos responden livianamente? ¿Qué pasa si uno de los alumnos da la respuesta correcta sólo porque sabe que lo es? El maestro debe discernir si la respuesta es sincera. Si se contesta con liviandad, hay por lo menos dos cosas que el maestro puede hacer. Puede preguntar si realmente es eso lo que haría él o ella. Unas pocas preguntas probatorias de ese tipo harán saber a la clase que el maestro no se satisface con una respuesta ligera. Si la situación es tan real que la clase llega a reaccionar emocionalmente, por lo común los demás alumnos responderán con un "¡Ah sí!" al que contestó livianamente. A menudo los otros alumnos pueden manejar una situación mejor que el maestro.

Es importante que el maestro tenga un tiempo amplio para esta parte de la lección. Si el problema es algo real para el grupo y es difícil tomar una decisión, es probable que el maestro deba dirigir al grupo a repensar la verdad espiritual que han aceptado demasiado fácilmente antes. Cuando el grupo estudia las dificultades que se presentan y los posibles cursos de acción, dirán al maestro lo que piensan por primera vez en lugar de lo que piensan que el maestro quiere que digan. Después de ver lo que puede significar una verdad espiritual en una situación vital específica, puede ser necesario que el maestro dirija a la clase a reaceptar la meta que tenía en mente.

El uso de una situación concreta es una de las formas más o menos dramáticas que hay para que el estudio sea algo personal.

Hay caminos más sencillos. Por ejemplo, el maestro puede decir: "¿Qué significa este estudio para sus vidas personales?" O puede pedir a la clase que indique una situación de su propia experiencia en la cual está envuelta la verdad espiritual que han estado considerando. Una vez más, la variedad es la sal de la vida.

Por cierto, el maestro no usará una situación concreta todos los domingos. Probablemente no debe usarse más de una vez por mes. (De hecho, en el próximo capítulo señalaremos que el estudio que busca una respuesta de conducta no debe ser usado más de una vez por mes.) Corresponde al maestro desarrollar otros caminos para hacer de la lección algo personal de modo que los alumnos sean llevados a relacionar la verdad espiritual con sus vidas personales.

Puede haber ocasiones cuando el maestro tiene para presentar una situación concreta tan realista que la clase se verá envuelta tan profundamente que él determinará introducir el estudio con esa situación. Luego usa la sección del plan de clase que llamamos "desarrollo del estudio" para analizar no sólo el texto básico sino también las enseñanzas de toda la Biblia que se relacionan con el problema. Esto dará al maestro y a los alumnos más tiempo para la lección.

Errores que deben evitarse

Hay algunos errores comunes en el uso de situaciones concretas. A menudo carecen de efectividad o clímax. Debe fascinar al grupo, llevando a cada uno fuertemente a la situación en que se identifiquen con los personajes de la misma.

Si el maestro narra esa situación concreta usando la segunda persona ("tú" o lo que fuere) en vez de poner nombres a los personajes, la debilita en gran medida. Al narrarla, sólo deben usarse pronombres de tercera persona ("él" o "ella", etc.). No comencemos a narrar una situación concreta diciendo: "Supongamos que usted y María fueran"... Haga que la situación sea completamente objetiva evitando los pronombres de segunda persona ("tú", "ustedes", etc.) hasta la pregunta final: "¿Qué haría usted?"

Cuando la situación de la vida no está debidamente relacionada con la meta del estudio, hay falta de unidad. Si la meta del maestro tiene que ver con algún aspecto de la reverencia, no tendrá valor presentar un ejemplo de situación concreta que tenga que ver con la pureza. La meta del maestro debe determinar todo lo que esté contenido en el estudio. El estudio bíblico, el desarrollo del mismo, la situación concreta, todo debe estar relacionado.

Una situación concreta se debilita cuando el maestro sugiere alternativas a la clase. Por ejemplo, después de exponer una situación concreta, el maestro no debe decir: "¿Ustedes harían esto o harían aquello?" Es mejor omitir las alternativas y dejar la decisión completamente abierta sin sugerir un curso de acción. La clase puede presentar algunas alternativas que el maestro ni siquiera ha considerado. Si se sugieren alternativas, se limita el razonamiento por parte de la clase.

A veces la respuesta correcta a una situación concreta es demasiado obvia. La decisión se hace demasiado fácil. Cuando ese es el caso, es generalmente porque el maestro no ha colocado en la situación todas las tentaciones y atractivos, presiones y pasiones que están en la verdadera situación vital y eso lleva a que las personas hagan la elección humana. Otras veces, la situación no es suficientemente real para el grupo. Si ha de serlo, las situaciones deben centrarse en los intereses cotidianos del grupo de esa edad. El maestro debe preguntarse a sí mismo si eso puede ocurrir o si esa situación puede llegar a tener lugar en la vida de algún miembro de la clase.

Finalmente, en algunos casos, la situación no está relacionada en forma suficiente para un grupo de esa edad. Si un maestro tiene un grupo de adolescentes, no usará una situación de personas adultas sexagenarias. No es fácil que el maestro personalice su enseñanza. A menos que eso sea hecho, las enseñanzas de Jesús no llegarán a ser una fuerza vital y conductora en la vida diaria como deben ser. Los resultados merecen cualquier esfuerzo que el maestro deba hacer.

Variantes

El uso de una situación que plantee lo que haría cada uno no es la única forma de lograr que un estudio sea personal. También en esto, si se hace lo mismo todos los domingos, probablemente sea la mejor forma de tener un estudio aburrido. Variedad es la solución. Otra forma muy próxima es lo que se sugirió en este capítulo de pedir a los alumnos que imaginen y compartan una situación concreta. Como este libro tiene como propósito la enseñanza de adolescentes, jóvenes y adultos, sólo los que están en la primera adolescencia pueden tener problemas al respecto. Una clase pequeña podría hacerlo en grupo. Una clase más grande debe ser dividida en grupos menores. A veces un miembro de la clase puede haber enfrentado una situación que quiera compartir con los demás.

Aunque el maestro debe tener cuidado de no confundir una situación concreta con una ilustración, una de éstas es una forma excelente de enfatizar y poner vitalidad a una cualidad o acción moral.

Otra forma dramatizada es que el maestro dé vida a una verdad moral o espiritual elaborando una situación y haciendo que los alumnos representen esa situación. Debemos usar más la dramatización, porque es un método poderoso y efectivo. Puede exigir algo más de tiempo de parte del maestro, pero si es bien hecho ciertamente producirá interés, participación y vida en la clase.

Esto completa el cuarto paso en el plan de clase de respuesta de conducta: cómo hacer que el estudio sea algo personal. En el próximo capítulo, llegaremos al quinto y quizá más importante paso en el plan de un estudio que busque una respuesta de conducta.

9

Asegurar la aplicación posterior

Planear para la prosecución —
    Elegir un nuevo curso de acción
    Hacer un plan de acción

Permitir que los alumnos hagan sus propias
  sugerencias

La prosecución del maestro

Un ejemplo

La prosecución, clave del éxito

Tipos de respuestas posibles
    El grupo elige lo mismo
    Los individuos eligen lo mismo
    Cada alumno hace una elección diferente

Cuatro cosas esenciales para una respuesta de
  conducta
    Voluntad de hacer algo
    Identificar y considerar lo que se debe hacer
    Elegir algo que ellos harán
    ·Hacer todos los planes necesarios para
      cumplir con la respuesta

Controlar el tiempo

¿Es algo demasiado personal?

◆◆◆◆◆◆◆◆◆◆◆◆◆◆

En este capítulo llegamos al último de los cinco pasos en un plan de clase para una respuesta de conducta. Un maestro me podría decir: "Como todo el mundo, tengo que ganarme la vida y tengo un tiempo limitado para preparar el estudio para cada domingo. ¿Cuál de estos cinco pasos es más importante, como para que sepa donde poner mi energía?" Si se me acorralara con una pregunta así, contestaría que hay dos pasos que tendría que elegir. Elegiría el primero de cómo establecer una meta específica y el quinto de cómo asegurarme que ésta es proseguida luego. Sin embargo, después de decir eso agregaría que, si el maestro quiere realmente hacer una diferencia en las vidas de aquellos a quienes enseña, debe enfocar sus energías en el dominio de todos *los cinco pasos*. Ninguno de ellos es optativo.

Cinco pasos en el plan de un estudio de respuesta de conducta

1. Establecer la meta
2. Asegurar un estudio bíblico con un propósito
3. Desarrollar el estudio
4. Hacer que el estudio sea algo personal
5. Asegurar la aplicación posterior

Consideremos ahora el quinto paso. He dicho ya que uno de los problemas que enfrentamos al enseñar en la escuela dominical es que el estudio no se aplica debidamente en las vidas de los alumnos. Probablemente una de las razones para que sea así es que el maestro no ha hecho planes específicos para que esa prosecución tenga lugar. Al terminar el estudio a menudo el maestro hace alguna aplicación general y exhorta a la clase a cumplir con lo estudiado. O en algunos casos, suena el timbre antes que termine el estudio y el maestro se ve obligado a hacer algunos comentarios apresurados para concluir antes que la clase se disperse. Si el maestro espera asegurar resultados definitivos de su enseñanza, se necesita algo más que eso.

Planear para la prosecución

Con frecuencia los maestros no alcanzan resultados porque no han hecho planes para lograrlos. El momento para remediar eso es cuando se está preparando la lección. Asegurar una continuidad o prosecución de lo que se enseña debe ser una parte tan definida del estudio como su desarrollo o el cuidado de que sea algo personal. Esto implica dos cosas: elegir un nuevo curso de acción y luego hacer un plan de acción.

Elegir un nuevo curso de acción ①

Cada alumno debe elegir una nueva forma de expresar los ideales cristianos en la vida diaria. Esto puede ser un nuevo curso de acción, o sea hacer algo que no ha estado haciendo para expresar el ideal que se ha estudiado.

Hacer un plan de acción

Por ello, cada alumno debe hacer un plan para llevar a cabo la decisión tomada. A veces la clase puede decidir llevar adelante una acción o proyecto en grupo. Por ejemplo, una clase de adultos jóvenes puede decidir que auspiciará un programa de recreación para los jóvenes de la iglesia. Obviamente la respuesta tendrá lugar fuera del aula, pero la decisión para actuar y por lo menos el plan inicial para la acción debe ocurrir en el curso de la presentación del estudio.

Por lo tanto, el plan de la lección debe tener una sección dedicada a prever la prosecución de lo estudiado. Cuando el maestro planea el estudio debe identificar la o las respuestas de conducta que pueden tener los alumnos y las escribirá en su meta del estudio.[1] Los diferentes tipos de respuestas que presenten los alumnos serán discutidos más adelante en este capítulo. Cuando el maestro planea el estudio, hará una lista de las varias respuestas de conducta que pueden presentar los alumnos ante el desarrollo de la lección. Esto ayudará al maestro para hacer más vívida la clase así como más personal. Lograr que lo enseñado sea practicado luego es difícil tanto para los alumnos como para los maestros. Es difícil para los alumnos porque todos nos resistimos a hacer cambios significativos en nuestras vidas. Es difícil para los maestros porque deben ser muy cuidadosos de no presionar a los

---

[1] Esto no invalida la calidad de la meta del estudio que dice que debe ser "lo bastante breve como para ser recordada". Ver las págs. 65, 66 como un repaso.

alumnos para dar una respuesta. Para que ésta sea realmente una experiencia para los alumnos, ellos deben sentirse libres, dirigidos por el Espíritu Santo, para dar cualquier respuesta que deba o no darse. Sin embargo, en el aprendizaje cristiano el maestro desea ir más allá de las palabras para llegar a la experiencia. Es en la prosecución cuando esto tiene lugar o no.

Permitir que los alumnos hagan sus propias sugerencias

Alcanzar esa prosecución no es lo mismo que aplicar el estudio a la vida. Al hacer esto, por lo general el maestro da una lista de cosas que los alumnos deben hacer para aplicar esas verdades espirituales a sus vidas. Entonces el maestro exhorta a la clase a concretar esa aplicación. A la par que el maestro debe hacer planes definidos para la prosecución, es mucho mejor que los alumnos hagan sus propias sugerencias sobre cómo pueden hacerlo la semana entrante.

¿Cómo puede lograr ese resultado un maestro? Debe recordarse que una acción impuesta por una autoridad externa (como la del maestro) probablemente no será significativa en la vida de los miembros. Para que lo sean las decisiones y los cursos de acción en cada persona, ésta debe elegir por sí misma. Esto es especialmente cierto en la esfera de las actitudes morales o en la acción espiritual.

Esto no significa que, por lo tanto, el maestro está fuera del marco de influencia en la vida de sus alumnos. Hay tres cosas que el maestro debe recordar. En primer lugar, la planificación del estudio por su parte debe incluir una lista de las posibles respuestas de cada uno, *pero es completamente posible que cada alumno elija una respuesta diferente.* Si la respuesta elegida por el alumno se adecua a su necesidad, entonces el maestro ha logrado un gran éxito. La elección del alumno será mejor que la que pueda haber anotado el maestro en su lista porque la ha elegido él mismo.

En segundo lugar, aun cuando el maestro puede presentar alguna otra sugestión como posible respuesta de los alumnos, *es posible que estos adopten la sugerencia del maestro y siga siendo algo escogido por ellos mismos.* Por ejemplo, un padre puede llegar a casa una tarde calurosa de verano y decir a sus dos hijos: "Vamos a nadar." Si ellos responden con entusiasmo a la idea, el padre no les ha impuesto su voluntad. Con seguridad, su respuesta ha sido escogida como si ellos hubieran hecho la sugerencia. En tercer lugar, *es importante que la respuesta sea significativa para el alumno.* Para que eso ocurra, el alumno debe tener la visión tanto de la situación que enfrenta como de la respuesta que se desea para ella. El alumno debe ver con claridad los aspectos envueltos en una respuesta determinada. Debe tener conciencia de los intereses, los deseos y las pasiones en conflicto en su propia vida. Jesús buscó constantemente guiar a sus seguidores a entender qué significa seguirle ("Si alguien viene en pos de mí"). Era como si agregara: "que sepa lo que cuesta".

El alumno no debe responder en base a algo superficial como tratar de agradar al maestro. Debe ser llevado a enfrentar francamente la situación y, a la luz de una consagración total de su vida a Jesús y de la aceptación de sus ideales en general, escoger lo que parece ser la respuesta cristiana en esa situación en particular. Debe haber una elección realmente individual sin que se ejerza una presión externa. La decisión debe partir de lo profundo del alumno si ha de ser tanto cristiana como perdurable.

La prosecución del maestro

El maestro también necesita tener algún plan para comprobar si las vidas de los alumnos están siendo influidas realmente por su enseñanza. Debe admitirse que esto es fácil de decir, pero en muchos casos los maestros no tienen idea de si su enseñanza está haciendo alguna diferencia significativa en la vida de aquellos a quienes enseña. ¡Pero esa es la razón para enseñar! Con demasiada frecuencia, al fin de un estudio tiene sólo una vaga esperanza de que ha estado haciendo algo bueno. Si el maestro espera que haya crecimiento en las vidas de los alumnos, no basta con esta vaga esperanza. El maestro debe enterarse de lo que realmente está ocurriendo en la vida de los alumnos.

Hay diversos enfoques que el maestro puede usar para alcanzar esa información. Si la clase decide intentar un proyecto en grupo, es fácil tener esa información. Bastará con que el maestro observe a los alumnos cuando trabajan en el proyecto, tomando nota de quiénes están envueltos en él y quiénes no, cuáles demuestran alegría en el trabajo, cuáles son los que asumen papeles de liderazgo y quiénes son colaboradores.

Cuando los alumnos deciden dar respuestas individuales, las formas de obtener esa información se hacen más difíciles. ¿Significa esto que el maestro está condenado a no saber si su enseñanza es efectiva o no? Un maestro responsable querrá saber si su enseñanza está ayudando a quienes la reciben para dar pasos adelante en su vida. Pero, ¿cómo puede hacerlo sin dar la impresión de que está controlándolos?

Aquí es donde resulta muy importante que el maestro edifique una relación estrecha con sus alumnos. Si el maestro y el alumno la tienen entonces es posible que el maestro obtenga esa información sin dar la impresión de estar persiguiendo o espiando. Con los adolescentes, a menudo, si el maestro ha alcanzado una relación estrecha con ellos, entonces durante la clase simplemente puede pedirles un informe de lo que han hecho durante esa semana para llevar a cabo la decisión que tomaron en clase el domingo anterior. Antes de la clase, el maestro podrá hacer preguntas informalmente. Por cierto, el maestro podrá obtener esa información fuera de clase por medio de conversaciones individuales e informales con los alumnos.

También se necesita un plan para la prosecución con los adultos para que los alumnos sepan lo que el maestro espera realmente que hagan en relación con lo que se enseña el domingo en la mañana. Algunos alumnos han adquirido a tal grado la costumbre de estar de acuerdo con lo que el maestro dice, sin dar ninguna respuesta definida a la enseñanza, que no se darán cuenta de qué es lo que el maestro espera en realidad que hagan con su conocimiento o percepción. La capacidad de entenderlo debe ser introducida en las mentes de los alumnos como para que vean que esa enseñanza es para la vida y la acción.

Con los adultos, es aun más crucial la profundidad y calidad de las relaciones que han sido construidas entre el maestro y cada uno de los alumnos. Si la relación entre maestro y alumno es lo bastante estrecha, hay varias cosas que aquel puede hacer. Durante la semana, el maestro puede llamar a un alumno y conversando sobre la clase del domingo puede decir: "Me impresionó profundamente la seriedad de la discusión que tuvimos el domingo pasado y la respuesta que usted indicó que íbamos a comenzar a cumplir esta semana. Sé que eso tuvo mucho significado para usted. He estado orando por usted por nombre cada día de esta semana y me he estado preguntando que estaría ocurriendo." O puede preguntar si ha encontrado alguna dificultad. He aquí otra sugerencia. El domingo por la mañana el maestro puede tener una hoja de papel para dar a cada uno que tome una decisión de comenzar algo que no ha estado haciendo antes y pedirle que escriba esa decisión en la hoja en forma privada. Entonces el maestro les dará un sobre en el que pondrán la hoja y les pedirá que lo cierren y escriban su nombre y dirección en él. Entonces dice a la clase que pondrá una estampilla al sobre y lo mandará por correo a cada uno el lunes para que lo reciban el miércoles y así recordarles la decisión que tomó cada uno.

Con esto se lograrán tres cosas. La primera es que será una forma de recordar la decisión que hizo cada alumno. La segunda es que dará al maestro un motivo para llamar preguntando si la carta ha llegado. La tercera, que al hacer el llamado el maestro preguntará cómo van yendo las cosas en cuanto a esa decisión. No pasará mucho antes que los alumnos estén a la espera de un llamado del maestro preguntando cómo van las cosas relacionadas con sus respuestas. Esos llamados significarán más trabajo para el maestro. Sin embargo, si han de alcanzarse resultados, debe haber algo de prosecución. Un maestro interesado, preocupado seriamente porque los alumnos estén creciendo como cristianos, no está dispuesto a dejar librado al azar su enseñanza o sus resultados.

Un ejemplo

Veamos ahora una clase de muchachos en la primera adolescencia. Todos los alumnos deciden hacer lo mismo, de modo que será fácil determinar cómo responde cada uno. El maestro ha escrito la meta del estudio: "Tratar de guiar a mis alumnos a ser regulares en la asistencia al culto de predicación durante el próximo trimestre." Durante la clase, ha dirigido al grupo a un estudio significativo de la Biblia y los muchachos han aceptado en general la idea de que los cristianos deben adorar a Dios con regularidad. Luego el maestro presenta a la clase una situación concreta que les ayude a ver algunas de las dificultades que implica una asistencia regular al templo. Después de más estudio y análisis, el grupo acepta la meta de que se ha de adorar a Dios a pesar de las dificultades. Entonces el maestro llega al tema de la prosecución.

MAESTRO. —¿Saben ustedes qué porcentaje de nuestra clase asistió regularmente al culto el trimestre pasado?

RESPUESTA. —No.

MAESTRO (escribiendo en el pizarrón). —Tuvimos sólo un 30%. ¿Qué efecto les produce eso?

RESPUESTA. —No es muy bueno.

MAESTRO. —No, no es bueno. A la luz de nuestro estudio de hoy, ¿cuál creen ustedes que debe ser el porcentaje para el próximo trimestre?

RESPUESTA. —Debe ser el 100%.

MAESTRO. —Ciertamente ese es el ideal. Pero seamos más realistas. ¿Qué porcentaje creen ustedes que realmente debemos tratar de alcanzar este trimestre?

RESPUESTA. —85%.

RESPUESTA. —60%.

RESPUESTA. —75%.

MAESTRO. —Veo que tenemos diferentes ideas en cuanto al tema.

Alguien dice que estará fuera de la ciudad un domingo del próximo trimestre. Otro menciona que su familia tendrá visitas de fuera de la ciudad y que no sabe si vendrán al templo el domingo próximo. Después de un análisis, la clase llega a un acuerdo sobre el 75%.

MAESTRO. —Ahora bien, ¿qué vamos a hacer para ayudarnos a alcanzar ese porcentaje? No lo hemos alcanzado en el pasado, de modo que, si vamos a alcanzarlo, debemos trabajar más de lo que hemos hecho antes. ¿Tiene alguno una sugestión que nos ayude a alcanzar esa meta?

RESPUESTA. —Sentémonos todos juntos en el culto de predicación durante el próximo trimestre.

MAYORIA DE LA CLASE. —¡Es una gran idea!

UNO DE LOS ALUMNOS. —No, yo quiero sentarme con mi novia.

MAESTRO. —¿Qué tal si invitamos al maestro y la clase de esa chica a sentarse con nosotros el próximo trimestre?

CLASE. —Muy bien, sería divertido.

MAESTRO. —Muy bien, me pondré en contacto con el maestro de esa clase y también con los padres para preguntarles si están de acuerdo. ¿Hay alguna otra sugestión que quieran hacer?

RESPUESTA. —Podemos nombrar a algunos para que llamen por teléfono a todos los de la clase el sábado y les recuerden que se tienen que quedar en el culto el domingo.

MAESTRO. —Es una buena sugestión. ¿A quién le gustaría hacerlo?

RESPUESTA. —Creo que es demasiado pedir a algunos que llamen a los alumnos durante tres meses. ¿No sería mejor tener tres grupos y que cada uno telefonee durante sólo un mes?

MAESTRO. —Es una idea excelente. Vamos a elegir tres grupos.

La conversación continúa hasta que se hacen planes definidos y específicos para lograr el cumplimiento de lo decidido por parte de los alumnos. Será fácil para el maestro tener conocimiento de la regularidad de la asistencia el trimestre siguiente. Debe ser cuidadoso en no reprender a cualquier alumno por una asistencia irregular. Eso podría crear serios problemas.

La prosecución, clave del éxito

Este es el punto en que las cosas se redondean. Aquí la clase deja de hablar o de tomar decisiones para cumplir con una respuesta. Todo el resto del estudio ha sido una discusión en general sobre lo que debería hacerse. En esta parte de la lección todos los alumnos son llevados a considerar *qué harán ellos mismos*. Por lo tanto, esta parte del estudio es tan importante que es necesario que el maestro le reserve mucho tiempo. Si suena el timbre antes que la clase haya llegado a una conclusión, es posible que se pierda el valor de toda la lección. Una conclusión así debe ser alcanzada sin apremio. Se requiere tiempo para que los alumnos piensen, tomen decisiones, extraigan conclusiones y hagan planes específicos de lo que piensan concretar.

Es probable que este aspecto de la prosecución sea *lo más importante y menos puesto en práctica* de todo el plan del estudio. Muchos maestros pueden tener un objetivo específico. Pueden comenzar con el interés del grupo y llevarlo a un estudio de la Biblia con un propósito dado. Pueden hacer un desarrollo interesante del estudio y extraer una aplicación de la verdad bíblica. Pero en este punto se quedan cortos y no alcanzan a asegurar cómo ha de proseguir la lección en la experiencia vital.

El maestro hace la aplicación y luego exhorta a la clase a practicarlo diciendo: "Cristo invirtió su vida ayudando a otros, de modo que debemos hacer lo mismo"; o "Jesús es nuestro modelo y debemos tratar de seguir su ejemplo"; o "estamos viviendo en un mundo pecaminoso; hemos de tratar de que sea un mejor lugar para vivir". Luego termina la clase con una oración y no se hacen planes específicos por medio de los cuales los alumnos puedan llevar a cabo el tema estudiado en la clase. Como resultado, lo más probable es que, después de estar de acuerdo en los conceptos generales, los alumnos no harán nada.

Al planear lo que será la prosecución, lo más frecuente es que los maestros tengan en mente las respuestas que cada alumno elegirá para ello. Sin embargo, habrá veces cuando el curso de acción decidido por la clase sea un proyecto conjunto. Si los planes para el proyecto son demasiado comprometedores como para determinarlos plenamente en el tiempo de la clase, es posible que necesiten un tiempo para reunirse durante la semana para elaborar los detalles del plan a seguir. O la clase puede designar un grupo que estudie el problema e informe el domingo siguiente.

Un maestro de una clase de adultos tenía como meta guiar a la clase a dar algunos pasos específicos para proveer de un ambiente adecuado para la vida social del grupo de jóvenes de edad de la escuela secundaria. Al enseñar la lección, señaló algunos de los males de la comunidad que son fuente de tentación para los jóvenes. Uno de los alumnos reaccionó diciendo que debía hacerse algo para proveer un ambiente definidamente más cristiano para los jóvenes de la escuela secundaria. El maestro planteó a la clase esa sugerencia y unánimemente decidieron asumirla como un proyecto conjunto.

Por supuesto, este proyecto era demasiado complejo como para ser elaborado en el tiempo de la clase. Decidieron reunirse en la casa del maestro el martes en la noche para analizar y planear. En esa reunión consideraron preguntas como: ¿Cuál sería el plan de ataque a ese problema? ¿Qué lugares de entretenimiento de tipo cristiano están disponibles para nuestros jóvenes? ¿Cuáles hay que son de naturaleza cuestionable? ¿Cuáles lugares están disponibles que son de carácter anticristiano? ¿Se debe hacer un estudio sobre dónde y cómo pasa su tiempo libre la juventud? ¿Qué comisiones necesitamos para organizarnos? Las preguntas fueron enfrentadas y se buscaron respuestas. Otros alumnos se intersaron en el tema cuando comprobaron que la clase lo había tomado en serio. Se tuvieron otras reuniones y se decidieron cursos de acción que fueron llevados a la práctica.

Planear clases de ese tipo hace que no se termine en palabras o exhortaciones genéricas como "Tratemos todos de ayudar a nuestros jóvenes", sino en acción. Bien puede ocurrir que al elaborar una respuesta de este tipo, los alumnos aprendan más del cristianismo práctico de lo que aprenderían con sólo escuchar a un maestro una serie de domingos.

Tipos de respuestas posibles

Los tipos de respuestas posibles que pueden ser hechos por una clase o un individuo serán tan variados como la vida. Una lista puede incluir lo siguiente.

El grupo elige lo mismo

En el primer tipo de respuesta, todos los alumnos eligen hacer lo mismo y determinan hacerlo como grupo. Eso es lo que llamamos "proyecto de la clase". Ese sería el caso del ejemplo dado antes en que una clase de adolescentes determina asistir al culto de la mañana más regularmente durante un trimestre y sentarse juntos como clase. Este tipo de respuesta puede usarse con menos frecuencia por el maestro.

Los individuos eligen lo mismo

En el segundo tipo de respuesta, todos los alumnos determinan hacer lo mismo, pero lo hacen como individuos. Una clase de jóvenes decidió que profundizarían su experiencia en la oración, pero la forma específica de lograrlo sería hecha por cada alumno en su propia forma.

Cada alumno hace una elección diferente

En el tercer tipo de respuesta, cada alumno decide hacer algo distinto. La siguiente respuesta es un ejemplo: "Tratar de hacer que mi casa sea más feliz haciendo..." Cada alumno debe determinar lo que comenzará a hacer (o hacer más a menudo o menos a menudo) para que su casa sea un lugar más feliz. Probablemente no todos los alumnos darán la misma respuesta. Lo más probable es que cada uno determine hacer algo distinto. Sin embargo, todos están buscando cómo hacer que ese ideal cristiano sea más real en su vida.

Tal como yo lo veo, este tipo de respuesta tiene el mayor potencial para el alumno y debe ser el que el maestro procure con más frecuencia. Es más específico y más personal para el alumno dado que cada uno puede elegir la respuesta vital que hará el mayor cambio que él está dispuesto a hacer en su vida o en el mundo.

Esto es importante. Cuando se planea la lección, al trabajar sobre su meta, el maestro escribirá una posible respuesta de conducta de cada uno de sus alumnos. De acuerdo con el tamaño de la clase, esto significa que el maestro escribirá seis o más respuestas como parte de la meta. Esto entra en conflicto enseguida con un punto básico que señalamos en el capítulo 4. Allí dijimos que una buena meta debe ser lo suficientemente breve como para ser recordada. ¿Cómo puede resolverse este conflicto? Es muy simple. Cada alumno elegirá sólo una respuesta que pondrá en práctica y si el alumno es serio al respecto podrá recordar esa única respuesta.

¿Por qué es probable que el maestro tenga una respuesta diferente para cada alumno? Los cristianos estamos en distintos niveles de nuestro desarrollo y expresión de los diferentes ideales y actitudes generales de la fe cristiana. Algunos han crecido más en ciertas áreas de la vida cristiana que en otras. Asimismo los alumnos de una clase típica tendrán diferentes medios y oportunidades para expresar el ideal cristiano que se está estudiando.

Sugerir que el maestro prevea una posible respuesta de conducta para cada alumno no implica que lo sugerirá durante la clase, como diciendo qué son las cosas específicas que harán los alumnos. En realidad, ¡el maestro debe ser cuidadoso de no hacerlo! ¡Recordemos que la respuesta de cada alumno debe ser elegida por él mismo! ¡Debe ser elegida libremente! Sin embargo, el maestro debe guiar a los alumnos a entender que, si no toman una decisión de dar una respuesta específica, no están demostrando una evidencia de la verdad en sus vidas en la semana que comienza.

Me gusta pensar que estas respuestas son como *etapas de crecimiento* de cada alumno. Esto me lleva a sugerir otra debilidad en lo que consideramos como aplicación del estudio a la vida. El énfasis del estudio hasta este punto ha sido guiar a la clase a aceptar el ideal cristiano que se está enseñando. Generalmente la aplicación es una exhortación a poner en práctica el ideal cristiano.

Cuando yo era niño, teníamos un juego que llamábamos "¿Puedo?" En el mismo, dábamos pasos de gigante o pasos de bebé. La aplicación es lo que estaremos buscando como "pasos de crecimiento" en la vida cristiana. El maestro querrá desafiar a los alumnos a dar una respuesta significativa y por ello apela generalmente a que los alumnos den pasos de gigante. Ahora me doy cuenta de que en mi propia vida necesito una cantidad de pasos de gigante. Pero cuando miro hacia atrás me doy cuenta de que no he crecido con esos pasos de gigante sino con un gran número de pasos de bebé. ¿Acaso no es también la experiencia del lector? De modo que debemos dejar que cada alumno elija un paso de bebé que está dispuesto a asumir, ya que eso me parece el mejor camino para obtener una respuesta de conducta.

Cuatro cosas esenciales en una respuesta de conducta

Cuando el maestro está planeando enseñar una lección que procure una respuesta de conducta hay cuatro factores que deben ocurrir en la vida del alumno si la respuesta de conducta ha de llegar a ser una realidad.

Punto esencial 1: Voluntad de hacer algo

Cuando el maestro planea cada paso del plan de un estudio con meta de conducta, pensando en guiar las ideas y la conversación de la clase, orando todo el tiempo, hay algo que está tratando de lograr. Está queriendo que cada alumno tenga un encuentro con Dios en un nivel profundo de modo que todos, en su ser interior, tengan una *voluntad de hacer algo* en el área de la actitud cristiana que está siendo estudiada. Para un estudio con meta de respuesta de conducta, el maestro, bajo la dirección del Espíritu

Santo, está buscando llevar a cada alumno a tener la convicción íntima y la motivación para dar un "paso de bebé" en su crecimiento cristiano.

Cuando el maestro llega a este punto en la clase, en el tiempo que lleva un abrir y cerrar de ojos, evaluará si la mayoría de la clase tiene esa voluntad por el interés que se ha demostrado y la calidad de la discusión. *Si no ocurre eso, el maestro no debe continuar tratando de presionar una respuesta de los alumnos.* ¡El primer factor es esencial!

Punto esencial 2: Identificar y considerar lo que se debe hacer

Si a juicio del maestro una mayoría de los alumnos ha indicado, a través de su interés y diálogo, que tienen esa voluntad en un nivel significativamente profundo, el maestro ya puede pasar al segundo factor. Aquí el maestro guiará a los alumnos a identificar lo que una persona puede hacer o no como expresión práctica de la actitud cristiana que está siendo estudiada. El maestro debe procurar que ningún alumno sugiera una actitud que no sea específica. La pregunta "¿Cómo se demuestra esto?" es una buena manera de que el maestro se asegure de que las respuestas no sean demasiado vagas y generales. En este punto, la clase simplemente está escuchando algunas posibilidades de lo que puede hacerse. No se ha dicho nada de si alguien va a hacerlo.

En una clase en el seminario, los alumnos preguntaron si era necesario que el maestro de la escuela dominical, al planear el estudio, hiciera una lista de las formas en que podría expresarse una actitud cristiana en la vida de los alumnos si éstos iban a hacer su propia lista el domingo. Mi respuesta fue que el maestro necesita estar listo con algunas sugerencias para dar aliento si los alumnos no podían imaginar una propuesta.

Punto esencial 3: Elegir algo que ellos harán

Obviamente, ese es el factor clave. Hasta ahora la clase simplemente ha participado en el diálogo. Pero ahora cada uno ha llegado al momento de la decisión. Una vez más debe enfatizarse que cualquier decisión que tome un alumno debe surgir de una profunda convicción y consagración íntima. Toda decisión debe ser totalmente una elección propia. No debe haber absolutamente ninguna presión de parte del maestro o de otros en la clase. En este punto, cada individuo debe estar a solas con Dios cuando toma la decisión, por cualquier camino que ésta vaya.

Punto esencial 4: Hacer todos los planes necesarios para cumplir con la respuesta

Si la decisión es un proyecto, se requerirá algún tiempo de planificación por parte de la clase. Si se ha elegido un "paso de bebé" personal, también será importante que el individuo tenga algo de tiempo para considerar cómo tendrá lugar este cambio.

Esto significa que el maestro debe reservar el tiempo suficiente en el período de clase para que estos cuatro factores tengan lugar. Lleva tiempo pensar y considerar. Lleva tiempo tomar una decisión seria sobre un cambio en el modelo de la propia vida, aun cuando sea un "paso de bebé". Si el timbre suena antes que se tome la decisión, o si el maestro tiene que hacer correr a la clase en estos factores, el estudio tendrá resultados muy insatisfactorios. Las Biblias se cierran. Las sillas son corridas hacia atrás. El maestro tendrá otra oportunidad, pero ésa se habrá perdido.

Controlar el tiempo

Con este capítulo, terminamos de explicar los cinco pasos del plan de un estudio que busca una respuesta de conducta. Ya se ha mencionado que debe reservarse mucho tiempo para que se logre una prosecución. El lector podrá preguntar cuánto es lo que debe dar el maestro a cada parte del estudio. Esto depende de varios factores. Depende del tiempo que se tome en la apertura en conjunto. Depende del tiempo que se vaya en registros y asuntos de ese tipo. En último análisis, depende del tiempo que el maestro tiene para enseñar. Suponiendo que tiene 35 minutos como tiempo real para la enseñanza, lo que sigue es una sugerencia en cuanto al tiempo aproximado para cada parte de un estudio de ese tipo. En cuanto a propósitos de enseñanza hay sólo cuatro etapas. (Elaborar la meta es una parte del proceso de planificación; no requiere tiempo de la enseñanza.)

▲ Lograr presentar un estudio bíblico con un propósito dado: 5 minutos.

▲ Desarrrollar el estudio: 12 minutos.

▲ Hacer que el estudio sea algo personal: 10 minutos.

▲ Lograr la prosecución: 8 minutos.

He luchado conmigo mismo sobre el tiempo aproximado que debe tomar cada parte del plan del estudio. Sigo pensando en el tiempo que se precisa para llevar a los miembros a un encuentro con Dios en profundidad en algún aspecto de sus vidas y en las luchas que deben mantener al tomar su decisión de comenzar algo que no han estado haciendo. No estoy seguro de que tendremos tiempo para todo ello. Pero para eso hemos sido llamados como maestros. Y estoy agradecido de que tenemos la dirección y poder del Espíritu Santo.

¿Es algo demasiado personal?

Hay maestros que dicen: "Yo me limito a enseñar la verdad espiritual y dejo que los alumnos hagan su propia aplicación porque no sé cuáles son sus necesidades particulares." Tal admisión de parte del maestro no es un justificativo para una enseñanza ineficaz, ni invalida el principio que hemos estado sugiriendo. Es responsabilidad del maestro conocer lo suficientemente bien a cada uno de sus alumnos como para saber cuáles son sus necesidades particulares.

Otros maestros dicen: "Enseño la verdad general porque los alumnos de mi clase tienen distintas necesidades. Cuando enseño la verdad en términos generales, cada alumno es libre de hacer su propia aplicación." Es verdad que los alumnos tendrán necesidades diferentes, pero esto indica simplemente que la responsabilidad del maestro es la de adaptar la enseñanza espiritual de acuerdo con las diferentes necesidades de cada individuo.

Otro maestro podrá decir: "No quiero ser demasiado personal." Esta es una consideración válida de parte del maestro y merece ser considerada. Cuando un maestro dirige a su grupo a analizar y evaluar su experiencia presente a la luz de algún ideal espiritual, sin duda el estudio se vuelve algo personal. El maestro puede sentir que este tipo de enseñanza es demasiado personal y que los alumnos pondrán resistencia.

Hay tres cosas que se deben decir. En primer lugar, depende de la *actitud y espíritu del maestro* si los alumnos objetarán este tipo de enseñanza. Si el maestro ha construido una relación adecuada entre él y los alumnos, si ha demostrado una actitud de simpatía hacia los problemas y criterios de todos los alumnos y si éstos entienden y aprecian el enfoque de aquel, apreciarán esa enseñanza en vez de resistirla.

En segundo lugar, el maestro debe usar el *sentido común* en este tipo de enseñanza. Debe reconocer dónde están los alumnos en relación con una determinada actitud cristiana y llevarlos a dar "pasos de bebé", de uno en uno, hacia el ideal. Es relativamente raro que una persona dé un "paso de gigante".

En tercer lugar, debe admitirse que probablemente *habrá algunos que se resistan a tal enseñanza en la escuela dominical porque es demasiado personal*. Ellos prefieren asistir a una clase donde se enseña la verdad bíblica y sus vidas no son molestadas. Hay personas que aceptarán todo lo que enseña el cristianismo en tanto no afecte su estilo de vida. Pero cuando el cristianismo hace demandas que exigen un cambio, pueden sentir que se hieren sus sentimientos y dejan de asistir al templo. Para contestar a esa objeción, el maestro debe decidir por sí mismo si la tarea de enseñar es la de acunar a la gente para que se adormezca o tratar de guiarlos a crecer a la semejanza de Cristo.

10

El maestro y el plan del estudio

Prepararse para comenzar a estudiar
    Dedicar un tiempo definido para estudiar *-temprano*
    Encontrar un lugar definido para estudiar
    Obtener los materiales para la preparación
    Prepararse uno mismo

El maestro planea el estudio

Un plan abarcador del estudio

Un plan simplificado del estudio

¿Puede un maestro alcanzar más de una meta en
  un estudio?

¿Cómo prepararán los maestros el estudio que han de presentar el domingo próximo? ¿Qué plan han de usar? Hay tantas formas de presentar un estudio como hay maestros y ningún plan es mejor que otros. Dos maestros pueden usar dos planes completamente distintos y ambos pueden ser excelentes. El plan de la lección que sugerimos aquí es el que resulta compatible con la tesis de este libro.

Me temo que muchos maestros siguen un enfoque al azar al preparar sus estudios. Algunos piensan que pueden esperar hasta el sábado en la noche para empezar a hacerlo. Revisan el material de las ayudas didácticas y tratan de enseñar en base a esa liviana preparación, después de leer el pasaje bíblico sugerido y tener una idea general de la lección. Si un maestro desea seriamente guiar a sus alumnos a crecer a semejanza de Cristo, a expresar los ideales de la fe cristiana en su experiencia diaria, este enfoque rápido y al azar debe dejar de practicarse. Una enseñanza efectiva exige la preparación más cuidadosa.

Prepararse para comenzar a estudiar

Aun antes de saber cuál es el estudio del domingo próximo, hay varias cosas importantes y prácticas que deben ser consideradas y concretadas. ¿Ha considerado el lector estos puntos simples y los ha puesto en práctica de manera que siente que está agradando a Dios?

Dedicar un tiempo definido para estudiar

La preparación de la lección del domingo próximo debe comenzar temprano en la semana. Algunos empiezan desde el domingo en la tarde, pero seguramente deben comenzar la preparación el lunes si han de ubicar las necesidades específicas de su clase y hacer que el estudio sea real, personal y vívido para ellos. Encontrar una introducción para el estudio, que capture de inmediato la atención de la clase, o encontrar una ilustración adecuada para que un punto resulte aplicables o elaborar una situación concreta para que el estudio sea algo personal para el grupo, todo ello requiere tiempo.

No se trata sólo de que la preparación debe comenzar pronto, sino que deben establecerse momentos definidos para continuar la misma durante la semana. A menos que se señalen esos momentos, el maestro encontrará que hay otras cosas que le interfieren y que el tiempo para estudiar es hecho a un lado. Una vez que esos momentos han sido determinados, deben ser cumplidos tan fielmente como si uno tuviera una cita con una persona importante. Debe ser un tiempo cuando haya el mínimo de ruido e interrupciones. Sea cuando fuere, debe ser un tiempo de meditación y concentración en estudiar.

Encontrar un lugar definido para estudiar

Muchos maestros han descubierto que es ventajoso tener un lugar definido para estudiar. Así estarán quietos y solos, pues el lugar les dará una atmósfera que lleve a la meditación, la oración y la preparación. Otra ventaja de ese arreglo es la posibilidad de tener a mano todos los materiales necesarios. Lleva a la exasperación si se está listo para estudiar y entonces hay que perder tiempo buscando los materiales de ayuda. Para remediar esto, los maestros pueden guardar la Biblia, las ayudas didácticas, los comentarios y otros materiales en un solo lugar de modo que estén disponibles cuando son necesarios.

Obtener los materiales para la preparación

Los materiales necesarios para la preparación serán determinados parcialmente por lo que el maestro pueda comprar. Como mínimo debe tener una traducción moderna de la Biblia y las ayudas didácticas que publique su denominación. También debiera tener un buen comentario resumido de la Biblia, un diccionario bíblico, un atlas de la Biblia y una concordancia. También debiera tener al alcance de la mano una hoja de papel para cada alumno, con información pertinente a cada uno y, si es posible, con una fotografía de cada miembro de la clase. Cuando se prepara el estudio, el maestro recurrirá frecuentemente a ese anotador o carpeta para descubrir los diferentes intereses de los alumnos así como sus distintas necesidades. Es absolutamente esencial tener este conocimiento íntimo de los alumnos.

Prepararse uno mismo

Cuando los maestros empiezan su preparación personal, enseguida comprenderán que su propia actitud es de gran importancia. Como no pueden dar lo mejor de sí cuando están cansados, preocupados o perturbados, en lo posible deben planear la preparación para cuando están descansados. Si las preocupaciones y los temores del día les resultan muy pesados, pueden preparar su propio corazón con unos minutos de meditación y oración.

La preparación física no es lo que se precisa. Al preparar el estudio, los maestros deben hacerse preguntas como éstas: ¿Qué significa para mí este estudio en particular? ¿He tenido alguna experiencia con Cristo en esta esfera? ¿Tengo el tipo de fe que voy a enseñar el próximo domingo? ¿He tenido suficientes experiencias en oración como para enseñar a mi clase? ¿Tengo el celo misionero necesario? ¿Soy el tipo de cristiano que debo ser? Básicamente, la enseñanza significa compartir experiencias y un maestro no puede compartir lo que no ha experimentado. Los alumnos de cualquier edad captan cuando se está pretendiendo ser lo que no se es. De modo que los maestros deben preparar sus propias vidas si han de enseñar con efectividad.

El maestro planea el estudio

Cuando el maestro está listo para comenzar la preparación específica para el estudio del próximo domingo, debe leer primero todo el texto bíblico sugerido. Después de tener el fondo general sobre el que se basa el estudio, está listo para una preparación más intensiva. Posiblemente quiera leer el pasaje en una buena traducción moderna. Esto será seguido por un estudio cuidadoso de la interpretación y los comentarios de una obra digna de confianza. Hay que buscar en un diccionario bíblico todos los nombres de personas o lugares que no son familiares. Debe hacerse todo lo posible por dominar tanto el contenido como la interpretación del pasaje bíblico. Luego debe considerar cuidadosamente las sugestiones dadas en las ayudas para el estudio que tenga a su alcance.

Después de familiarizarse con las verdades bíblicas, debería consultar la información que ha compilado sobre cada uno de los alumnos y preguntarse cuáles son sus necesidades que más pueden ser enfrentadas con este estudio. A la luz de las respuestas a esta pregunta, el maestro seleccionará una meta para el estudio que lleve a una respuesta de conducta. (Este es el único tipo de meta que hemos estudiado hasta ahora.) Entonces el maestro está listo para el segundo punto del plan del estudio, que es el desarrollo del plan para asegurar la atención y el interés de la clase y guiarla a un estudio de la Biblia que sea significativo.

> **Cinco pasos para planear un estudio de respuesta de conducta**
>
> 1. Seleccionar el tipo de meta.
> 2. Trazar un plan para asegurar el interés de la clase.
> 3. Elaborar el desarrollo del estudio.
> 4. Hacer que el estudio sea algo personal.
> 5. Asegurar que será aplicada posteriormente.

El tercer paso en el plan del estudio es elaborar su desarrollo. Al hacerlo hay dos cosas que el maestro debe tener especialmente en mente. En primer lugar, en esta parte del estudio debe recordar que quiere que la clase acepte el ideal genérico que subyace en la meta del estudio. Para lograrlo, el maestro debe incluir todo el material que le permita su tiempo para llevar a los alumnos a tal aceptación *y debe dejar fuera del estudio* todas las verdades que son interesantes e importantes, pero que no contribuyen específicamente a la realización de la meta.

En segundo lugar, el maestro debe tener en mente que el desarrollo del estudio debe ser realizado para cumplir con la necesidad de cada uno en la clase. Como cada miembro es diferente, la necesidad de cada uno será distinta. Habrá que hacer una pregunta especialmente para beneficio de María. Habrá que contar una ilustración pensando en la necesidad de Elena. Habrá que estudiar un problema para que Juana descubra eso en particular. La cuestión es si el maestro conoce tan íntimamente a los miembros de la clase como para saber cuáles son sus necesidades particulares.

En el cuarto paso del plan del estudio, el maestro enfrenta el problema de hacer que sea personal de modo que los alumnos lleguen a ver cómo la verdad espiritual que han estado estudiando actuará en una situación concreta de su vida.

El quinto paso del plan de la clase es cuando el maestro prepara la parte más importante de todo el estudio: la respuesta de conducta que se busca con ella. Aquí es donde el maestro planea cómo se cumplirá con la prosecución y dónde debe planear cómo guiar a cada alumno a: (1) decidir si han de hacer algo en relación con la verdad que han estado estudiando, y (2) si es así, identificar específicamente lo que va a hacer cada uno. El maestro debe poner el mayor cuidado para asegurar que el estudio será aplicado porque, con una meta de respuesta de conducta, el estudio no ha de terminar simplemente con lo que se dice si se quiere que sea efectivo.

Un plan abarcador para el estudio

Sin duda, un maestro que analiza su trabajo ya se ha planteado la cuestión de cómo se ubican en un plan definido para un estudio los principios sugeridos en los capítulos previos. Quizá sería de ayuda al lector si se reiteran algunas de las principales ideas que se han presentado y se las ubica en un bosquejo para que se las pueda ver como un todo. Al elaborar el plan para un estudio que busque una respuesta de conducta, deben tenerse en mente los siguientes aspectos.

I. PREPARACION EN GENERAL

1. La preparación del maestro, en mente y espíritu.

   (1) por medio del estudio bíblico.

   (2) por medio de la oración.

   (3) por medio de la meditación o sea qué hay en este estudio que será enseñado que tiene significado para mi experiencia personal.

2. ¿Qué voy a enseñar?

   (1) estudiar cuidadosamente el texto bíblico sugerido.

   (2) Usar comentarios y otras ayudas.

3. ¿A quién voy a enseñar?

   (1) Información general sobre los alumnos.

   (2) Información específica sobre los alumnos.

II. UN PLAN PARA EL ESTUDIO

1. ¿Cuál es mi meta para este trimestre?
2. ¿Cuál es mi meta para esta unidad?
3. ¿Cuál es mi meta para este estudio?
   (1) Una buena meta debe ser:
      a. Lo bastante breve como para ser recordada
      b. Lo bastante clara como para ser escrita.
      c. Lo bastante específica como para ser alcanzable.
   (2) ¿Qué tipo de meta deseo?
      a. ¿Quiero una meta de conocimiento?
      b. ¿Quiero una meta de inspiración?
      c. ¿Quiero una meta de respuesta de conducta?
4. ¿Cómo me aseguro de presentar un estudio bíblico con propósito?
   (1) ¿Cómo capturaré el interés del grupo al comenzar el estudio?
   (2) ¿Cómo dirigiré ese interés hacia un deseo de leer o estudiar la Biblia?
   (3) ¿Cómo trataré de asegurarme de que la lectura de la Biblia logra un propósito y un significado?
   (4) ¿Qué preguntas haré a la clase a fin de dirigir su estudio cuando leen la Biblia?
   (5) ¿Cómo dirigiré el diálogo sobre las preguntas después que se han leído las Escrituras?
5. ¿Cómo desarrollaré el estudio? Escriba la actitud que ha de desarrollarse (como "demostrar más afecto").
   (1) ¿Qué material sugerido usaré?
   (2) ¿Qué material sugerido excluiré? (La meta que el maestro tenga en mente determinará esto.)
   (3) ¿Qué otro material no sugerido he de usar?
   (4) ¿Cómo organizaré el material de modo que esté en armonía con las necesidades e intereses de mis alumnos?

(5) ¿Qué preguntas haré?

(6) ¿Qué problemas plantearé para que la clase resuelva?

(7) ¿Qué método o métodos usaré?

6. ¿Cómo haré que este estudio sea algo personal?

   (1) ¿Cómo guiaré a la clase a comprender que esa verdad espiritual afecta sus vidas en la actualidad?

   (2) ¿Cómo les ayudaré a ver una situación concreta en la que se aplique esta verdad?

   (3) ¿Cómo trataré de guiarles en la convicción de que esta verdad no sólo es la correcta sino también la que ellos deben seguir en la práctica?

7. ¿Cómo me aseguraré de que después será aplicada?

   (1) ¿Cómo trataré de asegurarme de que lo que enseñe no se termina en la clase?

     a. La prosecución debe ser planeada.

     b. Las conclusiones no deben ser apresuradas. Debe dejarse tiempo adecuado para esta parte del estudio.

     c. Los alumnos pueden sugerir formas para que así sea.

   (2) ¿Qué planes específicos deben hacerse para que se produzca esa prosecución?

   (3) ¿Qué plan debo poner a prueba para que se cumpla esa prosecución?

8. ¿Cómo estimularé el interés en la preparación del estudio del próximo domingo?

Un plan simplificado del estudio

El plan abarcador del estudio es demasiado complejo como para que un maestro lo use cada semana. Por eso, damos a continuación un plan simplificado de un estudio. Un maestro fácilmente retendrá esto cuando prepara el estudio.

I. PLAN DE UN ESTUDIO CON LA META DE RESPUESTA DE CONDUCTA

1. Meta para este trimestre:

2. Meta para esta unidad:

3. Meta para este estudio:

4. Asegurarse de tener un estudio bíblico con un propósito:
   (1) Para asegurar el interés:

   (2) Transición:

   (3) Qué buscar o tomar nota cuando se lee la Biblia:

5. Desarrollar el estudio: Identificar las actitudes. (Usar sólo el material que contribuirá al logro de la meta.)

6. Hacer del estudio algo personal:

7. Asegurar la prosecución (ser específico; dirigir hacia planes definidos):

Este plan para un estudio puede ser utilizado también para la reunión semanal de maestros o en su preparación privada. Si se lo reproduce en papel de buen tamaño, los maestros tendrán suficiente espacio para notas detalladas.

¿Puede un maestro alcanzar más de una meta en un estudio?

En un capítulo anterior, afirmamos que no es sabio que un maestro tenga metas de conocimiento, inspiración y respuesta de conducta en el mismo estudio. También prometimos que señalaríamos por qué es así. Si los maestros tienen conciencia del enorme monto de tiempo necesario para guiar a sus alumnos al punto en que entiendan la relación de una verdad espiritual con sus propias vidas y entonces llevarlos al punto de que estén deseosos de poner en práctica esa verdad espiritual, comprenderán que ciertamente no hay tiempo en el período de un estudio de hacer algo más que asegurar una respuesta de conducta. Por supuesto, al hacerlo se enseña cierto monto de conocimiento, pero de tal naturaleza que llevará a los alumnos a aceptar y seguir la verdad espiritual en consideración. No es necesario un estudio sistemático de un pasaje bíblico para guiar a una persona a tener un conocimiento amplio de alguna porción de la Escritura. Esto será más claro para los maestros después de leer la tercera parte del libro.

El maestro también enfrenta el hecho de que, cuando invierte algún tiempo en dirigir a la clase a dominar un trozo significativo de la Biblia en cuanto a su conocimiento, no lo tendrá luego para asegurarse una respuesta de conducta. Con frecuencia ha ocurrido que un maestro ha tratado de alcanzar las tres metas en un estudio y que, como consecuencia, no ha logrado ninguna. El enfoque que un maestro tiene que seguir para enseñar un conocimiento bíblico y el que debe seguir para lograr una respuesta de conducta es tan diferente que ambos no pueden ser alcanzados adecuadamente en el mismo estudio.

Por lo tanto, mi conclusión es que los maestros deben enfrentar el hecho de que, si han de alcanzar resultados sea en la esfera del conocimiento bíblico, sea en la de una respuesta de conducta, deben determinar con buen tiempo qué meta desean lograr y mantenerse en ella firmemente. Sólo de esta forma pueden alcanzarse resultados definidos, concretos, observables y mensurables. En el próximo capítulo, comenzaremos un énfasis sobre cómo enseñar con una meta de conocimiento.

Tercera parte

Enseñar con una
meta de conocimiento

◆◆◆◆◆◆◆◆◆◆◆◆◆◆◆

Tercera parte

Enseñar con una meta de conocimiento

❖❖❖❖❖❖❖❖❖❖❖❖❖❖❖

11

El problema del conocimiento bíblico

El Informe Miller (1932)

El informe Pageant (1949)

El informe Bennett (1959)
Procedimientos
Resultados

La prueba "La Biblia y tú" (1963)

Los informes Gallup (1954 y 1982)

El grupo de investigación Barna (1990)

◆◆◆◆◆◆◆◆◆◆◆◆◆◆◆◆

Permítaseme compartir con los lectores algunos estudios que ilustran la seriedad del problema relativo al estudio bíblico. Estos hechos son la razón de tener una preocupación tan profunda. Tengo conciencia de que nuestra meta final no es dar a la gente un conocimiento serio de la Biblia. La gente puede ir al cielo sin tener la cabeza llena de conocimientos bíblicos. Agradecemos a Dios por eso. Pero si la Biblia es el Libro que pretendemos que es —la Palabra inspirada de Dios, el Libro que nos habla de Dios y de la vida— entonces es algo trágico que alguno declare que no importa tener un conocimiento serio de la Biblia.

El informe Miller (1932)

Una de las primeras investigaciones serias de este tipo fue la prueba de conocimiento bíblico hecha por Minor C. Miller con 18.500 estudiantes de las escuelas secundarias públicas en el estado de Virginia, EE. UU. de A. En 1932 Miller informó que de esos estudiantes encuestados, 16.000 no podían mencionar a tres profetas del Antiguo Testamento, 12.000 no podían mencionar los cuatro Evangelios y 10.000 no podían nombrar a tres discípulos de Jesús.[1]

El informe Pageant (1949)

Diecisiete años después, Pageant, una revista popular, hizo una encuesta de alcance nacional en los EE. UU. de A. sobre el conocimiento bíblico en los niños. El término medio fue del 46%. Sin embargo, los niños protestantes alcanzaron sólo el 35%. Sus padres podrían explicar esta discrepancia señalando que los niños católicos de los EE.UU. de A. van a escuelas confesionales donde se les enseña la Biblia cinco días por semana. Sin embargo, no podían explicar la siguiente comprobación: los niños que no asistían a la escuela dominical tenían un porcentaje del 30,4%. Habían absorbido toda esta información religiosa por vivir en una cultura como la estadounidense. Ciertamente es una triste conclusión comprobar que los protestantes alcanzaban sólo un

---

[1] Minor C. Miller, *The Lost Bible* (Strasburg, Va., Shenandoah Publishing House, 1932), p. 137.

4,6% más que los que no asistían a la escuela dominical. Además, entre los encuestados el 73,4% no sabía el nombre del discípulo que traicionó a Jesús y el 70,7% no sabía que Pablo fue el apóstol de los gentiles.[2]

El informe Bennett (1959)

Russell Bennet se preocupó de que los alumnos de las escuelas dominicales tenían poco conocimiento serio de la Biblia. Dirigido por mí, Bennett desarrolló un proyecto de investigación sobre el conocimiento de la Biblia.[3]

Procedimientos

Bennett usó principios científicos para desarrollar una encuesta válida sobre el conocimiento bíblico. Esto exigió mucho más que hacer una lista de preguntas. Bennett preparó dos juegos de preguntas de prueba antes de establecer su juego definitivo.

La primera prueba consistió en 150 preguntas con final abierto. Por ejemplo: "Jesús nació en la ciudad de _____ ." La mitad de las preguntas surgían del Antiguo Testamento y la otra mitad del Nuevo Testamento. Luego esta prueba fue realizada en cuatro iglesias bautistas del sur (no se usaron iglesias en las que luego se hiciera la prueba definitiva). Eran dos iglesias rurales y dos urbanas. De éstas, una era una congregación de clase media y la otra de clase alta.

La segunda prueba consistió en un centenar de preguntas a partir de las respuestas de aquellas cuatro iglesias. Fueron hechas en forma de "elección múltiple" (*Multiple choice*) usando las dos preguntas mal respondidas con más frecuencia agregando la respuesta correcta. En el ejemplo anterior, si la respuesta errada más frecuente era "Jerusalén", esta era una de las opciones. Si la segunda respuesta errada más frecuente era "Nazaret" ésta también era una de las opciones. "Belén", la respuesta correcta, era obviamente una de las opciones.

---

[2] *Pageant*, diciembre de 1949, pp. 20-26
[3] Ver Russell Bennett, "Measurements of Pupil Bible Knowledge in Selected Baptist Sunday Schools in Kentucky", Tesis de maestría para el Seminario Teológico Bautista del Sur, 1957. Actualmente Bennett es director de misiones de la Asociación de Iglesias Bautistas de Long Run, Louisville, Kentucky.

Del mismo modo, la mitad de las preguntas surgían del Antiguo Testamento y la otra mitad del Nuevo Testamento. Esta encuesta también preguntaba la edad y el sexo de la persona, la cantidad de años que había asistido a la escuela dominical y la regularidad de esa asistencia. Esta prueba fue hecha en tres iglesias bautistas del sur, ninguna de las cuales fue objeto de la prueba definitiva. Se recibieron 100 respuestas y, usando una formula, se determinó que la prueba era válida, o sea que había medido lo que se deseaba medir.

Basado en los resultados de esta segunda prueba, Bennett desarrolló un esquema para mostrar cuántas de las mejores pruebas mostraban cada pregunta correcta y cuántas de las peores marcaban la correspondiente respuesta errada. Las mejores preguntas serían aquellas que en todas las mejores pruebas estaban marcadas correctas y en todas las pruebas peores estaban marcadas incorrectas. Usando este enfoque, el autor seleccionó 50 preguntas válidas de elección múltiple para la tercera y definitiva prueba.

Resultados

La prueba definitiva fue hecha en 17 iglesias de Louisville, Kentucky y sus alrededores, durante la hora normal de la escuela dominical. A mi juicio, esto fue un factor positivo para la prueba. Mi presunción es que aquellos que eran más o menos regulares en su asistencia tendrían un conocimiento más serio de la Biblia que aquellos que eran irregulares en su asistencia o que iban raramente.

Había 50 preguntas de elección múltiple en la prueba y se lograron 695 pruebas completas para ser estudiadas. De las 50 preguntas el promedio de respuestas correctas fue de 16,7%.[4] Comencé a compartir esta información con maestros de escuela dominical cuando tenía conferencias. Yo les decía: "Esta cantidad revela que todo el grupo ha fracasado. ¡Deberían haber tenido 25 respuestas buenas de entre las 50 para alcanzar el 50%! El hecho es que sólo tuvieron una respuesta correcta de cada tres. ¡Su promedio fue sólo del 33%!"

———————————

[4] La fórmula usada para determinar el resultado fue R=C-E/2. El Resultado iguala el número de respuestas Correctas menos el número de respuestas erradas dividido por dos. Esta fórmula toma en cuenta el factor de la adivinación.

◆◆◆ El problema del conocimiento bíblico ◆◆◆

Pregunté entonces a los maestros qué grupo de edad creían ellos que alcanzó el nivel más alto.[5] Invariablemente la mayoría respondió: "¡Primarios!", aunque unos pocos mencionaban a los Intermedios (hoy serían los Niños mayores y los Jóvenes menores). Riendo, yo decía: "Entonces, ¡ustedes creen que cuanto más tiempo uno permanece en la escuela dominical, menos sabe de la Biblia! El hecho es que mejoramos nuestro conocimiento de la Biblia a medida que avanzamos en edad, pero lamentablemente es un progreso mínimo. He aquí algunas de las comprobaciones de Bennett:

Grupos de edad	Porcentaje correcto
Primarios (9-12 años)	5,81
Intermedios (13-16 años)	12,64
Jóvenes (17-24 años)	16,39
Adultos (25 años o más)	20,66

Hay una circunstancia que mitiga lo poco usual de la cifra baja para los Primarios (además de que la mayoría de los maestros de esa edad están mucho más preocupados con ayudar a que los niños vivan de acuerdo con la Biblia que en darles conocimientos). Se trata de que la prueba abarcaba toda la Biblia, tanto el Antiguo como el Nuevo Testamentos. A esa edad, no podrían estudiar con la profundidad que alcanzarían al crecer.

He aquí dos preguntas de la investigación, que darán una idea del tipo y dificultad de las preguntas.

PREGUNTA: Jesús dijo: Pero el que es el mayor entre
vosotros será:
_____ (1) pobre
_____ (2) puro de corazón
_____ (3) el que sirve

Esta pregunta tuvo respuestas erradas del 64 % de los que participaron.

---

[5] Aquí se usó la división por edades que se usaba en 1957, el año en que se hizo el estudio de Bennet: Primarios (9-12), Intermedios (13-16), Jóvenes (17-24) y Adultos (más de 25).

173

PREGUNTA: El que predicó en el día de Pentecostés fue:
————— (1) Pedro
————— (2) Pablo
————— (3) Juan

Esta pregunta fue mal contestada por el 63% de los que participaron.[6]

Por supuesto, no quiero depender demasiado de los resultados de una prueba. La de Bennett fue organizada cuidadosa y científicamente, pero refleja sólo a unas pocas iglesias de una pequeña región. De modo que comencé a probar otros grupos para confirmar o cuestionar los resultados de Bennett. Tuve una semana de conferencias en un campamento para maestros y líderes de escuela dominical durante el verano de 1958. También hice la encuesta de Bennett a los jóvenes de esa conferencia. Por supuesto, esperaba que esos jóvenes tendrían un resultado mucho más alto que los de Bennett porque sus padres eran obreros de enseñanza bíblica, que usaban sus vacaciones para ir a ese campamento espiritual. Esos jóvenes habían sido criados en un ambiente más religioso. De los 57 participantes, el promedio de respuestas correctas fue de 14,84%, mientras que para Bennett había sido de 16,39% entre los jóvenes. No podía creerlo y ciertamente no tengo respuestas para ello.

En aquellos días, estaba dirigiendo conferencias para maestros de escuela dominical casi todos los fines de semana. Naturalmente, compartí los resultados de esas dos pruebas. Eso despertó mucho interés y diálogo entre los maestros. Había mucha incredulidad y muchas preguntas.

La prueba "La Biblia y tú" (1963)

Poco después, la Junta de Escuelas Dominicales de los bautistas del sur de los EE. UU. de A. planeó una prueba de conocimientos bíblicos titulada "La Biblia y tú". Especialistas en investigación y estadísticas usaron los mejores procedimientos científicos para establecer las preguntas y suministrar la prueba. Esta consistía en 34 preguntas, 17 del Antiguo Testamento y 17 del Nuevo Testamento.

---

[6] Para probar su memoria, recordemos que la respuesta a la primera pregunta es "el que sirve" y a la segunda "Pedro". (Ver Mar. 9:36 y Hech. 2:1, 14-40.)

◆◆◆ **El problema del conocimiento bíblico** ◆◆◆

Esta prueba fue hecha en iglesias a lo largo de los EE.UU. de A., cuidadosamente seleccionadas para garantizar una variedad de ubicación, educación e ingresos. El proyecto comenzó en 1961. El informe fue publicado en 1963 y comenzaba con estas palabras:

> El hecho concreto del conocimiento de los bautistas del sur o de cualquier otro grupo desafía la comprensión y la medición exacta. No se puede definir completamente ningún área de esa profundidad y amplitud, mucho menos estudiarla exhaustivamente. Por otro lado, dentro de límites cuidadosos y prácticos, pueden hacerse mediciones y sondeos. El proyecto que aquí se informa fue conducido y planeado para proveer una indicación plausible y confiable del nivel general de conocimiento bíblico de personas de 13 años y más, que asisten a las escuelas dominicales de los bautistas del sur.[7]

Esta prueba dio resultados específicos sólo para personas de 13 años o más. Lo que sigue son las cifras de respuestas correctas, de entre 34 preguntas, por grupos de edades:

Grupos de edad	Respuestas correctas
13-14 años	10,4
15-16 años	12,0
17-20 años	12,4
21-24 años	13,9
25-30 años	13,5
31-34 años	15,0
35-39 años	15,7
40-44 años	15,9
45-49 años	16,1
50-54 años	17,4
55 años y más	19,0

Veamos cómo se comparan estos resultados con las comprobaciones de Bennett. Comparemos el porcentaje de respuestas correctas de las dos pruebas:

[7] *A Study of Factual Bible-Knowledge on the Part of Southern Baptists* (Nashville, Baptist Sunday School Board, 1963).

	9-12 años	13-16 años	17-25 años	26 años o más
Bennett	11,6%	25,3%	32,8%	41,3%
La Biblia y tú	27,6%	32,9%	38,7%	47,3%

En todos los grupos, "La Biblia y tú" tenía un resultado más alto que en la prueba de Bennett. Era considerable en el grupo de 9 a 12 años. Sin embargo, como se ve, ningún grupo en cualquiera de las pruebas jamás alcanzó el 50%. Y ambas pruebas demostraron la lamentable falta de conocimiento bíblico en los que asisten más bien regularmente a la escuela dominical.

¿Cuánto ha aumentado el conocimiento bíblico de los alumnos con el paso de los años? "La Biblia y tú" descubrió algunos hechos interesantes. Después de estudiar la Biblia desde los 17 hasta los 24 años, los jóvenes aumentaron su conocimiento bíblico en sólo 1,5%. Durante los cinco años de 25 a 30, el conocimiento bíblico de hecho decayó. En los 14 años entre los 31 y los 44 los que participaron de la prueba aumentaron en su conocimiento de la Biblia menos de un punto. Para mí lo más sorprendente fue que el grupo de edad que era más regular en su asistencia a la escuela dominical tenía que tener entre 50 y 54 años antes de alcanzar la mitad de las respuestas correctas (17 de 34).

Digamos de nuevo que tengo conciencia de que la enseñanza o el aprendizaje para el conocimiento de los hechos de la Biblia no es el principal propósito de los maestros en nuestra escuela dominical. Sin embargo, cuando consideramos todo el dinero gastado en edificios educacionales y en comprar material para estudio bíblico, o el monto de tiempo dedicado a la visitación, o que los maestros han puesto en prepararse para enseñar la Biblia; o el tiempo que los pastores y líderes dedican a promover la importancia del estudio bíblico; para quienes asistimos más bien regularmente el pobre conocimiento concreto de la Biblia que muestran esos dos estudios debe causar la mayor preocupación y motivarnos a hacer algo para mejorarlo.

La enseñanza de los hechos de la Biblia no es el principal propósito del maestro de la escuela dominical, pero es un propósito digno. ¡Y en ciertos momentos la enseñanza del conocimiento de los hechos debiera ser el primer propósito del maestro!

Los informes Gallup (1954 y 1982)

La ignorancia de la Biblia no es especial de los bautistas de sur. En un libro reciente, George Gallup, h. y Jim Castelli hablaron de la década posterior a 1950 como "una década de despertamiento religioso". Sin embargo, dicen:

> El estado del conocimiento religioso en este período (como en las décadas posteriores) era cualquier cosa menos impresionante. Menos de la mitad de los que respondieron a una investigación en 1950 podían dar los nombres de los primeros cuatro libros del Nuevo Testamento. Y sólo una persona de cada tres podía mencionar todos los cuatro libros de los Evangelios. Este pobre estado de conocimiento bíblico fue también evidente en las investigaciones hechas en 1954 y 1982. Cuando se preguntó quién pronunció el Sermón del monte, 34% en 1954 y 42% en 1982 respondieron correctamente. En 1954 sólo el 35% podía nombrar los cuatro Evangelios, pero esto bajó al 46% en 1982. ¿Dónde nació Jesús? En 1954, el 75% contestó correctamente, pero en 1982 sólo lo sabía el 70%. En dos de estas tres preguntas, los resultados aumentaron en este período.[8]

Gallup y Castelli explican que "el nivel de conocimiento religioso creció ligeramente en los años después de 1980, pero ese incremento no fue especialmente llamativo dado el gran aumento en la proporción de estadounidenses con educación superior entre 1954 y 1982 y el hecho de que una mayoría había asistido a la escuela dominical."[9]

El grupo de investigación Barna (1990)

Más recientemente el grupo de investigación Barna comprobó que el 93% de los hogares estadounidenses tenía una Biblia, pero que el 58% "no sabía quién predicó el Sermón del monte" y el 29% era "incapaz de decir cuántos apóstoles tuvo Jesús." [10]

[8] George Gallup (h) y Jim Castelli, *The Peoples's Religion: American Faith in the 90's* (New York, Macmillan, 1989), pp. 8, 18.
[9] Ibíd, p. 17.
[10] Barna Research Group, *The Church Today: Insightful Statistics and Commentary* (Glendale, Calif., Barna Research Group, 1990), pp. 29, 30.

Toda esta investigación señala la misma conclusión. Aun la gente que asiste a las reuniones de la iglesia tiene serias deficiencias en cuanto a conocimiento bíblico. Este es un problema serio que deben enfrentar los maestros de escuela dominical.

12

Cómo mejorar el conocimiento bíblico

Definición de una meta de conocimiento
    Serio
    Sistemático
    Significativo
    Comprensión
    Dominio

Plan para un estudio con meta de conocimiento
    Meta para el trimestre
    Meta para la unidad
    Meta para el estudio
    Comienzo con interés
    Vistazo general
    Organización del material
    Resumen y repaso
    Asignación y proyecto

◆◆◆◆◆◆◆◆◆◆◆◆◆◆◆

Hemos hecho la lista de tres metas para los estudios: las metas de inspiración, conocimiento y de respuesta de conducta. El énfasis más fuerte en este libro ha sido en la respuesta de conducta. Los cristianos deben preocuparse especialmente en los cambios y el crecimiento en la vida cuando se enseña o estudia la Biblia. Pero, soy consciente de la trágica ignorancia de la Biblia, aun entre cristianos.

Cuando compartí esta preocupación en una conferencia, una maestra me dijo que no era así en su clase. Me indicó que ella enseñaba para dar conocimiento todos los domingos. Estoy seguro de que algunos maestros enseñan conocimiento en forma efectiva y de que algunos alumnos tienen un dominio serio de la Biblia. Pero cuando la mayoría de los maestros de escuela dominical dicen que dan conocimientos en cada estudio, no se refieren a un conocimiento sistemático. La enseñanza con una meta de conocimiento significa luchar por un dominio de conocimiento sistemático. Cuando la mayoría de los maestros dicen que enseñan conocimiento, no quieren decir que lo enseñan de tal forma que los alumnos adquieren ese conocimiento en el nivel profundo a que me refiero.

La evidencia abrumadora indica que aun aquellos de nosotros que asistimos a la escuela dominical tenemos poco conocimiento de la Biblia. Quizá éste no sea el problema más serio que enfrentamos como cristianos. Pero es un problema trágico para un pueblo que pretende ser el "pueblo del Libro".

¿Cómo se puede resolver este problema? Dos cosas deben ocurrir en lo íntimo de la persona que hace esta pregunta seriamente.

▲ Las personas deben enfrentar y admitir que tienen un problema.

▲ Las personas deben hacer un compromiso interior que sea lo bastante profundo como para llevarlos a hacer todo lo que sea necesario para tratar de resolver el problema.

En este capítulo nos proponemos presentar una posible solución al problema. No estoy seguro de que haya una solución final y definitiva. A pesar de todo lo que pueda hacer el maestro, el alumno debe estar dispuesto a hacer el esfuerzo necesario para aprender. Y en última instancia, es él quien debe aprender.

Definición de una meta de conocimiento

Una meta de conocimiento es aquella en la cual el maestro procura llevar a la clase a un estudio serio y sistemático de una parte significativa del material bíblico que lleve a la comprensión y dominio de ese material. Cada palabra o frase de esta definición es de importancia vital.

Serio

El estudio con una meta de conocimiento debe ser serio. O sea que debe serlo de parte del alumno. Aprender exige esfuerzo y si el alumno ha de aprender debe tomarlo seriamente. El maestro puede compartir con la clase una riqueza de conocimiento durante el tiempo de la clase, pero se precisa mucho más que oír o escuchar para aprender. El alumno debe ser lo bastante serio como para hacer el esfuerzo necesario para lograrlo. Es él quien debe hacer el aprendizaje.

Sistemático

Un estudio con una meta de conocimiento debe ser sistemático. O sea que el estudio hecho durante el tiempo de la clase debe tener un orden sistemático que sea claro para el alumno. Los estudios deben tener un desarrollo cronológico de la vida de los personajes bíblicos. O puede ser un estudio de alguna parte de la historia bíblica. O un estudio cuidadoso de algún tema doctrinal o teológico. O un estudio cuidadoso de algún libro de la Biblia, Pero para que el alumno aprenda, el material y el estudio deben tener algún orden sistemático o lógico.

En el capítulo anterior afirmamos que la mayoría de los maestros de la escuela dominical que dicen que en su clase imparten conocimientos, no quieren decir lo mismo que yo al hablar de "enseñar con una meta de conocimiento". Espero que esta parte de la definición y las ilustraciones posteriores clarificarán lo que quiero decir con "conocimiento" al referirme a una enseñanza con una "meta de conocimiento". Sin embargo, impartir conocimientos con un orden lógico no garantiza que tendrá lugar un aprendizaje serio.

A menudo, destacados eruditos bíblicos acuden a las reuniones de las iglesias para enseñar sobre algún libro de la

Biblia. Reparten bosquejos detallados del libro, señalando capítulos y versículos. Presentan el material con un alto nivel de habilidad y erudición. Se presentan nuevos conceptos. La información técnica es compartida y las Biblias son abiertas. Se hacen numerosas referencias al bosquejo. Como regla general, la gente responde a esa enseñanza con mucho aprecio y gran alegría, inspirados en el estudio. Pero ¿qué ocurriría si el maestro planteara un examen serio sobre el esquema del libro estudiado? Sospecho que la mayoría tendría un resultado pobre. Pero el pastor o profesor puede protestar: "¡Mi meta no era enseñar a la gente a que domine un bosquejo!" ¡Y allí esta el punto! En realidad, el maestro nunca tuvo en mente una meta de conocimiento. Y el alumno nunca hizo el esfuerzo necesario para dominar tal conocimiento. En nuestras iglesias, hemos sido condicionados a limitarnos a escuchar y disfrutar.

Significativo

El estudio con una meta de conocimiento debe cubrir una porción significativa de material de la Biblia, una persona significativa de ella o un tema que lo sea, relacionado con su historia. O sea que para que un estudio esté dirigido al conocimiento debe cubrir de la Biblia más de lo que aparece en el texto básico del estudio. Generalmente en el texto básico hay suficiente material como para un estudio con una meta de inspiración y a veces bastante como para una meta de respuesta de conducta. Pero muy pocas veces hay bastante material bíblico en el texto básico como para un estudio con una meta de conocimiento.

Comprensión

El estudio con una meta de conocimiento debe llevar a una comprensión del material. Si el conocimiento que es aprendido habrá de tener algún valor para el alumno, entonces obviamente el alumno debe tener una comprensión del mismo. Los alumnos que estudian alguna parte del Antiguo Testamento en el aspecto histórico deben entender cómo eso se adecua y se relaciona con la historia previa inmediata y siguiente. También debe haber una clara comprensión de los factores significativos que han ocurrido en ese período de la historia. En el tiempo limitado que tiene el maestro los domingos por la mañana para la clase, será posible abarcar sólo una porción limitada de conocimientos. Sin embargo, se espera que, con el correr de los años, una persona tendrá en su vida numerosas oportunidades de abarcar el mismo período de la historia. Cada vez que se estudia con el conocimiento como meta, éste puede ser profundizado y ampliado.

> Una meta de conocimiento es aquella en la que el maestro trata de guiar a la clase en un estudio serio y sistemático de una porción significativa del material bíblico, que lleve a una comprensión y dominio de ese material.

Dominio

El estudio con una meta de conocimiento debe llevar al dominio del conocimiento que el maestro ha elegido para la clase. Si hay una palabra de esa definición que deba destacarse es dominio. Esto tiene que ver con la profundidad del aprendizaje que el maestro tiene en mente en un estudio con esa meta. En las conferencias, yo sugiero a los maestros que cada vez que dan una clase para impartir conocimientos, deben incluir la palabra "dominio" en la afirmación de la meta para recordarles que ese es su propósito. O sea que la meta debe comenzar diciendo: "Tratar de guiar a los alumnos a dominar...", luego se identifica el conocimiento específico que el maestro quiere que dominen los alumnos. En un estudio con esa meta, al margen de cualquier otra cosa que puedan aprender los alumnos, si no dominan el conocimiento deseado, el maestro no ha alcanzado su meta. Lo que llegue a ocurrir puede ser más necesario o importante que el aprendizaje de un conocimiento (y de eso debe alegrarse el maestro), pero el maestro no ha cumplido con su meta para el estudio. Los factores que ayudan a que el maestro sepa qué hechos deben ser dominados serán estudiados posteriormente. Aquí hay bastante como para notar que ciertos factores deben ser dominados.

Plan de un estudio con una meta de conocimiento

1. Meta para el trimestre:
   (3 espacios) Estos son sugeridos aproximadamente.
2. Meta para la unidad:
   (3 espacios)
3. Meta para el estudio:
   (3 espacios)
4. Comienzo con interés:
   (5 espacios)
5. Vistazo general:
   (5 espacios)
6. Organización del material:
   (14 espacios)
7. Resumen y repaso:
   (10 espacios)
8. Asignación y proyecto:
   (resto de la página)

Plan para un estudio con meta de conocimiento

Al comienzo del libro dimos un plan sugerido para una lección para que el maestro lo use cuando enseña un estudio con una respuesta de conducta como meta. Sobre la base de la definición de una meta de conocimiento que dimos antes, me parece que el maestro necesita tener un plan totalmente distinto cuando la meta del estudio es el conocimiento. Por lo tanto, quisiera sugerir un posible plan para enseñar un estudio con el conocimiento como meta.

Ruego que se lea el recuadro de un plan para un estudio que dimos al principio de la página. Luego el lector estudiará la explicación de cada división del plan del estudio en los párrafos siguientes.

División 1: Meta para el trimestre

Aliento vivamente al maestro para que incluya la palabra dominio en todas las metas de conocimiento para que le ayuden a tener en mente cuál es la meta para el trimestre, la unidad o el estudio. Uso el mismo patrón para cada meta de conocimiento:

"Tratar que los alumnos dominen..."; luego establezco en términos generales el conocimiento que quiero que dominen los alumnos. Como es inviable hacer la lista de cada punto del conocimiento que se quiere que dominen los alumnos en un trimestre, una unidad y aun en un estudio, generalmente pongo "dominar los sucesos principales" (hechos, criterios, etc.) en el trimestre, la unidad o el estudio. El maestro es quien selecciona qué conocimientos son suficientemente significativos como para ser dominados por los alumnos.

En el capítulo anterior, también declaramos que yo indicaría lo que quiero decir con la palabra dominio. Cada domingo el maestro da una cantidad de información que no se espera que retengan los alumnos. Pero hay cierta información que el maestro quiere que sí recuerden. Cuando hablo de dominar quiero decir algo más que eso. Quiero decir que deseo que los alumnos aprendan esos hechos tan bien que no sólo los recordarán el domingo próximo, sino que los habrán aprendido con tal profundidad que los recordarán el mes próximo, el año próximo y espero que toda la vida. Luego analizaremos cómo eso se puede lograr aproximadamente.

División 2: Meta para la unidad

La meta para la unidad es la afirmación del maestro del conocimiento que ha designado que los alumnos dominen en un grupo determinado de estudios. Una unidad se establece por el hecho de que el contenido de un grupo de estudios tienda a ser algo que se vea como un conjunto alrededor de un tema central (como un período del ministerio de Pablo o un punto básico de teología o un período de la historia bíblica). Una unidad puede consistir en solo un estudio, pero por lo común consiste en dos o más.

División 3: Meta para el estudio

La meta para la lección es una afirmación del conocimiento que el maestro desea que los alumnos dominen luego de un estudio en particular. (El lector puede, si desea, pasar al próximo capítulo para ver cómo cada uno de estos pasos del plan para el estudio son elaborados en un ejemplo del mismo. Sin embargo, si así lo hace, esté seguro de continuar leyendo esta exposición de cada paso del plan de estudio dado en este capítulo, de modo que pueda entender lo que se está haciendo en el ejemplo.)

División 4. Comienzo con interés

Cualquiera que sea el tipo de estudio que está enseñando el maestro (inspiración, respuesta de conducta o conocimiento), debe comenzar con algo que despierte el interés de los alumnos. La primera afirmación que el maestro haga al comenzar el estudio debe ser cuidadosamente planeada. Debe ser así como el punto más importante que el maestro haga para captar la atención de cada alumno, y las afirmaciones siguientes serán destinadas a profundizar ese interés y estimular su deseo de estudiar. Puede ser por medio de una pregunta, una ilustración, una cita breve de un periódico reciente o una caricatura. Pero lo más importante es hacer que los alumnos hablen del tema general que lleve al estudio. Cuanto más obtengamos que los alumnos hablen más interés habremos logrado... si eso conduce a la lección.

División 5: Vistazo general

Esta es una parte muy importante de este plan de la lección, particularmente con el primer estudio de un trimestre o de cada unidad. En el primer estudio del trimestre, el maestro compartirá con la clase las divisiones principales del conocimiento que será abarcado en ese tiempo. Obviamente éstas corresponderán con las unidades que han sido determinadas. Esto es como poner postes de teléfono (uno para cada unidad) para tender las líneas entre los postes con conocimientos durante el trimestre. Pero es imprescindible que estos postes telefónicos (las divisiones principales del contenido que será estudiado) sean claros para la mente de los alumnos.

En el primer estudio de cada unidad, es importante que el maestro deje en claro, a la clase, las principales divisiones del conocimiento que será abarcado en esa unidad. Estos pueden ser postes telefónicos más bajos. El conocimiento que se cubrirá en cada estudio serán las líneas que unirán los postes más bajos entre sí. En los demás estudios (o sea los que no son los primeros de un trimestre o una unidad), el maestro usará el estudio general para repasar el o los estudios pasados y relacionar los anteriores con el presente.

División 6: Organización del material

Esta sección del plan para el estudio corresponde con el desarrollo de un estudio de inspiración o de respuesta de conducta. Sin embargo, el contenido que se coloca en esta sección y el ordenamiento del mismo son muy diferentes de los que se usarán para un estudio de respuesta de conducta. De modo que esta parte del estudio tiene dos aspectos que deben ser la preocupación del maestro: primero, el contenido y segundo, el ordenamiento de ese contenido.

Contenido. Obviamente el contenido será determinado por el material que se abarca en el estudio que se desarrolla. El maestro debe tener conciencia de que hay algunos trimestres en los cuales no podrá usar metas de conocimiento. Esto depende del currículo. Algunos estudios están planeados básicamente para enseñar actitudes. Dichos estudios a menudo van de una parte a otra de la Biblia, enseñando diferentes libros. Sin embargo, la mayor parte del tiempo los estudios de un trimestre pueden ser planeados como para una meta de conocimiento. Por lo general, el maestro necesitará usar lo que conocemos como "estudio más amplio" más bien que los versículos que forman el texto básico en cada estudio; generalmente éstos no abarcan suficiente material bíblico como para tener una meta de conocimiento.

Otros tipos de materiales curriculares proveen una buena oportunidad para enseñar con una meta de conocimiento. Lamentablemente, el enfoque que se usa a menudo para redactar estos estudios desalienta a los maestros para enseñar con un serio propósito de conocimiento. Sin embargo, hay posibilidades estimulantes para enseñar de ese modo si el maestro las busca. Estos son algunos estudios posibles:

La vida de los patriarcas

La historia primitiva de los hebreos

Los profetas del siglo VIII

La profecía de Isaías

La vida y ministerio de Jesús

Los viajes misioneros de Pablo

El desarrollo de la iglesia primitiva (Hechos)

Los estudios doctrinales también entusiasman y ayudan. Pensemos en estudiar la doctrina de la salvación tal como aparece en los cuatro Evangelios. Las posibilidades de contenido son ilimitadas.

Ordenamiento. El segundo punto de importancia para el maestro en un estudio cuya meta sea el conocimiento es el ordenamiento del contenido que será aprendido. Debe ser lógico. En un estudio con una respuesta de conducta como meta, hemos dicho que el desarrollo del estudio no debe ser lógico en su ordenamiento sino que más bien debe ser psicológico. Ahora decimos que si el estudio tiene una meta de conocimiento, la organización del material debe ser lógica. Asimismo, cuando el contenido es ordenado lógicamente, el alumno será capaz de entenderlo más claramente, aprenderlo con más facilidad y recordarlo por más tiempo.

División 7: Resumen y repaso

Esta es una de las partes más importantes de todo el plan para un estudio. Esta sección trata de dos partes que se fusionan en una.

Resumen. En la sección anterior, el maestro ha compartido una gran cantidad de información con la clase. Los alumnos también han aportado criterios e informaciones por medio de las preguntas y comentarios que han hecho. No se espera ni es posible que los alumnos dominen toda esa información. Por lo tanto, es importante que el maestro destaque y escriba en el pizarrón los cinco o seis puntos que cree que son importantes como para que los alumnos los dominen luego del desarrollo del estudio. De este modo, el maestro resume a la clase los puntos que quiere que dominen.

¿Cómo sabe el maestro qué puntos incluirá en el resumen de entre todos los elementos, informaciones y conceptos que se han estudiado durante el tiempo de la clase? Los alumnos ya conocerán algo del material que ha sido tratado, de modo que el maestro puede seleccionar algunos hechos que la mayoría no conoce para que sean los que dominarán esa semana. En primer lugar, ¿cuáles son los hechos más importantes que se presentan a la luz de la meta para el trimestre? En segundo lugar, ¿cuáles son los puntos que la mayoría de los alumnos no conocía? En un estudio con la meta de conocimiento, obviamente el maestro quiere concentrarse en ayudar a los alumnos a aumentar el mismo.

La cantidad de puntos que deben entrar en la lista del resumen se determina por lo que puede (o quiere) esperarse que el alumno domine durante la semana a la luz del trabajo (en casa o fuera), dependiendo del tiempo que debe dedicar a la familia y sus demás ocupaciones. Como orientación en general, sugiero cinco o seis puntos. El maestro determinará cuál será la cantidad para su clase.

Repaso. El simple listado de puntos de un resumen sobre el pizarrón no es todo lo que se necesita hacer. Recordemos que para una meta de conocimiento el único propósito es el dominio de ese conocimiento. Por medio del repaso comienza el proceso de dominio del conocimiento. El maestro puede dar papeles a los alumnos para que copien los puntos que se han escrito en el pizarrón y luego darles tiempo para estudiarlos o memorizarlos. Después de unos pocos minutos, puede pedirles que repitan esos puntos con él, siendo el maestro quien los dirige. Eso evitará que alguien se avergüence si se equivoca. Después de hacerlo dos o tres veces, repase o estudie esos puntos un poco más. Luego pida que un voluntario los repita. Motive que lo hagan dos o tres. Después de este repaso, el maestro les dirá que esos puntos serán una de las primeras cosas que preguntará en el estudio del domingo siguiente.

El dominio de los puntos de ese resumen comienza en el período de la clase con ese repaso. Pero debe continuar durante el resto de la semana. Por cierto, debe ser repasado cada día de la semana. Realmente esto no es tan difícil como parece. La lista puede ser repasada en camino al trabajo, o mientras se lavan los platos. Por cierto, puede llegar a ser una distracción y un desafío. Necesita notarse que después que uno ha cubierto varias lecciones en un trimestre que quiere dar conocimientos, el alumno necesita repasar los puntos que deben ser dominados de las lecciones anteriores.

División 8: Asignación y proyecto

Asignación. Esta puede ser dada a una persona o a la clase en conjunto. Es una tarea destinada a profundizar el conocimiento. Debe ser algo tan simple como leer la lección para el domingo siguiente. O el maestro puede pedir a la clase que lleve algo que encuentren sobre la geografía de Palestina. O encargar a un alumno que presente un informe de tres minutos sobre las creencias de los fariseos, tomándolo de un diccionario bíblico, y que otro haga lo mismo en cuanto a los saduceos. O la asignación puede ser una tarea relacionada con el proyecto. Si la clase está trabajando en un proyecto para el trimestre en el cual señalan en un mapa los tres viajes misioneros de Pablo, el maestro puede dar a los alumnos la asignación de ubicar y escribir el nombre de la ciudad en su mapa individual donde Pablo ministró según el estudio de ese día.

Cuando se da una asignación, el maestro debe estar seguro de pedir un informe el domingo siguiente. Si el maestro tiene la costumbre de hacer asignaciones y no pedir nunca un informe, puede estar seguro de que la mayoría (si no todos) de los alumnos ignorarán su asignación.

Proyecto. El proyecto es una actividad de aprendizaje escrita que debe hacer cada alumno. Es de tal tipo que no puede ser completado hasta que se alcance la meta de conocimiento. Debe ser sugerido por el maestro o puede ser propuesto por los alumnos cuando hacen planes para tener en mente una meta de conocimiento en su reunión de clase. El proyecto, como actividad de aprendizaje, se diseña para hacer tres cosas. En primer lugar, ayuda a identificar el conocimiento que debe ser dominado. Segundo, ayuda a profundizar el aprendizaje. Y en tercer lugar, da al individuo y a la clase un instrumento para ayudarles a recordar por más tiempo y más sistemáticamente lo que han estudiado.

Quizá la mejor manera de explicar esta parte del estudio es la de dar posibilidades. Por supuesto, el maestro y la clase deben usar su propia creatividad al hacer proyectos. Si la clase está estudiando algún aspecto de la historia hebrea primitiva, el proyecto debe ser que la clase haga un cuadro que incluya los reyes, las fechas en que gobernaron, la ubicación de los hechos principales, las características de la vida religiosa de la gente, la situación política, la social y la económica, las principales influencias religiosas y las principales enseñanzas que deja cada período de la historia. Si la clase ha estado estudiando alguna de las principales doctrinas de la iglesia, el proyecto puede señalar los principales criterios diferentes sobre esa doctrina, los expositores más destacados de cada uno, los puntos que apoyan cada criterio y el que tenga cada alumno. Si se están estudiando los viajes misioneros de Pablo, el proyecto puede consistir en un mapa que señale cada localidad visitada en cada uno de los tres viajes, los problemas que enfrentó en cada uno, las principales enseñanzas dadas en cada área y los resultados de la visita.

Cada alumno debe cumplir con el proyecto de la manera más simple y guardarlo o ficharlo para futuras referencias. O bien alguno puede hacer un cuadro bastante grande como para que lo vea toda la clase de modo que pueda servir como guía para los alumnos al hacer sus propios cuadros. Un cuadro para la clase puede ser guardado y usado como material básico la vez siguiente que se estudie esa parte de la Escritura.

pales criterios diferentes sobre esa doctrina, los expositores más destacados de cada uno, los puntos que apoyan cada criterio y el que tenga cada alumno. Si se están estudiando los viajes misioneros de Pablo, el proyecto puede consistir en un mapa que señale cada localidad visitada en cada uno de los tres viajes, los problemas que enfrentó en cada uno, las principales enseñanzas dadas en cada área y los resultados de la visita.

Cada alumno debe cumplir con el proyecto de la manera más simple y guardarlo o ficharlo para futuras referencias. O bien alguno puede hacer un cuadro bastante grande como para que lo vea toda la clase de modo que pueda servir como guía para los alumnos al hacer sus propios cuadros. Un cuadro para la clase puede ser guardado y usado como material básico la vez siguiente que se estudie esa parte de la Escritura.

13

Ejemplo de un estudio con meta de conocimiento

Meta para el trimestre

Meta para la unidad

Meta para el estudio

Comienzo con interés

Vistazo general

Organización del material

Resumen y repaso

Asignación y proyecto

Cualquiera que escribe un libro sobre cómo enseñar se enfrenta con un gran riesgo. Estoy dispuesto a ello porque pienso que tengo algo significativo que decir. Cualquiera que se atreva a dar un ejemplo de como enseñar está ante un peligro aun mayor, especialmente cuando el ejemplo es sobre una enseñanza para dar conocimientos. Pero recordemos que no digo que la mayor parte de los alumnos harán ese tipo de estudio. No pretendo que la mayor parte de los alumnos gustarán de ello ni siquiera que lo intentarán. ¡Pero habrá algunos que sí lo harán!

Algunos alumnos están dispuestos a cumplir con ese estudio serio y deben tener la oportunidad de hacerlo. Algunas iglesias han usado esta meta de conocimiento con buenos resultados. Hasta sé de una iglesia que tenía un grupo que estudiaba griego elemental. Hay personas en nuestras iglesias que ansían un estudio bíblico serio.

¿Debemos adaptar siempre nuestro enfoque de enseñanza al común denominador más bajo? Sí, es verdad que la mayoría de los miembros de las iglesias no cumplirán con este tipo de estudio serio. Por favor, que no se me entienda mal. Dios nos llama a alcanzar las masas y debemos enfrentar sus necesidades. Debemos encontrarlas donde están. Pongo tanta energía en defender este punto como en el que presento ahora. Pero no todos los miembros de la iglesia tienen el mismo nivel de deseo o dedicación. Y no debemos hacer que se echen atrás los que están dispuestos a ocuparse de un estudio serio porque algunos —y quizá la mayoría— de la clase no se ocupará del estudio de esa manera. Tengamos una clase diferente para cada grupo y permitamos que los alumnos elijan a qué clase asistirán. Simplemente, insisto en que se necesita dar una oportunidad a aquellos que están dispuestos a pagar el precio de hacer un estudio bíblico serio para que tengan la oportunidad de hacerlo.

Finalmente, quisiera dar un ejemplo de un estudio con una meta de conocimiento. Digamos que estamos enseñando a adultos de 30 a 35 años.

Meta para el trimestre

La meta para el trimestre es: "Tratar de guiar a mis alumnos a dominar (1) un esquema de la vida y ministerio de Jesús, y (2) una cronología de los principales hechos de su vida y ministerio."

El maestro seleccionará qué hechos son los principales. Los cuatro Evangelios deben ser incluidos en este estudio. Una meta de conocimiento debe tener una serie que siempre (o casi siempre) dure un período de tres meses o más. Consultando con los alumnos, el maestro debe determinar cuándo usar esa meta.

Meta para la unidad

La meta para la unidad es: "Tratar de guiar a mi clase a dominar los hechos principales del ministerio pregalileo." Una vez más, el maestro debe determinar qué incluirá en cada unidad y cómo deben ser los estudios de esa unidad.

Meta para el estudio

La meta del estudio es: "Tratar de guiar a mi clase a que domine los principales hechos relativos al nacimiento e infancia de Jesús." Una vez más, el maestro determinará qué se ha incluir en ese estudio.

Comienzo con interés

Para este estudio el maestro puede preguntar: "Olga, ¿cuánto tiempo aproximadamente has estado asistiendo a la escuela dominical, desde tu adolescencia? No pretendemos revelar la edad de nadie, pero piensa en cuando comenzaste a asistir y dame un cantidad aproximada." (Escriba la cantidad en el pizarrón.) "Todos los demás díganme cuánto tiempo han estado asistiendo a la escuela dominical desde su adolescencia." (Escriba la cantidad en el pizarrón.) Continúe: "Durante ese tiempo, cada uno de ustedes ha estudiado la vida de Jesús por lo menos tres meses por año. Algunos años hemos estudiado esa vida durante seis meses." Usando las cantidades que han dado los alumnos, calcule en el pizarrón cuántas veces ha estudiado la vida de Jesús la mayor parte de la clase. Siga entonces: "Estoy seguro de que la mayoría de nosotros cree que tiene un conocimiento más o menos bueno de la vida de Jesús. Ahora bien, quiero hacerles una pregunta: ¿Cuántos de ustedes pueden darme un bosquejo de la vida y ministerio de Jesús?"

¡Probablemente esta pregunta sea seguida de un ensordecedor silencio! El maestro puede introducir en ese silencio un dejo de humor en la clase. Mi experiencia ha sido que el humor que surge de la experiencia del aprendizaje y que se relaciona con él alienta a los alumnos a aprender. Una clase que ríe (en relación con el aprendizaje) no sólo está gozando del estudio sino también aprendiendo algo.

Maestro: "No quiero que me den muchos detalles, sino un bosquejo general." Probablemente esto será seguido por un poco de movimientos en las sillas y algunas muecas. Sin esperar demasiado el maestro puede decir: "No me sorprende que no puedan darme ese bosquejo. El hecho es que yo no puedo darles ese bosquejo de la vida y ministerio de Jesús antes que comencemos a estudiar para alcanzar la meta de conocer eso en esta serie de estudios. (Por lo menos, esto será verdad para muchos maestros.) Este maestro hablará brevemente sobre la ignorancia general sobre la Biblia. Permítanme preguntarles por qué es importante para un cristiano —para nosotros— el conocimiento de un bosquejo de la vida y el ministerio de Jesús." El maestro dará tiempo para que los alumnos piensen en cuanto a esto y los dejará responder.

Luego, el maestro comenzará a explicar a la clase el enfoque para este trimestre (es decir, un estudio serio de la Biblia), hablará brevemente en cuanto a la ignorancia que prevalece en cuanto a la Biblia. Esto ayudará a los alumnos a darse cuenta de que no están solos en su ignorancia y puede despertar el deseo de un estudio bíblico serio. El maestro puede agregar con humor: "Si estuviéramos en una escuela pública con nuestro conocimiento bíblico, ¿en qué grado piensan que nos ubicarían?" Puede seguir diciendo: "Me doy cuenta de que nuestra vida cristiana básica no está determinada por cuánto conocimiento bíblico tenemos o no. Del mismo modo, me doy cuenta de que todos nosotros hemos dejado la escuela hace tiempo y que la mayoría no va a volver. Pero también sé que ustedes aman profundamente la Biblia. Están dedicados seriamente a su estudio y creo que, si realmente quieren tener un conocimiento más serio de ella, lo pueden tener. ¿Tengo razón?" (Quizá sería mejor tener el análisis de este último párrafo en una reunión previa de la clase o en una clase anterior.)

Vistazo general

Esta "demostración" en un estudio es lo primero del trimestre de modo que el vistazo general presentará la división en unidades. Del mismo modo, enseñar con una meta de conocimiento por un trimestre significa que el maestro tendrá que hacer un estudio serio de la Biblia así como de algún material de apoyo. De hecho, la Biblia no nos da una cronología exacta de la vida y ministerio de Jesús. Quisiera compartir el esquema que prefiero. Estas son las cinco unidades para el plan de un trimestre.

Vistazo general para un estudio de demostración:

1. Ministerio pregalileo

2. Ministerio galileo

3. Viajes a Jerusalén

4. Retiro a Perea

5. Juicio, crucifixión y resurrección

Estas divisiones son también los "grandes postes telefónicos" que deben ser establecidos. Escriba esas unidades en el pizarrón y pida a los alumnos que las memoricen.

El maestro usará dos técnicas para ayudar a los alumnos a entender más claramente estas divisiones. La primera técnica es el estudio de un *mapa*. Usando un mapa lo bastante grande como para verlo fácilmente, ubique Galilea, Samaria y Judea. Muestre entonces cómo Israel está ubicada en relación con Jordania, Siria y Egipto. Esto también ayuda a relacionar la Biblia con los hechos del presente.

Lo segundo es un breve estudio de *división por unidades*. Lo siguiente es un ejemplo:

Unidad 1. Ministerio pregalileo: Jesús tuvo un muy breve ministerio en Judea antes de ir a Galilea. Ubique ambas zonas.

Unidad 2. Ministerio galileo: Jesús pasó la mayor parte del tiempo y lo principal de su ministerio en Galilea.

Unidad 3. Viajes a Jerusalén: Enseñanzas y ministerio de su viaje de Galilea a Jerusalén.

Unidad 4. Retiro en Perea: Ubique Perea en el mapa. Enseñanzas del breve ministerio del otro lado del Jordán antes de su viaje final a Jerusalén.

Unidad 5. Juicio, crucifixión y resurrección. La última semana de la vida y ministerio de Jesús.

Luego, mirando sólo el bosquejo, el maestro debe dirigir a la clase en la repetición, cuatro o cinco veces, de lo que se ha escrito. Recordándoles que es imperativo que dominen ese esquema, dígales que les dará dos o tres minutos para memorizarlo. También dígales que después de ese tiempo, lo borrará y verá si se lo pueden repetir. Este es un tipo distinto de enseñanza. Por un lado, es muy simple; por el otro, es exigente y puede resultar embarazoso. Aquí es otro momento en que puede ayudar algo de humor. Si uno puede lograr que los alumnos se rían juntos y la pasen bien entonces cooperarán. Si no, usted tiene un problema.

Después del tiempo otorgado, el maestro pedirá que un voluntario diga el bosquejo. Después que tres han respondido, el maestro dirige a toda la clase a decir juntos el bosquejo.

Organización del material

Antes hemos señalado que esta parte del estudio corresponde al desarrollo en otros planes. La cuestión que debemos enfrentar ahora es cómo el maestro organizará el conocimiento para un aprendizaje más efectivo. Alguien ha dicho que "el conocimiento que se entiende es el organizado". Esta persona también dijo: "El conocimiento funciona en nuestras mentes, no en forma de trozos aislados sino como modelos o constelaciones unificados."

Al contrario del enfoque usado en una meta para lograr una respuesta de conducta (que es psicológica), aquí enfatizamos que el ordenamiento de este material debe ser lógico. Debe ser así en cuanto al contenido y en cuanto a la cronología. Dado que este es el primer estudio de la unidad, es necesario señalar las subdivisiones a la clase. De hecho hay sólo tres estudios en esta primera unidad. Sin embargo, notemos que se han mencionado cuatro subdivisiones, dado que las dos primeras se tratan en el primer estudio:

◆◆◆ Ejemplo de un estudio con meta de conocimiento ◆◆◆

Unidad 1. Ministerio pregalileo

   1. Nacimiento de Juan el Bautista
   2. Nacimiento, infancia y juventud de Jesús
   3. Bautismo y tentación
   4. Primer ministerio en Judea

Conviene escribir toda esta unidad en el pizarrón; sin embargo, como la clase ya ha tomado conciencia como para memorizar el bosquejo del trimestre, en este estudio no conviene poner énfasis en memorizar las subdivisiones.

Luego yo continuaría haciendo una serie de preguntas, permitiendo que los alumnos usen sus Biblias para encontrar las respuestas y contestar.

   1. ¿Dónde vivía María, la futura madre de Jesús? Lucas 1:26, 27. (Nazaret, en Galilea.) Localizar en un mapa.

   2. ¿Quiénes eran los padres de Juan el Bautista? Lucas 1:5-13. (Zacarías y Elisabet.)

   3. ¿Cómo estaban relacionadas Elisabet y María? Lucas 1:36. (Se dice que eran parientas, quizá primas.) Usando un mapa, señalar la distancia que María tuvo que viajar para ver a Elisabet.

   4. ¿Dónde nació Juan el Bautista? Lucas 1:39, 40. (La tierra montañosa de Judea, probablemente en los alrededores de Jerusalén, dado que su padre era sacerdote.) Ubique en un mapa y muestre la zona donde estaba la parte montañosa de Judea. Si el tiempo lo permite y el maestro lo desea, puede dirigir la atención a cómo le fue puesto el nombre a Juan el Bautista (Luc. 1:59, 60) y también haga notar que Juan creció en las zonas desérticas de las que salió 30 años después (Luc. 1:80).

   5. ¿Dónde nació Jesús? Lucas 2:1-7. (Belén.) Ubique Belén en el mapa.

   6. ¿Cuántos magos había? (Seguramente la clase contestará que tres). Entonces pregunte dónde está esa cifra en la Biblia. Lea Mateo 2:1-12. (No se menciona el número de los magos. La tradición ha establecido el de tres a causa de los presentes que llevaron.)

7. ¿Qué edad tenía Jesús cuando lo visitaron los magos? Mateo 2:10, 11. Nótese que fueron a "la casa". (De hecho, no sabemos la edad de Jesús, pero sí sabemos que no fue la noche de su nacimiento. María, José y el niño habían dejado la posada y se habían establecido en una casa. Lamentablemente las representaciones de la Navidad han condicionado tanto nuestro pensamiento que invariablemente colocamos esta visita en el nacimiento de Jesús. Un poco de razonamiento indica otra cosa. Estos hombres estudiaban las estrellas. Si vieron esa estrella particular por primera vez la noche del nacimiento, deberían haber viajado en avión para llegar esa misma noche. Debería haber ocurrido más de un milagro esa noche. Por lo contrario, les debe haber llevado tiempo preparar el viaje. Los viajes en camello eran lentos y, para aquel tiempo, la distancia que debían atravesar era grande. Puede haberles llevado varios meses. De hecho, Herodes hizo matar a todos los niños menores de dos años, "conforme al tiempo que había averiguado de los magos", para tratar de asegurarse de que fuera muerto aquel que había nacido entonces.)

8. ¿A qué se refiere al hablar de pañales? (Eran tiras de tela de unos diez centímetros de ancho que se usaban para envolver a un recién nacido.)

9. ¿Qué es un pesebre? (Es un cajón en el cual se coloca heno para que coman los animales, p. ej. los asnos.)

10. ¿Por qué el niño Jesús fue colocado en un pesebre? (Era una práctica común en el siglo I que, después que el padre se iba con el asno para el trabajo diario, la madre colocaba en el pesebre al niño como si fuera una cuna.)

11. ¿Cuál es la fecha del nacimiento de Jesús? (Todos los estudiosos concuerdan en que la fecha aceptada comúnmente para celebrar el nacimiento de Jesús es incorrecta. En primer lugar, el mes del nacimiento no pudo ser diciembre porque el clima hubiera sido muy frío para que los pastores tuvieran las ovejas en el campo [Luc. 2:8-12]. Además, el año aceptado generalmente es el 5 o 6 a. de J.C. Los argumentos y las razones para mantener este criterio son muy técnicos y no vale la pena tratar de explicarlos.)

12. ¿Qué ocurrió ocho días después del nacimiento de Jesús? Lucas 2:21. (Jesús fue circuncidado. Esto era común entre todos los varones judíos.)

13. Hubo otro ritual judío que María y José debieron observar 40 días después del nacimiento de Jesús. ¿Sabe alguno qué fue? Lucas 2:22-32. (María y José, que aun estaban en Belén, llevaron consigo a Jesús al templo en Jerusalén, para cumplir el rito de la purificación. En la ley judía, había muchas cosas que hacían que una persona fuera ceremonialmente impura. Una de ellas era el nacimiento de un niño. Si la madre tenía un hijo varón, era impura por siete días, más un tiempo adicional de otros 33. Y 14 días además de 66 días adicionales si daba a luz una niña. Fue en el templo que oyeron la declaración y bendición de Simeón y Ana [Luc. 2:25-37].)

14. Leamos Lucas 2:39. ¿Volvieron María y José a Nazaret después del ritual de purificación? (No. Buscaremos en todo lo que dicen los Evangelios para saber todo lo que podamos sobre la vida de Jesús. Es ahora que aparece en el cuadro la visita de los magos. Busquemos en Mateo 2:1-12 y ubiquémoslo en la cronología. "Cuando entraron en la casa... postrándose, le adoraron... le ofrecieron presentes... pero advertidos por revelación en sueños... regresaron a su país por otro camino.")

15. Los magos volvieron a su tierra. ¿A dónde fueron María y José? Mateo 2:16. (Por la advertencia de Dios a José en un sueño, él salió de Belén con María y Jesús y huyó a Egipto [lo que buscaremos en el mapa]. Fue entonces que Herodes se dio cuenta de que los magos no volvían para informarle y que mató a todos los niños de Belén y los alrededores, de dos años para abajo, de acuerdo con el tiempo que había averiguado de los magos.)

16. ¿Cuánto tiempo estuvieron en Egipto? Mateo 2:19. (Hasta la muerte de Herodes que se calcula que fue en la primavera del año 4 a. de J.C. Si Jesús nació en el año 5 ó 6, entonces tendría uno o dos años cuando murió Herodes y dejaron Egipto.)

17. ¿A dónde fueron José, María y Jesús después que dejaron Egipto? Mateo 2:20-23. (Al dejar Egipto, fueron primero a Ju-

dea. Pero tenían miedo de aquel que entonces era gobernante de Judea y fueron advertidos por Dios que siguieran viaje hacia el norte, a Nazaret, donde vivieron antes que Jesús naciera. Ubique en el mapa Egipto, Judea y Nazaret.)

Resumen y repaso

En este primer estudio del trimestre, hemos abarcado cierta cantidad de material. Hemos tratado sobre el nacimiento de Juan el Bautista, el de Jesús, la fecha de su nacimiento, la visita de los magos, el viaje a Egipto y finalmente a Nazaret. Sin embargo, lo que quisiera que dominen en el estudio de hoy es el bosquejo de las principales divisiones en la vida y ministerio de Jesús. Para ayudarles a dominarlo lo volveremos a repasar. Escribiré las cinco divisiones en el pizarrón. Repitámoslas juntos varias veces. Asegurémonos de que todos las tienen por escrito de modo que puedan estudiarlas durante la semana porque, como dije antes en la clase, recordar este bosquejo será una de las primeras cosas que les pediré el domingo próximo.

Asignación y proyecto

En cuanto a la asignación, pida a Antonio que busque acerca de Juan el Bautista en un diccionario bíblico y vea si puede encontrar alguna información sobre los primeros años de Juan cuando crecía en el desierto (Luc. 1:80) y que dé un informe de un minuto el domingo próximo. También pida a Inés que dé otro informe sobre el río Jordán en lo que se relaciona con el bautismo de Jesús. (Si estas asignaciones son escritas, duplicadas y agrupadas junto con el proyecto que se sugiere luego, al fin del trimestre cada alumno tendrá una valiosa fuente de información sobre la vida y ministerio de Jesús.)

Para el proyecto, el maestro habrá preparado el esquema de un mapa que muestre Galilea, Samaria, Judea, el río Jordán y la parte norte de Egipto. No ponga nombres de ciudades o países en el mapa. Dé uno a cada alumno al comienzo de la primera clase. Es tarea de cada uno ubicar y escribir (con letra de imprenta) el nombre de cada ciudad, río, montaña, región y lo demás, que tenga importancia en la vida y ministerio de Jesús. Sería bueno si cada uno escribiera en sucesivas ocasiones dónde ocurrió cada hecho significativo, poniendo un número en el mapa y luego en otra hoja repitiendo el número y mencionando el hecho. Entonces dirán qué ocurrió, dónde ocurrió y cuándo ocurrió en el curso del ministerio de Jesús. De ese modo, al final del trimestre tendrán una valiosa fuente de información.

14

Hechos relacionados con la enseñanza de conocimiento

El conocimiento del maestro

El conocimiento del alumno

La motivación y el propósito del alumno

Dos tipos de conocimiento
    Conocimiento de los hechos
    Conocimiento del significado

Cuatro niveles de aprendizaje
    Captación
    Reconocimiento
    Memorización
    Comprensión

Presentar nuevas ideas

Usar varios métodos

Repaso
    Definición
    Función del repaso
    Oportunidades para el repaso
    Ejercitación

Conclusión

◆◆◆◆◆◆◆◆◆◆◆◆◆

Hay varios factores importantes relacionados con la enseñanza con la meta de dar conocimiento que necesitan atención especial, aunque sea brevemente.

El conocimiento del maestro

Es obvio que los maestros deben tener cierto conocimiento del material que ha de ser enseñado. También deben tener el deseo de dedicarse al estudio serio. Estos dos factores pueden crear un gran temor en ellos al extremo de que no estén deseosos ni siquiera de tratar de enseñar con una meta de conocimiento. Ciertamente, esto sería trágico. Si bien es cierto que el maestro debe tener cierto conocimiento para compartir con la clase, no se espera que el maestro sea un erudito de fama. Para un estudio en especial, el maestro puede comprar un comentario que le dará ayuda adicional. Se debe subrayar nuevamente que debemos tener la disposición de dedicarnos a cierto estudio serio de la Biblia si afirmamos ser "el pueblo del Libro".

El conocimiento del alumno

El maestro también necesita una idea general de lo que ya saben los alumnos sobre el aspecto que se estudiará. Este conocimiento variará de un alumno a otro. Por un lado, el conocimiento que los maestros pretenden enseñar no será tan teórico y complejo que los alumnos queden confundidos y por ende pierdan interés. Pero el material no debe ser tan superficial que el estudio no alcance a despertar su pensamiento. El desafío de los maestros es el de dirigir el estudio entre dos extremos: ser superficial y ser demasiado complejo.

La motivación y el propósito del alumno

El maestro debe motivar a los alumnos y ayudarles a desarrollar un genuino propósito para su estudio de la Biblia. Recordemos que el alumno es quien debe hacer el aprendizaje. El maestro debe estar profundamente interesado y sumamente deseoso de que la clase se dedique a un estudio serio de alguna parte de la Biblia. El maestro puede usar técnicas y enfoques correctos, pero a menos que los alumnos tengan el deseo y la voluntad de poner el esfuerzo necesario para aprender, no tendrá lugar un aprendizaje definido. La escuela dominical es diferente a la escuela pública. No hay exámenes. El alumno no pasa de un grado a otro ni recibe diplomas. Ningún alumno de escuela dominical espera que le den un diploma que le ayude a conseguir un mejor trabajo o mejorar su nivel de vida.

¿Qué herramientas motivadoras nos alientan a plantear el esfuerzo necesario para aprender? Ciertamente, el llevar una vida mejor debe motivar a todos los cristianos a hacer el esfuerzo necesario para un estudio serio de la Biblia.

Los maestros que deciden enseñar con una meta de conocimiento en un trimestre (o por más tiempo) deben preocuparse de la motivación. ¿Qué será lo que motive a los alumnos por un trimestre en conjunto? ¿Y para un estudio? Si la clase nunca antes se ha dedicado a un estudio para alcanzar una meta de conocimiento, dos o tres semanas antes de comenzarlo, el maestro analizará dos cuestiones con la clase:

▲ ¿Ayudará al alumno el estudio con una meta de conocimiento?

▲ ¿Qué requerirá una meta de conocimiento de parte de los alumnos y del maestro?

Este análisis puede ser hecho en una reunión especial de la clase o, si la asistencia no es buena entonces, un domingo por la mañana. La mayoría de las clases de escuela dominical no están acostumbradas a dedicarse a buscar conocimiento como su meta. Este enfoque es poco usado en la escuela dominical. Los alumnos deben entender claramente lo que implica este enfoque y por qué se lo usa. De otro modo, la experiencia será algo inconsistente.

Dos tipos de conocimiento

El maestro deberá ocuparse primordialmente con dos tipos de conocimiento: el de los hechos y el de su significado. Ambos son importantes.

Conocimiento de los hechos

La mayor parte del conocimiento en el estudio de demostración fue de hechos, en cuanto a los sucesos alrededor del nacimiento de Juan el Bautista, el de Jesús y la infancia y juventud del Señor. Otro estudio puede cubrir el Antiguo Testamento. En tres meses, una clase puede estudiar un bosquejo y tener una idea somera de la historia del Antiguo Testamento. O también se puede hacer un estudio de los profetas del siglo VIII (Isaías, Miqueas, Amós y Oseas). Nuestro objetivo final no es el de aprender los hechos de la Biblia, pero este conocimiento es de gran utilidad.

Conocimiento del significado

Una serie con una meta de conocimiento puede tener como objetivo aprender el significado del libro de Job o de Oseas. O bien el maestro puede dirigir en un estudio del significado de una o más de las grandes doctrinas de la fe cristiana. O puede incluir ambos tipos de conocimiento. Supongamos que la clase está estudiando los viajes misioneros de Pablo. El mayor énfasis debe ser puesto en los lugares que visitó y los hechos que ocurrieron en cada uno. Además, usted explorará otros asuntos: ¿Qué hizo Pablo en cada viaje? ¿Por qué visitó esos lugares? ¿Cuál es el significado de los hechos que ocurrieron allí?

Cuatro niveles de aprendizaje

¿Qué quieren decir los maestros cuando dicen que quieren que los alumnos aprendan algo? Esta cuestión aparentemente sencilla se vuelve muy compleja, demasiado compleja para ser examinada en este libro. Sin embargo, cada maestro de escuela dominical necesita tener conciencia de que hay diferentes niveles de aprendizaje. Mencionemos *cuatro niveles relacionados con el conocimiento*.

Captación

En el primer nivel de conocimiento, una persona toma conciencia de que en un pasado vago hubo algo que oyó sobre un lugar, un hecho o una información. Por ejemplo, alguien le menciona uno de los países de la ex Unión Soviética. En un tono alegre, dice: "He oído hablar de ese lugar." Recuerda que fue parte de la ex Unión Soviética, pero no tiene idea exacta de dónde está, qué extensión tiene, qué ciudades están en ella o qué produce. Sólo capta que previamente ha oído el nombre del país.

Reconocimiento

En un nivel ligeramente más alto que la captación, la persona reconoce el hecho, el lugar o la información y éste tiene algún significado para él. Ya he mencionado en este libro que tengo un conocimiento muy limitado de la fisión nuclear. Sé que tiene que ver con los átomos. Reconozco el término cuando lo leo, pero ese es el límite de mi conocimiento sobre el tema.

Memorización

En este tercer nivel de aprendizaje, uno aprende algo con el propósito de recordarlo de inmediato; por ejemplo, las tablas de multiplicar. Para un enfoque con una meta de conocimiento, este es uno de los niveles de aprendizaje que el maestro debe buscar. Es obvio que en cada estudio el maestro compartirá con la clase muchos más conocimientos de lo que espera que ellos memoricen. Aunque el monto de conocimiento que se espera que memoricen los alumnos será muy limitado, también es muy importante.

Comprensión

El cuarto nivel de aprendizaje requiere que la clase comprenda el significado del material. Por ejemplo, el maestro trata de dirigir a la clase a entender el significado de las Bienaventuranzas. El lector puede preguntarse por qué enfatizamos la memorización en la enseñanza cuando la meta es el conocimiento. El énfasis es puesto en memorizar los puntos de un bosquejo. Asimismo mucho del conocimiento tendrá que ver con lugares y hechos. Sin embargo, cuando se enseña un conocimiento o se estudia el significado que envuelve, es imperativo que el alumno comprenda el significado.

Presentar nuevas ideas

El maestro que usa una meta de conocimiento debe presentar las nuevas ideas gradualmente. Si se hace demasiado rápido, a menudo se borran las presentadas antes. Pensemos en los sermones que hemos escuchado. Si el pastor incluye demasiados puntos, los olvidamos. Y en la escuela dominical, es mejor dirigir a los alumnos a dominar unas pocas ideas antes que exponerles una gran cantidad de ellas.

Usar varios métodos

Los que enseñan teniendo como meta el conocimiento pueden usar una amplia variedad de métodos según como sea esa meta de enseñanza. El maestro que quiere compartir con la clase alguna información que no es alcanzable fácilmente debe hacer una breve exposición. Para asegurar que los alumnos se sienten aludidos, debe hacer preguntas y dirigir el diálogo. Si desea clarificar el maestro debe dar un ejemplo. Para que la enseñanza sea más personal, podrá contar una historia o dar una ilustración personal. Para ayudar a poner en foco el aprendizaje, el maestro usará el pizarrón, mapas y otras ayudas visuales.

Repaso

Definición
El repaso es dar una nueva mirada, viendo nuevamente el material abarcado previamente a fin de profundizar la comprensión, revelar nuevos significados o lograr el dominio. El maestro debe planearlo cuidadosamente para estar seguro de que es interesante y significativo para los alumnos. El repaso debe abarcar a todos los alumnos. Con frecuencia, dominan los que tienen más conocimientos, respondiendo todas las preguntas; los alumnos que más necesitan del repaso quedan fuera. ¿Cómo puede el maestro hacer para que el repaso sea significativo e interesante para todos los alumnos? El maestro debe mantener esta cuestión en mente cuando prepara cuidadosamente el repaso.

Función del repaso
Al repasar regularmente el aprendizaje anterior, un maestro puede ayudar a los alumnos de muchas maneras. He aquí seis beneficios del repaso en una clase de escuela dominical.

1. *El repaso ayuda a los alumnos a organizar el material.* Si los

alumnos han de dominarlo y convertirlo en una posesión permanente, deben organizarlo en sus mentes con tanta claridad que lo puedan desarrollar con facilidad.

2. *El repaso ayuda a los alumnos a relacionar el nuevo conocimiento con lo que ya sabían.* Deben relacionar el nuevo conocimiento con el que les ha servido de base. Por ejemplo, si el grupo está estudiando la experiencia de conversión, pueden ser llevados a ver la relación entre ser un miembro regenerado de la iglesia y el sacerdocio de los creyentes. O pueden ser llevados a ver la relación entre este conocimiento y la responsabilidad de los padres de enseñar a los niños en el hogar.

3. *El repaso ayuda a los alumnos a recordar lo que han estudiado.* La repetición es un principio fundamental del aprendizaje. El buen maestro tiene conciencia de que enfrentar a la clase con la información una vez no garantiza que aprenderán. Por eso provee un repaso: para ayudar a los alumnos a fijar más firmemente en sus mentes el material que ya han estudiado.

4. *El repaso ayuda a los alumnos a aprender nuevo material.* Si el maestro está dirigiendo a la clase en un estudio que abarca varios domingos, querrá estar seguro de que la clase ha dominado el material que ya ha sido cubierto antes de comenzar el estudio de nuevo material. El anterior es el fundamento. Una vez que ha puesto ese fundamento, presentará el nuevo material y edificará sobre el conocimiento que sus alumnos ya han dominado.

5. *El repaso ayuda a los alumnos a clarificar puntos que han entendido mal.* Hay muchos asuntos que no resultan claros del todo a algunos alumnos de la clase; otros se habrán equivocado en sus ideas sobre ciertos puntos. Sin embargo, cuando el maestro dirige a la clase a dar otra mirada al material ya estudiado, tiene la oportunidad de aclarar cualquier idea errada o confusa.

6. *El repaso ayuda a los alumnos a determinar cuánto han aprendido.* Y también ayuda a los maestros para ver cuánto aprendizaje ha tenido lugar en la clase. Por supuesto, este procedimiento da sólo una evaluación general, pero puede ser una herramienta útil para el maestro.

Oportunidades para el repaso

¿Cuáles son los mejores momentos para el repaso? He aquí una lista de cuatro oportunidades para ayudar a los maestros a encontrar las mejores oportunidades para el repaso.

1. *Cerca del tiempo de apertura de la clase.* Nunca comience un estudio preguntando qué se estudió en la clase anterior. El maestro siempre debe comenzar la clase con algo que despierte la atención de los alumnos y profundice esa atención hasta que llegue a ser interés. El repaso puede aparecer cerca del comienzo, pero nunca debe ser lo primerísimo en el tiempo de enseñanza.

2. *A lo largo del estudio.* El maestro puede repasar en varios momentos del estudio, de acuerdo con la cantidad y complejidad del material. El maestro debe determinar cuándo se necesita hacer un repaso.

3. *Cerca del fin del estudio.* El maestro puede hacer el repaso cerca del fin del estudio. El repaso señalará aspectos del estudio que el maestro quiere que dominen los alumnos.

4. *Al fin de cada unidad o trimestre.* El maestro debe hacer un repaso abarcador después de cubrir una cantidad relativamente grande de contenido. Por ejemplo, un repaso abarcador es de ayuda después de una unidad de estudio y al fin de cada trimestre.

Ejercitación

Se trata de una actividad repetitiva diseñada para asegurar que el alumno puede dar respuestas claras y exactas. La ejercitación obviamente implica memorización, como ocurre con las tablas de multiplicar.

¿Qué tipo de conocimiento necesita ejercitación? Sólo aquel para el cual se desea una respuesta automática. Un ejemplo puede ser el de los puntos principales de la doctrina estudiada o los hechos básicos de un período de la historia bíblica. Como los alumnos no necesitan acordarse de todo, el maestro puede seleccionar solo un mínimo de puntos o hechos para ejercitación y dominio. Cerca del fin del estudio, durante el repaso, el maestro puede señalar los puntos o aspectos del estudio que él espera que los alumnos dominen.

Pero la ejercitación sin planeamiento seguramente será monótona. Debe ser una actividad del grupo. Como líder, el maestro debe cuidar de no hacer que los alumnos queden avergonzados. Es mejor muchos tiempos cortos de ejercitación que pocos períodos largos. Una vez más, el maestro debe planear estos períodos de ejercitación.

Conclusión

La vida y el conocimiento cristianos son metas para toda la vida. El maestro debe decidir cuándo usar una meta para tener una respuesta de conducta en un trimestre (o un período mayor) y cuándo usar una meta de conocimiento para un tiempo igual. Ambos énfasis son válidos y necesarios. Nadie llega a agotar las profundidades de la vida cristiana o a tener un dominio del conocimiento de la Biblia entera. Aun la Madre Teresa, que sirvió tan magníficamente a gente que sufre, particularmente en la India, no pretendió tener la vida que Dios reclama de nosotros. Los más célebres eruditos y teólogos nunca se acercan a un dominio total de las profundidades del conocimiento bíblico. Todos podemos decir: "No pretendo haberlo ya alcanzado" y admitir que estamos viendo "oscuramente por medio de un espejo".

Cuarta parte

Ayudas para el maestro

◆◆◆◆◆◆◆◆◆◆◆◆◆◆◆

15

Cómo enseñar a los maestros

Práctica supervisada

Un ejemplo de capacitación de maestros
    Ambiente para una sesión de práctica
    Mi enfoque
    Tema para análisis y práctica
    Práctica

Preparar una meta para el estudio del
próximo domingo
    Usar el estudio del próximo domingo
    Informes de grupo
    El maestro-capacitador

◆◆◆◆◆◆◆◆◆◆◆◆◆◆

La mayor parte de los programas para maestros de escuela dominical produce pocos resultados. A menudo el pastor o ministro de educación reúne a unos pocos maestros para dirigirlos en un estudio sobre enseñanza. Adopta alguno de los libros de estudio a su alcance y trata de enseñar el material que contiene tan efectivamente como le es posible. El maestro-capacitador insiste en que los alumnos tomen notas. Los participantes intervienen en el diálogo, hacen preguntas, relacionan la enseñanza con los problemas que enfrentan como maestros. Al fin del estudio, el que ha enseñado destaca lo importante que es para los maestros la lucha constante por mejorar a fin de ser los mejores maestros posibles. Se insiste en que pongan en práctica los principios que han estudiado. El pastor o ministro de educación termina con un sentimiento agradable porque ha habido una buena asistencia, mucho interés, un diálogo interesante y una buena respuesta.

Los participantes a menudo disfrutan de esas sesiones de capacitación pero, ¿cuáles son los resultados? Los maestros que toman cursos generalmente continúan planeando y enseñando los estudios de la manera anterior. ¿Por qué? Porque esas sesiones eran pura teoría. Los maestros estudian principios que se supone que mejorarán su enseñanza, pero no reciben orientación práctica. ¡Nunca aplican los principios que se les enseñaron! Los maestros-capacitadores deben hacer más que explicar principios educativos. Deben tomar de inmediato los próximos estudios de la escuela dominical y hacer que los maestros *practiquen* el uso de los principios que se les han enseñado, aplicándolos en la preparación del estudio para el domingo próximo, bajo la guía del maestro-capacitador.

Práctica supervisada

La enseñanza que damos a los maestros sería revolucionaria si ayudara a los pastores, ministros de educación y otros que capacitan a los maestros a usar este enfoque sumamente importante.

Pero el estudio de un libro (¡aun este libro!) no producirá esos resultados en la enseñanza. No basta con la explicación de los principios. Los maestros deben poner en práctica de hecho tales principios. ¿Ha aprendido eso el lector de estas páginas? Eso depende de otros factores. ¿Cuánto sabía antes en este aspecto? ¿Cuál es su capacidad de comprensión en la lectura? Muchos maestros admiten que tienen un conocimiento limitado del proceso de enseñanza. Por cierto, yo confieso que aún hay mucho que no sé al respecto.

De hecho, enseñar es difícil y complejo. Porque es así, una buena capacitación para los maestros requiere mucho tiempo. Si el pastor o ministro de educación trata de capacitar a los maestros, ¿está interesado primordialmente en que ellos tengan una recompensa por su trabajo? Si es así, entonces este enfoque no es para ellos. Desde mi jubilación, en la iglesia donde ahora soy miembro he enseñado los principios relacionados con los estudios para una respuesta de conducta a varios grupos de maestros en funciones y en perspectiva, y he necesitado 12 sesiones de hora y media cada una. El otro lado de la moneda es que, a fin de ahorrar tiempo, si no se hace una práctica supervisada es poco o nada lo que se aprende.

Una práctica supervisada tendrá en cuenta la meta de enseñanza. Lo más importante que el maestro haga en la preparación total del estudio puede ser decidir qué tipo de meta desea para un estudio dado y elaborar una meta específica al respecto. Los otros pasos en la planificación del estudio también son importantes, pero a menos que el maestro decida consciente y cuidadosamente lo que quiere de la clase, la experiencia total de aprendizaje para esa clase será un fracaso.

Un ejemplo de capacitación de maestros

Permítaseme compartir con el lector un procedimiento que he usado con maestros de muchas iglesias para la enseñanza. Para este ejemplo, usaré la meta de respuesta de conducta. Lo hago porque creo que lo más importante que puede hacer un maestro es tratar de lograr una de esas respuestas en la vida de sus alumnos.

Ambiente para una sesión práctica

¿Cuándo es el mejor tiempo para enseñar a los maestros? Para los que lo son en perspectiva, lo he hecho durante el horario habitual de la escuela dominical, abarcando tanto el tiempo de la apertura como de la clase. Por supuesto, éste no es el momento adecuado para quienes ya están enseñando. Para ellos habrá que establecer una clase regular entre semana (por ejemplo, si la iglesia tiene una reunión semanal de maestros). Pero por lo general estas reuniones no son lo suficientemente largas como para enseñar tanto los principios como la práctica supervisada. Realmente es mejor, tanto por los principios que están envueltos en una respuesta de conducta como en un estudio de conocimiento que sea enseñado en un tiempo que ellos mismos elijan. Entonces podrán practicar los principios bajo supervisión durante la reunión semanal mientras están preparando el próximo estudio dominical. Obviamente el tiempo para esta sesión de capacitación tiene que adecuarse al tiempo disponible de los maestros.

Mi enfoque

Quisiera compartir un enfoque que he usado con frecuencia en la capacitación de maestros. Creo firmemente en las ayudas visuales, de modo que puse un gran pizarrón donde fuera visible para todos. A la vez, dije que quería que los maestros tomaran notas de modo que los hice sentarse delante de mesas largas. Las coloqué como haciendo un ángulo de modo que se sentaran a ambos lados de la mesa y a la vez me vieran de frente. Les pedí que se ubicaran de acuerdo con el departamento a que pertenecían, de modo que pudieran trabajar juntos usando el mismo estudio.

Antes de la sesión de capacitación, cada maestro debía leer el estudio del domingo siguiente. Esto debe ser anunciado a los maestros con la debida anticipación de modo que puedan prepararse. No es necesario que los maestros ya tengan preparado el estudio que enseñarán, pero precisan estar familiarizados con el mismo para compartir la práctica de aplicar el principio que se ha estado enseñando.

Debido a los horarios recargados de muchos maestros, quizá algún departamento quiera que haya al menos uno de ellos presente. Si es así, pidámosle que se reúna con su grupo en una fecha próxima. Si sólo hay dos del departamento presentes, que decidan si quieren trabajar juntos como grupo o si prefieren unirse a otro grupo.

Sin embargo, un grupo puede ser demasiado grande para esta

sesión de tipo práctico. Prefiero que el grupo sea de cuatro. Si sólo hay tres o si llegan a cinco de un departamento, eso también es aceptable. Si son seis, sugiero que consideren si prefieren tener dos grupos de tres. En esto los factores importantes son los de tener un grupo lo suficientemente grande como para tener una interacción significativa y lo suficientemente pequeño como para que cada uno participe. La tentación de algunos maestros es la de no intervenir. Son los maestros los que hacen el trabajo para aprender. Si un maestro no se reúne con los demás y hace el trabajo, es dudoso que tenga lugar algún aprendizaje significativo.

Tema para análisis y práctica

El tema que usaremos como base en este ejemplo es: "Cómo elaborar una meta específica para un estudio de respuesta de conducta". Suponemos que el maestro-capacitador ya ha completado el estudio de este principio y que los maestros han tenido su pausa y están listos para la sesión de práctica.

Al comienzo de esta sesión, el maestro-capacitador puede querer hacer un repaso de los puntos principales que se han enseñado la vez anterior para refrescar la memoria del grupo y lograr que los participantes vuelvan a tener conciencia de trabajo. Por ejemplo, puede repasar las definiciones de los tres tipos de metas (conocimiento, inspiración y respuesta de conducta) y también las cualidades de una buena meta (breve como para ser recordada, clara como para ser escrita y específica como para ser alcanzable). Hagamos que repitan estas tres cualidades hasta que las tengan claras en su mente. El maestro-capacitador averigua si hay preguntas sobre cualquier cosa que se haya discutido en la sesión anterior. Cuando el grupo asegura que todo está claro hasta ese punto, están listos para la práctica.

Práctica

Lo primero que debiera hacer el maestro-capacitador es dar a los maestros alguna práctica concreta para ayudarles a completar el ejercicio para tener una meta para el estudio, que se encuentra en el Apéndice. También están allí instrucciones específicas para los maestros y mis respuestas. Después de darles estas copias, explique a los maestros que deben comenzar por repasar las cualidades de una buena meta y también hacerlo con cuidado en cada uno de los tres tipos. Quizá tengan algo de aprehensión. No están acostumbrados a este tipo de ejercicio en un estudio en el ámbito de la iglesia. Explíqueles que sus respuestas al ejercicio no serán calificadas. El uso del buen humor es una forma excelente de reducir cualquier ansiedad que surja con relación al ejercicio. De modo que explique que se trata de algo en lo que se puede fallar por dos razones: La primera es que es perfectamente legítimo copiar y mirar el papel del otro, ¡si el otro quiere! ¡El único problema es que el otro puede equivocarse! De modo que lo mejor es confiar en el propio criterio. La segunda razón es aun más importante. En la columna señalada "claro", cada cual debe escribir "s" para un sí en el lugar para cada meta porque cada una debe ser clara como para ser escrita.

Metas

1. Tipos de metas para los estudios
   A. Meta de conocimiento. El maestro trata de guiar a la clase en un estudio serio y significativo de una importante porción de material bíblico que lleve a la comprensión y dominio de ese conocimiento.
   B. Meta de inspiración. El maestro trata de guiar a la clase a tener una apreciación más profunda de alguna verdad espiritual o llevarlos a aceptar algún ideal cristiano en profundidad.
   C. Meta de respuesta de conducta. El maestro trata de guiar a la clase a expresar de manera específica alguna acción cristiana, preferentemente en la semana siguiente.
2. Cualidades de una buena meta
   A. Breve como para ser recordada.
   B. Clara como para ser escrita.
   C. Específica como para ser alcanzable.

Haciendo esto, cada maestro pasará por lo menos con el 95 %. *Es importante que todos los bloques se llenen.* Recordemos que sólo los que participan llegarán a aprender. Responda a todas las preguntas que tengan, asegurándose de no darles las respuestas que están en el cuadro.

Preparar una meta para el
estudio del próximo domingo

Como ya se dijo en este capítulo, esta experiencia de practicar bajo supervisión lleva bastante tiempo. Como esto es muy importante, hemos de tomar un momento para repasar las distintas etapas por las que debe pasar el maestro-capacitador al enseñar esto a los maestros. Para el curso de capacitación, el maestro-capacitador usará los cinco pasos del plan de un estudio para obtener una respuesta de conducta y los seis pasos para uno con una meta de conocimiento. Siempre comienzo con la meta del estudio para respuesta de conducta y sigo luego con los pasos siguientes. También he comprobado que no puedo enseñar o explicar adecuadamente la meta del trimestre hasta que no he enseñado todas las demás etapas del plan del estudio. El lector notará que "Planear para el trimestre " es el próximo capítulo. Generalmente es mejor dar a los alumnos una pausa entre el estudio del plan de una lección para respuesta de conducta y el plan de uno para conocimiento.

Hasta este punto el maestro-capacitador ha explicado tan clara y completamente como es posible la parte del plan del estudio que está siendo considerada. Ha dividido a los maestros en grupos de dos, tres o cuatro para practicar lo que se ha enseñado verbalmente. El maestro-capacitador debe preparar algo que no esté relacionado con el estudio del próximo domingo para que ellos practiquen haciéndolo (como el cuadro de tipos de metas que deben ser identificados; ver ese cuadro en la página anterior). Esto producirá preguntas y la oportunidad para más clarificación.

Usar el estudio del próximo domingo

Luego viene la etapa que es realmente entusiasmadora e importante. Cada uno de los pequeños grupos, usando sus revistas o libros curriculares y cualquier otra ayuda, tomará el estudio del próximo domingo y, trabajando en conjunto como grupo, escribirá una meta de respuesta de conducta, o cómo lograr un estudio bíblico con propósito, o cuál es la etapa que se cumplirá en la preparación de ese estudio.

Esto tomará tiempo, pero hay que darle todo el que sea necesario. Se puede decir que ese es el momento cuando los maestros realmente están aprendiendo. Antes estaban meramente escuchando lo que se les decía. O estaban practicando principios o metas o pasajes bíblicos sin relación con el estudio del domingo. ¡Ahora es algo concreto! Esto pone entusiasmo en el trabajo.

Pero también hace que el trabajo sea más difícil. Ahora están tratando de poner en práctica un enfoque que no han usado antes. Entre los maestros de un mismo grupo habrá diferencias sobre cuál es la forma correcta de hacerlo. El maestro-capacitador debe caminar entre los distintos grupos para ver lo que está haciendo cada uno, para contestar sus preguntas y para ayudarlos sin hacerles su trabajo.

Informes de grupos

Cuando la mayor parte de los grupos haya terminado, el maestro-capacitador hace un alto en el trabajo y les dice que ha llegado el momento para que cada grupo dé su informe. Cada grupo elige a uno para dar ese informe. Como los maestros pueden sentir que esto es algo embarazoso, el maestro-capacitador puede pedir a la persona más segura de sí misma de un grupo que dé el primer informe. Asimismo, a causa del posible sentimiento de vergüenza, es el momento para que se inyecte algo de humor para aliviar la tensión. Para ello, antes que la persona que ha de dar el primer informe diga algo, yo diría algo como: "Quiero aclarar que la persona que da el informe no es responsable de lo que el grupo ha elaborado." Esto rompe la tensión y todos los grupos cooperan.

Antes que el maestro comparta lo que el grupo ha elaborado, el maestro-capacitador debiera preguntar para qué grupo de edad está destinado el informe (adolescentes, jóvenes o adultos). Entonces el maestro lee lo que el grupo ha elaborado. Al dirigir al grupo en su conjunto a evaluar o analizar lo que el grupo ha elaborado, el maestro-capacitador debe formular las preguntas que harán que se destaquen todos los puntos principales en esa etapa del plan del estudio. (Ver el Apéndice para el paso 1, "Trabajar con una meta de respuesta de conducta".)

Para el paso 2 de un estudio con respuesta de conducta, en la sesión siguiente el maestro-capacitador estudiará los varios puntos envueltos en "Cómo lograr un estudio bíblico con un propósito". Para la sesión siguiente, pedirá a uno de los maestros que dé su informe sobre su asignación.

Daré una sugerencia sobre cómo hacer esto. En vez de que el maestro lea lo que ha elaborado, el maestro-capacitador diría que él y el maestro presentarán el plan para lograr un estudio bíblico con propósito o sea que el maestro-capacitador hará el papel de alumno. El maestro leerá o expresará lo que ha preparado para decir al comienzo, luego el capacitador responderá como si fuera un alumno de ese grupo de edad. Ambos pondrán en acción lo que ha sido asignado y al hacerlo demostrarán cuán efectivo o no es el plan que ha elaborado el maestro. Luego, el maestro-capacitador llamará a otro maestro seguro de otro grupo de edad y hará lo mismo.

Después de estas dos actividades de demostración los presentes deben ser divididos en grupos de cuatro. El maestro-capacitador debe explicar que un miembro del grupo debe hacer el papel de maestro mientras que los otros tres harán la parte de alumnos. Cada grupo debe seleccionar quién será el primero en ocupar el lugar de maestro. Los que hagan el papel de alumnos recibirán la explicación de que deben responder cuanto les sea posible. Esto continuará hasta que los cuatro de cada grupo han tenido la oportunidad de hacer de maestros. De este modo los maestros verán y se espera que aprenderán qué ha sido efectivo y qué no a partir de una experiencia concreta.

El maestro-capacitador

¿Producirá resultados la práctica supervisada como para tener una mejor enseñanza? Obviamente eso depende de la claridad y la forma detallada con que el maestro-capacitador ha dominado la aplicación de los principios que está tratando de enseñar. Cuando hablo de "dominar" no me refiero a cuánto sabe de los distintos puntos, sino cuánto es capaz de ayudar a que los maestros entiendan y apliquen los principios involucrados en la preparación y enseñanza de un estudio de escuela dominical. No decimos esto para asustar a quien quiera ser maestro-capacitador, sino que simplemente es la afirmación de un hecho. Una persona no puede enseñar a otra cómo aplicar un principio al preparar un estudio si no es capaz de hacerlo ella misma.

Como se puede ver, el maestro-capacitador es importante. Uno puede preguntarse: "¿Cómo puedo aprender esto leyendo este libro?" ¿Cómo puede un pastor, un ministro de educación o un laico dominar estos principios de modo que pueda enseñar y capacitar a otros maestros? Por supuesto, la mejor manera es ponerlo en práctica bajo supervisión por parte de un maestro-capacitador que haya dominado la aplicación de tales principios. De ese modo, el alumno absorbe no sólo el principio sino también cómo es puesto en práctica. Pero eso no siempre es posible. ¿Qué puede hacer un maestro en una iglesia donde nadie ha estado frente a esos principios?

Mi esperanza es que los principios presentados en este libro hayan sido explicados con la suficiente claridad y detalle como para que una persona pueda estudiarlos y aplicarlos, pero el maestro no sabrá realmente si la aplicación del principio ha sido correcta. Una forma de ayudar en ese problema es que los maestros de un departamento se reúnan y evalúen unos de los otros lo que hacen cuando tratan de aplicar un principio para la preparación de un estudio. Pero aun esto no garantiza que la aplicación será todo lo buena que debiera ser. Esto indica la importancia de tener un maestro-capacitador para que dé esta orientación.

16

Planear para
el trimestre

**Factores que influyen en la elección de
una meta para el estudio**
  Meta de conocimiento
  Meta de respuesta de conducta
  Meta de inspiración

Nueve pasos para planear un trimestre

Un ejemplo de los nueve pasos

Evaluación del trimestre

Mi esposa es directora de un departamento de adultos en nuestra iglesia. Yo soy el director asociado. Viajé mucho dando conferencias, pero ahora me quedo en casa y participo en una de las clases más abiertas, honestas y agradables en que jamás he participado. Ahora nuestra clase tiene tres maestros asociados excelentes por la forma en que planean para un trimestre. Al comienzo de cada trimestre explican cuidadosamente a la clase cuál será el punto central de nuestro estudio en el mismo. En cada estudio subsecuente el maestro relaciona claramente lo que seguirá con lo ya enseñado. Espero que todos los maestros estén siguiendo ese modelo.

La tesis de este libro es ésa: el maestro debe usar uno y sólo uno de los tres tipos de meta para cada estudio. Sin duda el lector recordará las tres metas: conocimiento, inspiración y respuesta de conducta. Si está de acuerdo con mi tesis, comenzará a planear para el trimestre haciéndose esta pregunta: "¿Qué tipo de meta usaré para cada estudio? Esta es una pregunta de gran importancia.

Al responderla, a veces los maestros eligen un criterio como el que sigue. Con frecuencia adoptan una meta de conocimiento para el primer estudio de modo de dar a la clase un fundamento en ese orden para lo que sigue. Luego ponen un estudio con meta de inspiración para estimular a la clase a hacer algo. Y finalmente usan un estudio con meta de respuesta de conducta para llevarla a hacer algo.

Este enfoque parece bueno, pero no creo que dé buenos resultados. En el capítulo anterior se dijo que cuando un maestro resuelve tener un estudio con una meta de conocimiento, debe tener el conocimiento como meta de todo un trimestre o más. De modo que, si el maestro decide centrarse en el conocimiento, ya ha tomado la decisión de qué tipo de meta tendrá cada estudio en el trimestre. Si el conocimiento es eliminado como centro del trimestre, eso deja sólo la inspiración y la respuesta de conducta como metas a ser consideradas. Surge entonces la cuestión de cuándo debe usarse cada una de ellas.

Al planear para el trimestre, el maestro toma esas decisiones. En eso momento el maestro debe formular dos preguntas importantes, pero relativamente simples:

▲ ¿Qué necesita más la clase: conocimiento, inspiración o respuesta de conducta?

▲ ¿A qué tipo de meta se adecua mejor el contenido de los estudios?

Si el maestro decide que quiere centrarse en una respuesta de conducta o de inspiración para el trimestre, entonces tiene que contestar algunas preguntas difíciles. Una importante es: ¿Qué estudios se usarán con una meta de respuesta de conducta y cuáles con una de inspiración? Veremos eso con más detalle más adelante en este mismo capítulo.

Hay una tercera pregunta relacionada con el tipo de meta trimestral que se ha de usar que debe responder el maestro cuando planea para todo el año: ¿Cuán frecuentemente debe usar el maestro el enfoque de una meta de conocimiento para el trimestre? ¿Con qué frecuencia tendrá como centro la inspiración o respuesta de conducta en el trimestre? Se trata de una decisión muy personal, por lo que no me atrevo a hacer sugerencias. Mucho depende del deseo e interés de la clase y de su maestro. Me parece que sería sabio que el maestro o un alumno planteara esa pregunta para ser analizada durante una reunión mensual de la clase y así logrará que sea una decisión compartida. Pero como tengo una visión tan favorable de los énfasis, me atrevo a hacer una sugerencia. Como principio, me agradaría usar una meta de conocimiento un trimestre por año. Eso deja los otros tres para centrarse en la inspiración y la respuesta de conducta.

Factores que influyen en la elección de una meta para el estudio

Quisiera dar algunas pocas sugerencias generales de lo que el maestro debe tener en mente al decidir cuál de estos tres tipos de meta debe ser usado.

Meta de conocimiento

Un maestro puede enseñar un estudio con el conocimiento como meta cada vez que sienta que las necesidades de la clase reclaman ese tipo de estudio y que el texto bíblico para ese trimestre es aplicable. Sin embargo, sería raro que un maestro enseñe un estudio con esa meta a menos que la tenga para el trimestre completo. Recordemos que esto no significa que el maestro no compartirá algún conocimiento con la clase en cada estudio. Estoy hablando ahora de enseñar todo un estudio con una meta de conocimiento cuando el objetivo es el dominio del mismo. De hecho, con una meta de conocimiento, el maestro sólo tiene que decidir si todo el trimestre (y por ende cada estudio del mismo) ha de tener una meta de conocimiento. La meta de conocimiento tiende a ser todo o nada. O sea que si el maestro decide usarla deberá usarla en cada estudio del trimestre. Las excepciones de esta afirmación son raras.

Cuando el maestro toma la decisión de si cada estudio del trimestre tendrá el conocimiento como meta, todo el proceso de planear para el trimestre se simplifica. O sea que, si el maestro elige impartir conocimiento, las metas de inspiración o de respuesta de conducta quedan eliminadas de la consideración. Si el maestro elige que el trimestre se centrará en la inspiración o la respuesta de conducta, la meta de conocimiento ha sido eliminada. De modo que lo que parece una empresa más bien compleja llega a ser más bien sencilla.

Meta de respuesta de conducta

Sobre la base de que el maestro ha decidido no tener una meta de conocimiento para el trimestre, eso significa que sólo tiene que decidir qué estudios serán para una respuesta de conducta y cuáles de inspiración. Desde mi punto de vista, el maestro debe decidir primero qué estudios serán para una meta de respuesta de conducta.

Sin embargo, hay otra pregunta muy importante: ¿Cuántos estudios debe haber en un trimestre para una respuesta de conducta? En mis conferencias he sugerido que *no es posible ni sabio que un maestro tenga una respuesta de conducta todos los domingos,* la primera reacción de los maestros ha sido de asombro. Luego, en forma amable, invariablemente presentaban fuertes objeciones a mi afirmación. En una conferencia, la esposa del pastor habló de lo que quizá sentían todos: "Nunca enseñaré un estudio sin procurar una respuesta de conducta, como usted la llama."

Por cierto entiendo lo que sentía. De hecho, me pregunto si eso no es lo que todo maestro se propone hacer. O sea que en cada estudio todo maestro trata de aplicar el estudio a la vida. Esto es

lo que sugieren los materiales curriculares para cada estudio.
Espero que cada uno de los que leen este libro comprenda que yo
creo que es muy importante que toda persona, especialmente
todo cristiano, trate de aplicar las enseñanzas de la Sagrada
Escritura a la vida. Y creo que la escuela dominical es la organización donde esto debe ser hecho de manera especial.
Ese no es el asunto. Lo que pregunto es: ¿Es sabio que el maestro trate de aplicar a la vida el estudio de cada domingo? Mi respuesta es que no. Es necesario que defienda mi posición y trate
de explicar cuáles son las razones para ella. Me alegro de inten-
tarlo porque creo que esto es algo en lo que estoy en lo cierto.
En primer lugar, todos los maestros que he conocido han tratado de aplicar los estudios a la vida. Lo que el maestro típico
tiende a hacer es terminar el estudio instando a la clase a hacer
algo para recorrer la segunda milla con Cristo en la semana siguiente (usando así una de las metas indicadas en el cuadro). Entonces el maestro exhorta a la clase a poner en práctica todo lo
estudiado en cualquier lugar adonde vayan en la semana. Luego
termina con un período de oración. Da la impresión de que los
alumnos pueden haber resuelto que irán con Cristo una segunda
milla la próxima semana, pero que nunca identificarán en qué lugar en su mundo se puede hacer o qué pueden hacer en su mundo. Y es posible que su resolución sincera hecha en la escuela
dominical quede en el olvido para el miércoles por la mañana.
Segundo, este no es el problema más grande. Supongamos
que el maestro guió a cada alumno a identificar especialmente
una cosa que hará para ir una segunda milla con Cristo en la semana. Suponga que María decide levantarse cada mañana 15 minutos más temprano para comenzar el día teniendo un período
devocional. Después de la escuela dominical, María va al culto de
adoración y en su sermón el pastor insta a todos los cristianos a
ser testigos en el mundo secular. Como es una creyente consciente, piensa en una amiga a la que debe testificar y resuelve
hacerlo la semana siguiente. El domingo a la tarde, vuelve para
una clase de discipulado donde se le urge a hacer algo para
demostrar su consagración a Cristo. Después, en el culto noc-
turno, el pastor la insta a hacer algo más. Más adelante, el miércoles por la noche, María y los demás reciben el desafío de visitar a algún enfermo durante la semana. Tenemos tantos cultos en

la iglesia en los que se nos exhorta a hacer algo por Cristo que, lamentablemente, la mayoría de nosotros escucha la exhortación, está de acuerdo con ella, pero allí es donde todo termina excepto en raras ocasiones.

Pero dejemos de lado los demás cultos de la iglesia y limitemos nuestra discusión a la escuela dominical Este domingo el maestro desafía a la clase a recorrer con Cristo la segunda milla y María ha elegido algo específico que hará en su propio mundo la próxima semana. Al domingo siguiente, el estudio trata sobre el amor al prójimo. Una vez más, María elige algo específico que hacer para demostrar ese amor a su vecina. Reconoce que se trata de ideales cristianos que debe tratar de convertir a una parte permanente de su vida. El domingo siguiente el maestro enseña otro ideal e insta a la clase a practicarlo en la vida diaria. Hace otro tanto el siguiente y el subsiguiente y así continúa. Muy pronto María, que ha sentido seriamente la necesidad de tratar de concretar estos ideales en su vida diaria, clama en silencio: ¡Espere un poco! ¡Hasta me he olvidado de lo que prometí hacer cuatro domingos atrás! ¡No puedo cambiar mi vida con tanta frecuencia!" Eso es cierto para la mayoría de nosotros. No cambiamos nuestras vidas con esa velocidad y con esa frecuencia. Y la mayor parte no puede recordar lo que resolvió cuatro domingos atrás (si tomó alguna decisión).

Asistimos a la escuela dominical. Nos unimos al diálogo. El maestro aplica el estudio a la vida. Estamos de acuerdo con lo que dice. Gozamos inmensamente de la clase. Vamos al culto de adoración y escuchamos otra exhortación. Pero lo curioso es que el miércoles ni siquiera podemos recordar las exhortaciones de la escuela dominical o del culto de adoración. Por lo menos, así ha sido en mi vida y no creo que soy mucho peor que la mayoría de los lectores. Esta explicación me ha resultado convincente y espero que lo haya sido para el lector. ¡Realmente el maestro no puede presentar una respuesta de conducta en cada estudio!

Si eso es así, entonces la cuestión es con qué frecuencia debe hacerlo. Eso puede variar. Puede ser tres, dos o una vez en un trimestre. Por ejemplo, en un trimestre el maestro puede tener como meta: "Tratar de guiar a mis alumnos a ser testigos más eficaces en su vida secular edificando una relación y testificando a un compañero de trabajo." En este trimestre puede haber un estudio de inspiración sobre el mandato de testificar dado por Jesús y su ejemplo al respecto. Puede haber algunos estudios sobre cómo construir relaciones para llegar a testificar. Inclusive puede haber algunos estudios destinados al conocimiento de la Escritura para usarla en el testimonio y en la respuesta a las objeciones. (Esto sería una excepción a la regla de usar una meta de conocimiento para todo el trimestre.) Pero el propósito de todos los estudios del trimestre ha sido el de guiar a los alumnos a ser testigos en su vida secular. Si eso ocurre, el maestro ha tenido éxito. Si no es así, no lo ha tenido, al margen de cuántos alumnos han disfrutado de los estudios. O sea que el maestro no ha alcanzado su meta para el trimestre.

Volvamos ahora a nuestra pregunta de cuántas metas de respuesta de conducta puede tener un maestro en un trimestre. Como regla, yo diría que un maestro no debe tener un estudio de respuesta de conducta más de *una vez por mes* y que eso puede ser una frecuencia excesiva. Lo que el maestro está tratando de lograr es guiar al alumno a hacer que una acción cristiana llegue a ser una parte *permanente* de su vida personal y eso lleva tiempo.

Meta de inspiración

Si los estudios de respuesta de conducta deben ser sólo una vez por mes, eso significa que el maestro usará estudios de inspiración las otras tres veces. Eso demuestra la importancia de los estudios de inspiración, aunque no que la meta de inspiración sea tres veces más importante que la meta de conducta. La de conducta es la meta final de la enseñanza cristiana. Simplemente estoy diciendo que el estudio de inspiración es una parte de suma importancia en el esfuerzo de los maestros para lograr que haya una respuesta de conducta en la vida de cada alumno.

Nueve pasos para planear un trimestre

Estos nueve pasos son enumerados para que el maestro pueda ver claramente los pasos que deben ser seguidos para planear un trimestre. Deben seguirse en ese orden. Ciertas palabras son destacadas por su importancia. Lo que sigue es una explicación de estos pasos.

1. ¿Deseo tener una meta de conocimiento para el trimestre?

2. Señale todos los estudios de inspiración.

3. Identifique qué estudios *pueden* ser de respuesta de conducta.

4. Seleccione los estudios que *serán* de ese tipo.

5. *Escriba* la meta de los estudios elegidos para una respuesta de conducta.

6. Elija los estudios que se incluirán en cada unidad.

7. Escriba las metas para las unidades. Estas serán *palabra por palabra* lo mismo que todas las metas de respuesta de conducta.

8. Escriba la meta del trimestre. Esta será *palabra por palabra* la misma que todas las respuestas de conducta combinadas.

9. Identifique la *actitud* en la que se debe poner énfasis en cada uno de los estudios de inspiración.

Ahora quisiera explicar estos nueve pasos. Antes he indicado varios factores que influirán en la elección que el maestro haga de cuándo y por qué usar la meta de conocimiento, la de respuesta de conducta y la de inspiración. Es de esperar que *yo haya sido convincente en mi explicación y argumentos porque estos factores son muy importantes al planear para el trimestre.* Ahora estamos listos para explicar los nueve pasos por los que debe pasar un maestro al planear para el trimestre.

En el mismo momento en que escribo, ya oigo las quejas de los maestros. Mi reacción seguirá siendo la misma. Pero estos pasos son simples en lo sustancial. De hecho, *en el conjunto sólo son difíciles* los pasos 4 y 5. *Todos los otros son fáciles.* Cuando los hayamos completado, habremos cumplido una parte principal de la preparación de cada estudio que enseñaremos el trimestre siguiente. Bajo la dirección del maestro-capacitador y trabajando con otros maestros del departamento, ¡la planificación para el trimestre llegará a ser una rutina!

Paso 1: Elección de una meta para el trimestre

Pregúntese a sí mismo si desea una meta de conocimiento para todo el trimestre. Al hacerlo, el maestro simplemente elige si todos los estudios del trimestre serán enseñados con una meta de ese tipo. Si la respuesta es afirmativa, ¡puede pasar por alto los otros ocho pasos! Esto significa que todos los estudios del trimestre tendrán una meta de conocimiento y que los otros ocho pasos pueden ser ignorados. ¿Verdad que es simple? Cuando el maestro determina que tendrá una meta de conocimiento para el trimestre, todo lo que tiene que hacer es escribir las metas para el trimestre, para las unidades y para los estudios ¡y así tendrá hecha una parte significativa de toda la preparación del trimestre! Por el otro lado, si la respuesta es negativa, el maestro puede eliminar completamente la meta de conocimiento en la consideración del resto del trimestre y ocuparse sólo con las metas de inspiración y de respuesta de conducta.

Paso 2: Señale todos los estudios de inspiración

Dando por sentado que en el primer paso el maestro ha dicho que no quiere tener el conocimiento como meta para el trimestre, eso significa que se preocupará *sólo* de la de inspiración y de la de respuesta de conducta en los otros ocho pasos. Antes hemos dicho que todo estudio puede tener una meta de inspiración. Por lo tanto, en el paso 2, el maestro indicará cuáles serán. Sugiero que tome una hoja de papel y escriba los números 1 al 13 (o sea los estudios del trimestre) en el margen izquierdo de arriba hacia abajo. Luego junto a cada número, escriba una "I" que indicará "inspiración".

Paso 3: Identifique qué estudios pudieran ser de respuesta de conducta

Casi cualquier estudio puede ser para lograr una respuesta de conducta. Al escribir estas líneas, el próximo domingo será el de Resurrección y naturalmente estudiaremos ese hecho. Este estudio puede tener como meta una respuesta de conducta. Puede ser transformado en un énfasis evangelístico como el de testificar a un vecino que no es salvo (aunque el tema de la resurrección no lleva a ese énfasis). En este paso, el maestro se preocupa sólo de qué estudios *pudieran* ser para una respuesta de conducta. No perdamos tiempo preocupándonos por este punto. Si hay alguna posibilidad de que sea para una respuesta de conducta, sigamos adelante y marquémoslo "RC". (Busquemos el estudio en la lista de 1 a 13 y señalémoslo "RC" en la hoja. Esto querrá decir que este estudio debe ser señalado tanto con una "I" como con una "RC".) Ver el cuadro en la pág. 243.

Paso 4: Elija los estudios que serán de ese tipo

Después que el maestro ha leído los títulos de los estudios y los pasajes bíblicos relacionados con ellos y de ese modo se ha familiarizado con los estudios, puede completar los primeros tres pasos en unos tres minutos. En el paso 3 he dicho que los maestros no deben preocuparse sobre si han señalado o no un estudio para obtener una respuesta de conducta. Si hay la menor posibilidad debe serlo y entonces márquelo "RC". Pero en el paso 4 el maestro necesita comenzar a preocuparse. Si no puede tener más que tres respuestas de conducta en el trimestre, entonces es de primordial importancia cuáles de estos estudios lo serán.

Es obvio que este plan para el trimestre necesita ser hecho antes que comience ese tiempo. A su vez, esto quiere decir que el maestro necesitará alguna ayuda para el estudio que le dé al menos los títulos de los estudios y la ubicación de los pasajes bíblicos que serán usados con cada estudio. Para tener listo este plan para el principio del trimestre, los maestros necesitan comenzarlo al menos dos semanas antes del comienzo del trimestre.

En un trimestre dado, ¿cómo decide el maestro qué estudios serán para obtener una respuesta de conducta y cuáles para inspiración? En primer lugar, el maestro debe repasar los títulos y los pasajes bíblicos de los estudios para el trimestre siguiente e identificar cuáles pueden ser para una respuesta de conducta (lo que se hizo en el paso 3). En segundo lugar, repase los estudios que podrían haber sido elegidos. (En el paso 3, el maestro encuentra varios estudios que realmente no son buenos para ese tipo de meta. Estos estudios serían mucho mejores para una inspiración, como la de profundizar una actitud o un ideal cristianos.) En tercer lugar, como el maestro está limitado a tener no más de tres estudios en procura de una respuesta de conducta en un trimestre, debe preguntarse: Conociendo a los alumnos de mi clase, ¿cuáles son los tres estudios en este trimestre que tratan de los aspectos de la vida cristiana en que yo y mis alumnos necesitamos crecer más?

Un cuarto factor debe ser mencionado. Si es posible de alguna manera, la meta de respuesta de conducta *nunca* debe ser el primer estudio en una unidad. Si es posible, el ideal para una unidad es tener dos estudios de inspiración que se refieran a temas que es de esperar que conduzcan y pongan la base para el estudio de respuesta de conducta que será el tercero. El cuarto estudio de la unidad será de inspiración y servirá como prosecución del de respuesta de conducta. (El tema de la unidad se trata más extensamente en las págs. 239-40). Cuando tenga estos cuatro factores claros en su mente, el maestro estará listo para identificar y seleccionar los estudios que *serán* para respuesta de conducta.

Cuando el maestro ha seleccionado los estudios que serán con una meta de respuesta de conducta, puede borrar la "I" (inspiración") y marcarlos como "RC" (respuesta de conducta). (Ver el cuadro de la pág. 244.)

Paso 5. Escriba la meta del estudio en busca de una respuesta de conducta

Escriba la meta de los estudios para los que busquen una respuesta de conducta una vez que se los haya elegido. Escribir esa meta (y no sólo tenerla en mente) es el paso más difícil pero más necesario para el maestro en todo el proceso. Por lo tanto, *se sugiere* que el maestro verifique muy cuidadosamente el material cuando quiere producir una meta de respuesta de conducta.[1] Pero en todo el trimestre, el maestro tiene sólo tres metas de respuesta de conducta que debe escribir a esta altura.

Sin embargo, aun el material que se da no será suficiente. Cuando enseñaba esto a los estudiantes en un seminario, comprobé que en realidad ellos no entendían plenamente cómo elaborar una meta de respuesta de conducta para un estudio determinado hasta que llegábamos al fin del semestre y hablábamos de planear para un trimestre. Quizá pase lo mismo con el lector.

El maestro debe ver la meta de respuesta de conducta como un paso de crecimiento para cada alumno. Para los que no son salvos, debe haber estudios que tengan como meta llevarlos a una respuesta en su conducta que les haga aceptar a Cristo como Salvador y Señor. Sin embargo, me parece que la evangelización de esa persona será hecha mejor fuera de la clase en una relación de persona a persona.

Si la meta de una respuesta de conducta ha de ser un paso de crecimiento para cada alumno de la clase, esto quiere decir que el

---

[1] Ver la pág. 245.

maestro necesita tener una meta de respuesta de conducta diferente casi para cada alumno de la clase ya que están en distintos niveles de desarrollo espiritual y en diferentes necesidades. Esto también significa que a medida que el maestro escribe la meta mencionada, no tendrá una que todos los alumnos cumplirán, sino varias opciones que harán que cada uno, de manera concreta y específica, responda cristianamente en su vida secular.

Sin embargo, esto produce un problema. Una de las cualidades de una buena meta es que debe ser lo suficientemente breve como para ser recordada. ¿Cómo puede el maestro recordar la meta si tiene una respuesta diferente para cada alumno de la clase? Hay una forma simple de eliminar ese problema. Al escribir la meta, el maestro colocará la palabrita "o" (no "y") después de cada respuesta colocada en la lista. Por ejemplo, si el enfoque del estudio ha sido sobre el ideal cristiano de profundizar la propia vida espiritual y si el maestro determina hacer de esto un estudio que busque una respuesta de conducta, la meta debe ser:

"Tratar de guiar a cada alumno de mi clase a profundizar su vida devocional:

(1) comenzando la práctica de la oración diaria; o

(2) comenzando un tiempo diario para la lectura bíblica y la oración; o

(3) comenzando un tiempo para el culto familiar, o

(4) comenzando la práctica de llevar un diario espiritual."

Esta es una meta muy larga y viola la cualidad de brevedad al extremo. Sin embargo, hay un factor redentor. Cada alumno (si decide hacer algo al menos) elegirá sólo una de estas respuestas (o alguna otra) para hacerla suya y será entonces capaz de recordarla. El hecho es que, si hay un alumno de la clase que está luchando con la cuestión de si realmente toma con seriedad el dar un paso de crecimiento para profundizar su vida espiritual y cuál será ese paso, lo más posible es que lo recordará el lunes y el resto de la semana. Y si el domingo siguiente hay un estudio que continúa la idea, ese alumno se dará cuenta de que el maestro hablaba seriamente al decir que los alumnos debían dar una respuesta y que esta debía servir para profundizar la propia consagración.

Es verdad que, al estudiar los varios ideales cristianos que hemos captado, debemos dar pasos de gigante al tratar de ponerlos en práctica. Pero el hecho es que la mayoría de nosotros no da pasos de gigante al cambiar en su vida. Cambiar no es fácil para ninguno de nosotros. Como norma, quienes tratemos de hacer un cambio y crecer en nuestras vidas espirituales, tendemos a dar pasos pequeños y, al hacerlo, tropezamos y caemos, nos levantamos y volvemos a probar. Hacer un cambio significativo en el modelo de nuestras vidas no es una empresa fácil. Vuelvo a decir que no se puede hacer cada domingo. La única razón por la que creemos que debería hacerse cada domingo es porque el maestro hace la aplicación, exhorta a los alumnos y cree que algo está ocurriendo. Aun si el maestro sigue la sugestión hecha en este libro, necesitará construir una relación estrecha y personal con cada miembro de la clase, de modo que pueda hablar íntimamente con cada uno como para ver la forma en que van las cosas. La construcción de relaciones personales con cada alumno es una parte esencial de la enseñanza.

Paso 6: Elegir los estudios que se incluirán en cada unidad

En el enfoque que damos en este libro, el estudio que busca una respuesta de conducta es la pieza central de la unidad. O sea que cada unidad es construida alrededor del estudio con ese propósito. Si el maestro tiene tres estudios para ello, tendrá tres unidades.

En esa unidad, los estudios para inspiración también estarán directa e íntimamente relacionados con el estudio en busca de una respuesta de conducta de la manera que se explica a continuación. Si es posible, el maestro debe tratar de tener tres estudios de inspiración construidos alrededor de cada estudio de respuesta de conducta en la unidad. Quisiera sugerir lo que pienso que es la forma ideal de construir una unidad si lo permiten las metas de inspiración.

Comencemos la unidad con dos estudios de inspiración. Cada uno de ellos tiene el fin de profundizar una actitud cristiana. Es de esperar que el maestro pueda relacionar la actitud en esos estudios con la meta del estudio de respuesta de conducta de tal modo que aquellos ayudarán a preparar a cada alumno para estar listo como para responder cuando se le enseñe el que le exija una respuesta de conducta, que se expondrá el tercer domingo. El cuarto domingo será un estudio de inspiración. Una vez más, es de esperar que la actitud pueda relacionarse con la respuesta de conducta de tal modo que el maestro pueda usar este estudio como una continuación de aquél para repasar la respuesta que se espera que cada alumno haya hecho el domingo anterior y alentarlo a continuar poniéndolo en práctica. Como hay 13 estudios en el trimestre, una de las tres unidades (si el maestro determina que sean tres) tendrá cinco estudios. El estudio extra será usado para inspiración y como continuación del estudio en que ha buscado una respuesta de conducta.

Hay otros dos factores importantes que el maestro debe tener en mente al seleccionar qué estudios serán incluidos en cada unidad. En primer lugar, el maestro nunca debe comenzar una unidad con un estudio que procure una respuesta de conducta. En cada unidad el maestro necesitará por lo menos un estudio de inspiración, dos si es posible, y tres si no resulta demasiado. Estos estudios ayudarán a la clase a estar listos y dispuestos para dar una respuesta específica cuando se enseñe ese estudio. El tipo de respuesta de conducta de que estoy hablando no es fácil de adoptar. La preparación para este tipo de respuesta tiene mucho significado. En segundo lugar, el maestro no debe terminar una unidad con un estudio que busque una respuesta de conducta si puede evitarlo. Una vez más, si el maestro toma en serio la tarea de producir una respuesta específica en la vida de los alumnos, por lo menos un (y quizá más) estudio de inspiración es necesario para servir como continuación del estudio de respuesta de conducta.

También lamento tener que decir que con este enfoque el maestro debe ignorar las unidades que se sugieren en el material curricular. Los autores no saben qué tipo de meta puede querer usar un maestro para cada estudio en particular. Están escribiendo para clases en gran cantidad de iglesias. Tampoco conocen las necesidades de los alumnos de una clase determinada. De modo que dividen las unidades de acuerdo con los pasajes bíblicos. Como maestro, usted es quien debe construir las unidades, la verdad central, las metas y todo lo demás que debe ser específico para la clase dada.

Paso 7: Escriba la meta de la unidad

Ya al enumerar estos pasos comencé a dar alguna explicación de este paso. He afirmado que la meta de la unidad es *palabra por palabra* la meta de respuesta de conducta. ¿Por qué es así? Esto es muy evidente cuando nos detenemos a pensar al respecto. En primer lugar, aquello que el maestro desea que ocurra en la vida de los alumnos durante esta unidad es que den un paso positivo de crecimiento de acuerdo con la respuesta de conducta que se tiene como meta. En segundo lugar, cada uno de los estudios de inspiración será una preparación para la respuesta de conducta o una continuación de la misma. De modo que todo se hace en cada estudio de la unidad procurando que ocurra esta respuesta de conducta, o paso de crecimiento, en la vida de cada uno de los alumnos. Eso es lo que quiero decir cuando he expresado antes que el estudio de respuesta de conducta es el centro de la unidad.

Paso 8: Escriba la meta del trimestre

La meta del trimestre es *palabra por palabra* las metas de respuesta de conducta combinadas. La razón es la misma que dimos antes. Cómo se escribirá la meta para el trimestre y para la unidad será ilustrado en la siguiente sección.

Paso 9: Identifique la *actitud* en la que se debe poner énfasis

Cuando el maestro ha identificado la actitud en la que se debe poner énfasis en cada estudio de inspiración, ya habrán sido elaboradas todas las metas para el trimestre siguiente. Esto significa que, si los maestros usan estos nueve pasos, tendrán una parte significativa de la preparación lista para cada uno de los estudios del trimestre, aun antes que termine el anterior. Lo recomiendo mucho a los maestros. Las metas en busca de una respuesta de conducta ya han sido escritas en el paso 5. Las metas para los estudios de inspiración serán simplemente: "Tratar de guiar mi clase a... " (aquí se ha de insertar una afirmación de la actitud buscada en cada estudio de inspiración).

Un diccionario define "actitud" con estas palabras: "Forma, disposición, sentimiento, posición, etc., con respecto a una persona o cosa."

Las actitudes que deben ser identificadas se relacionan sólo con los estudios de inspiración. Insto a los maestros a nunca hacer que un estudio diga lo que no dice o quiere decir; creo muy profundamente en este principio. Sin embargo, debo recordar a los maestros que, al identificar las actitudes, deben tener en mente que, si es posible, las de los dos primeros estudios de inspiración es de esperar que preparen el camino para el tercero, que es el estudio que procura una respuesta de conducta. Y si es posible, el cuarto estudio (que es de inspiración) debe servir como una continuación. Lamentablemente, nuestros materiales curriculares no siempre lo hacen posible. De modo que los maestros deben hacer lo mejor posible al elaborar las actitudes que deben ser enfatizadas en los estudios de inspiración, sin dejar de ser fieles a las Escrituras.

Un ejemplo de los nueve pasos

En este ejemplo, vamos a ir recorriendo los nueve pasos, mencionándolos y luego dando un ejemplo de cómo puede ser elaborado cada uno. Ruego que se estudie el material que sigue. He colocado los pasos 2, 3 y 4 a través de la página para ahorrar espacio. En el paso 2, he señalado todo los estudios con la "I "de "inspiración". También en el paso 2, después de haber seleccionado los estudios que debieran ser para una respuesta de conducta (paso 4), no he señalado con la "I" los estudios que no deben ser de inspiración. En el paso 3, he indicado cómo un maestro puede elaborarlo enumerando todos los estudios que pudieran ser para una respuesta de conducta. He elaborado el paso 4 eliminando los estudios que no serán de ese tipo. Para que se destaquen los que son, he indicado en el segundo cuadro los que no están señalados. Espero que todos los otros pasos se expliquen a sí mismos. Las fechas, pasajes bíblicos, estudios, metas y lo demás son ficticios.

Paso 1: ¿Quiero una meta de conocimiento? No.

Paso 2: Señale todos lo que pudieran ser estudios con meta de inspiración con una "I".

Paso 3: Señale todos lo que pudieran ser estudios para una respuesta de conducta con "RC".

Cuadro 1

	Puede ser de inspiración	Puede ser de respuesta de conducta
Abril 4	I	
Abril 11	I	RC
Abril 18	I	RC
Abril 25	I	RC
Mayo 2	I	
Mayo 9	I	
Mayo 16	I	RC
Mayo 23	I	RC
Mayo 30	I	
Junio 6	I	RC
Junio 13	I	RC
Junio 20	I	RC
Junio 27	I	

Paso 4: Elija los estudios que efectivamente usará con una meta de inspiración y cuáles con una meta de respuesta de conducta. No más de tres estudios serán marcados "RC" y obviamente estos no tendrán una meta de inspiración.

(Cuando esté decidido en el Cuadro 2 qué estudios *serán* de respuesta de conducta, las marcas correspondientes señaladas "I" para ser de inspiración serán eliminadas en el Cuadro 1; estos estudios serán de respuesta de conducta y no de inspiración. Del mismo modo, en el Cuadro 1, los que *no son* elegidos como para una respuesta de conducta, sus marcas serán eliminadas; serán los estudios para inspiración. Esto puede parecer complicado, pero es muy simple de hacer. Sólo los pasos 4 y 5 son difíciles de entre los 9 que hay que cumplir.)

Cuadro 2

	Será de inspiración	Será de respuesta de conducta
Abril 4	I	
Abril 11	I	
Abril 18		RC
Abril 25	I	
Mayo 2	I	
Mayo 9	I	
Mayo 16		RC
Mayo 23	I	
Mayo 30	I	
Junio 6	I	
Junio 13	I	
Junio 20	I	RC
Junio 27	I	

Paso 5: Escriba las metas "RC" en los estudios elegidos.

Abril 18: Meta del estudio: Tratar de guiar a cada alumno a estar más involucrado en los ministerios de nuestras iglesias:

(1) enseñando a leer a los analfabetos, o

(2) cuidando de un niño que carece de cultura, o

(3) ayudando a un joven que está teniendo problemas en la escuela, o

(4) trabajando en el ministerio con los extranjeros en la ciudad, o

(5) trabajando en el ministerio de reparaciones menores, o

(6) trabajando con niños especiales, o

(7) enseñando en la clase de costura para madres, o

(8) en algún otro ministerio que elija.

Mayo 16: Meta del estudio: Tratar de guiar a cada alumno de mi clase a crecer en su profundización espiritual:

(1) comenzando un tiempo regular para la devoción espiritual, o

(2) comenzando la práctica del culto familiar, o

(3) comenzando la práctica de llevar un diario espiritual, o

(4) prolongando el tiempo dedicado a la devoción espiritual, o

(5) reuniendo un grupo para comenzar un ministerio de oración, o

(6) por cualquier otra actividad que elija.

Junio 20: Meta del estudio: Tratar de guiar a cada miembro de la clase a ser un testigo en su vida secular esta semana:

(1) construyendo una relación más profunda con un compañero de trabajo no salvo, invitándolo a comer esta semana, o

(2) invitando a un compañero de trabajo, no salvo, con su familia para cenar en algún día del mes, o

(3) invitándolo a la escuela dominical o al culto de adoración el domingo próximo, o

(4) quedándose fuera del tiempo de clase para ayudar a un compañero que está atrasado con su tarea, o

(5) tratando de comenzar un grupo de oración 30 minutos antes que empiece el horario de trabajo una vez por semana, o

(6) con cualquier otra actividad que elija.

Paso 6: ¿Qué estudios estarán en qué unidades?

Unidad I:	Abril 4—abril 25	Estudios 1—4
Unidad II:	Mayo 2—mayo 30	Estudios 5—9
Unidad III:	Junio 6 —junio 27	Estudios 10—13

La unidad I tiene dos estudios de inspiración antes del de respuesta de conducta y una después. La unidad II tiene tres estudios de inspiración antes del de respuesta de conducta y uno después. Si el maestro ha determinado tener sólo dos estudios de respuesta de conducta en el trimestre, las divisiones de las unidades serán muy diferentes. Es la meta de respuesta de conducta la que determina el resto de la unidad. El maestro también notará en este trimestre en particular que las unidades se dividen de acuerdo con los meses. No siempre será así.

Paso 7: Indique las metas de unidades.

Unidad I: Tratar de guiar a cada alumno a estar más involucrado en los ministerios de nuestra iglesia:

    (1) enseñando a leer a los analfabetos, o

    (2) cuidando de un niño que carece de cultura, o

    (3) ayudando a un joven que está teniendo problemas en la escuela, o

    (4) trabajando en el ministerio con los extranjeros en la ciudad, o

    (5) trabajando en el ministerio de reparaciones menores, o

    (6) trabajando con niños especiales, o

    (7) enseñando en la clase de costura para madres, o

    (8) en algún otro ministerio que elija.

Unidad II: Tratar de guiar a cada alumno de la clase a crecer en su profundización espiritual:

    (1) comenzando un tiempo regular para la devoción espiritual, o

    (2) comenzando la práctica del culto familiar, o

    (3) comenzado la práctica de llevar un diario espiritual, o

    (4) prolongando el tiempo dedicado a la devoción espiritual, o

(5) reuniendo un grupo para comenzar un ministerio de oración, o

(6) por cualquier otra actividad que elija.

Unidad III: Tratar de guiar a cada alumno de la clase a ser un testigo en su vida secular esta semana:

(1) construyendo una relación más profunda con un compañero de trabajo no salvo, invitándolo a comer esta semana, o

(2) invitando a un compañero de trabajo, no salvo, con su familia para cenar en algún día del mes, o

(3) invitándolo a la escuela dominical o al culto de adoración el domingo próximo, o

(4) quedándose fuera del tiempo de clase para ayudar a un compañero que está atrasado en su tarea, o

(5) tratando de comenzar un grupo de oración 30 minutos antes que empiece el horario de trabajo una vez por semana, o

(6) con cualquier otra actividad que elija.

Paso 8: Tratar de guiar a cada alumno a:

(1) estar más involucrado en los ministerios de nuestra iglesia: (a) enseñando a leer a los analfabetos, o (b) cuidando de un niño que carece de cultura, o (c) ayudando a un joven que está teniendo problemas en la escuela, o (d) trabajando en el ministerio con los extranjeros en la ciudad, o (e) trabajando en el ministerio de reparaciones menores; o (f) trabajando con niños especiales, o (g) enseñando en la clase de costura para madres; o (h) en algún otro ministerio que elija;

(2) crecer en su devoción espiritual; (a) comenzando un tiempo regular para la devoción espiritual, o (b) comenzando la práctica del culto familiar, o (c) comenzando la práctica de llevar un diario espiritual, o (d) prolongando el tiempo que dedica a la devoción espiritual, o (e) reuniendo un grupo para comenzar un ministerio de oración, o (f) por cualquier otra actividad que elija.

(3) ser testigo en su vida secular esta semana: (a) construyendo una relación más profunda con un compañero de
trabajo no salvo invitándolo a comer esta semana; o (b)
invitando a un compañero, no salvo, con su familia para
cenar algún día del mes, o (c) invitándolo a la escuela dominical o al culto de predicación del domingo próximo, o
(d) quedándose fuera del tiempo de clase para ayudar a
un compañero que está atrasado en su tarea, o (e) tratando de comenzar un grupo de oración 30 minutos antes de
que comience el horario de trabajo una vez por semana, o
(f) por cualquier otra actividad que elija.

Paso 9: Identifique las actitudes que serán enfatizadas en los
estudios de inspiración.

Unidad I: Abril 4 Estudio preparatorio. ACTITUD: profundizar la convicción de que Dios llama a
todos a ser sus ministros.

Abril 11 Estudio preparatorio. ACTITUD: profundizar la convicción de que Dios nos ha
dado dones para nuestro ministerio.

Abril 18 Estudio para buscar una respuesta de conducta.

Abril 25 Estudio de prosecución. ACTITUD: Profundizar la convicción de que Dios nos
considera aptos para nuestro ministerio.

Unidad II: Mayo 2 Estudio preparatorio. ACTITUD: En la
experiencia de la tentación, Jesús se basó en
la Escritura para derrotar a Satanás.

Mayo 9 Estudio preparatorio. ACTITUD: Antes de
elegir a los 12, Jesús pasó la noche en
oración.

Mayo 16 Estudio preparatorio. ACTITUD: La práctica de la devoción espiritual debe ser genuina y no superficial.

Mayo 23 Estudio de respuesta de conducta.

Mayo 30 Estudio de prosecución. ACTITUD: Jesús
es nuestro ejemplo para una devoción
espiritual genuina.

Unidad III: Junio 6 Estudio preparatorio. ACTITUD: Jesús nos
da el ejemplo de testificar en un ámbito se-
cular.

Junio 13 Estudio preparatorio. ACTITUD: Jesús testifica en un
ámbito secular al hombre en el estanque de Betesda.
Junio 20 Estudio de respuesta de conducta.
Junio 27 Estudio de prosecución. ACTITUD: Jesús sana al
siervo del centurión en un ámbito secular.

El lector notará que he escogido actitudes para los estudios de
inspiración que servirán como introducción y preparación para
cada uno de los estudios de respuesta de conducta. Para el que
viene después, también he escogido una actitud que se relaciona
directamente con aquél y que dará al maestro la oportunidad de
continuar el énfasis puesto en el estudio de respuesta de conducta. Esto da al maestro una oportunidad de volver a enfatizar la
actitud en que se basa el estudio de respuesta de conducta y (ciertamente que sin presión por parte del maestro) dará a los alumnos una oportunidad para compartir: (1) si alguno ha tomado
una decisión de dar un paso en su crecimiento después del estudio del domingo anterior; (2) si es así, qué dificultades ha encontrado; (3) qué éxito ha tenido.

Evaluación del trimestre

Con estos enfoques de planificación del trimestre y de enseñar, se hace posible que el maestro evalúe la efectividad de su enseñanza durante el trimestre. No será el tipo de evaluación que
hace un maestro de escuela común para reconocer el conocimiento que ha adquirido un estudiante. Tampoco lograría una
evaluación absolutamente exacta. Pero si el maestro tiene tres o
menos respuestas de conducta durante el trimestre, si hay una
más estrecha relación y confianza entre el maestro y los alumnos,
puede hacer una buena estimación de si alguno de los alumnos
ha dado una respuesta en su vida.

Si este es el primer trimestre en que el maestro usa este enfoque y la respuesta de los alumnos en cuanto a dar un paso de
crecimiento es mínima, ¡no debe desalentarse! En primer lugar, el
maestro simplemente está descubriendo que los alumnos no han
estado dando pasos de crecimiento en el pasado. En segundo
lugar, el maestro debe reconocer que este enfoque es algo nuevo
y a veces atemorizador para los alumnos. En tercer lugar, el
maestro debe darse cuenta de que para todos es difícil hacer cambios en la vida que requieran algo más de lo que se está hacien-

do. En el sentido positivo, los estudios con una respuesta de conducta dan al maestro una base para la evaluación.

Con todo esto en mente, el maestro puede mirar atrás repasando el trimestre y aplicarlo a cada alumno. No, no todos los alumnos tomarán una decisión de dar tres pasos de crecimiento. El maestro no puede estar seguro de que lo haga cada alumno, aun los más regulares en la asistencia. Quizá no tenga esa profunda relación con los alumnos que permita que haya el deseo de compartir lo experimentado en la intimidad de la vida. O quizá uno o más alumnos sean del tipo de persona que no lo hace. Pero, apelando a todo lo que disponga, al repasar el trimestre puede decir: "No, no todos respondieron. No sé todo sobre todos los alumnos, pero sé que tres han tomado decisiones de involucrarse en alguno de los ministerios de la iglesia y uno me dijo que tratará de comenzar un nuevo ministerio relacionado con un hogar de ancianos cercano. Hubo uno que dijo que iba a comenzar a tener un tiempo de lectura bíblica y oración diariamente y cuatro que dijeron que comenzarán el culto familiar. ¡Uno de ellos dijo que este culto ya había comenzado a transformar toda la actitud de la familia! Hubo tres que dijeron que habían decidido transformar su mundo secular en un lugar para el testimonio y uno que me compartió que ahora estaba testificando a un compañero de trabajo y me pidió que orara por este colega. Estoy emocionado con estas respuestas y el próximo trimestre voy a volver a hacerlo." Este es el entusiasmo y logro que un maestro puede experimentar al fin de cada trimestre.

17

La importancia
del maestro

**Los maestros deben examinar
su experiencia cristiana**

**Un plan para el mejoramiento propio
    Cualidades esenciales de un buen maestro
    Autoexamen**

Analizarme como maestro

**Este es mi punto débil; con la ayuda
de Dios mejoraré**

Uso del cuadro para mejorar

◆◆◆◆◆◆◆◆◆◆◆◆◆◆

He repetido un experimento con grupos de maestros de escuela dominical y he tenido resultados casi idénticos en todos los casos. Pregunto: "¿Cuál es la cosa más importante que usted experimentó en la escuela dominical antes de comenzar a enseñar?" Para ayudarles en la reflexión, he sugerido ciertas posibilidades. "¿Fue una canción o un himno que aprendió en los años preescolares? ¿Fue algún equipo con el que se distrajo en sus primeros años? ¿Fue una lección que le enseñaron? ¿Fue una historia o ilustración que le quedó grabada? En los años previos a ser maestro, ¿de qué se acuerda más o primero?" Al hacer algunas preguntas, no se levantó ninguna mano. En otras, se levantaron una o dos. Finalmente pregunté: ¿fue un maestro?" En todos los casos, pareciera que se levantaban todas las manos. No he hecho una investigación científica, pero creo que el 90% afirmó que fue un maestro. Piense el lector en su propia experiencia. ¿Cómo votaría?

Si las experiencias de esos maestros son típicas de todos aquellos que asisten a la escuela dominical, entonces este hecho tiene un tremendo significado para la enseñanza y el aprendizaje. Al considerar ese proceso, siempre se da mucho énfasis a los principios y las técnicas educativas. Este énfasis es bueno. Pero las experiencias de estos maestros indican que el factor más importante que haya influido en la enseñanza es la *vida y personalidad del maestro*. Este factor no ha recibido suficiente énfasis en el pasado.

Todos hemos oído decir: "Lo que eres habla más fuerte que lo que dices." Indudablemente esto es verdad en cuanto a un maestro cristiano. Los maestros enseñan para bien o mal especialmente por lo que son. Su actitud hacia Dios y la vida, lo que le gusta y le disgusta, sus prejuicios, sus hábitos al hablar y vestir son inevitablemente una parte de su enseñanza tal como las capacidades o métodos técnicos.

El maestro es como una ventana con vidrios transparentes. El resplandor de la verdad divina brilla a través de la mente, el espíritu y la vida del maestro, sea que se trate de algo esplendente o algo oscuro. Quizá el lector ha tenido la experiencia de entrar desde un ambiente de sol brillante a un templo y en ese momento ha tenido un sentido de depresión porque estaba muy oscuro. En otro tiempo, uno puede haber ido al templo y, cuando el sol pasaba por las ventanas con sus colores brillantes y alegres, parecía como que Dios estaba presente. ¿Qué hizo la diferencia? El brillo solar era el mismo. La diferencia fue determinada por los vidrios de las ventanas a través de los cuales pasó la luz del sol de Dios. Lo mismo ocurre con los maestros cristianos. La Palabra de Dios es la misma, pero hay veces en que no es tan atractiva y apelante como debiera ser. Otras veces, brilla con belleza magnética. La diferencia puede estar en el maestro a través del cual fluye la Palabra de Dios.

Las técnicas pedagógicas y el conocimiento del contenido son de poco valor a menos que sean usados por un maestro cuya vida haga fluir con sinceridad y pureza la verdad de Dios. Las verdades cristianas se entienden mejor cuando se las ve en la vida. Dios se ha revelado a sí mismo en la naturaleza. Se ha revelado aun más por medio de las palabras de los profetas. Pero cuando quiso revelarse a sí mismo y su verdad en forma plena y final a todo el mundo, lo hizo a través de una persona: Jesucristo, su Hijo.

¿Qué significa que una persona esté consagrada a Cristo? ¿Y que tenga una vida dedicada a él? ¿O que lleve una vida de fe? Es difícil que una persona entienda estos conceptos espirituales solo por medio de palabras. Pero pueden ser completamente entendidos cuando aquel que busca la verdad la ve reflejada en una vida cristiana.

De la misma manera, las vidas son selladas y cambiadas mucho más por las verdades que se ven demostradas que por las que se oyen. Esto presenta el tema del aprendizaje por medio de la identificación. Aprendemos mejor de los maestros con quienes nos sentimos identificados. Por ello, quizá la necesidad básica de nuestras escuelas dominicales es la de tener maestros cuya vida, personalidad y experiencias cristianas sean tales que hagan que la vida cristiana sea deseable y atractiva. Ese es el punto en que se debe comenzar el mejoramiento de nuestra enseñanza: nuestros maestros. Cuando ellos son del tipo que envuelve las verdades que procuran enseñar, no tenemos por qué sentir temor por los resultados.

Los maestros deben examinar su experiencia cristiana

Básicamente, enseñar es compartir experiencias. Si esto es verdad, lo que más desearán los maestros será compartir a Cristo.

Pero para ello deben tener una experiencia personal y genuina con él, así como deben tenerlas genuinamente en otros aspectos de la vida. Los maestros deben saber algo de la tentación y del poder de Cristo para ayudar a vencerla. Por cierto, deben tener experiencias cristianas en todas las relaciones de la vida, porque sólo pueden compartir aquello que han experimentado. Si los maestros son solo loros que repiten lo que se dice en el estudio y no tienen una experiencia personal en la vida, Jesús podría preguntarles: "¿Preguntas tú esto de ti mismo, o porque otros te lo han dicho de mí? " (Juan 18:34).

A veces aquellos que critican la educación cristiana moderna señalan que en la iglesia primitiva no tenían un programa para ello. Quizá hemos puesto demasiado énfasis en algunos de los aspectos externos de nuestro programa. Necesitamos ser vueltos a lo que debe ser el énfasis central en la educación cristiana. Los cristianos de aquel tiempo tenían una experiencia que compartir y lo hacían con entusiasmo. Este es el mismo corazón de la educación cristiana.

Un plan para el mejoramiento propio

Si la vida y la personalidad del maestro son factores tan importantes en cuanto a su influencia en el desarrollo cristiano de aquellos a quienes enseñan, entonces, a la vez que buscan el mejoramiento de la enseñanza los maestros deben procurar el mejoramiento de sí mismos. Hacia el fin de su ministerio público, Jesús oró diciendo que se santificaba a sí mismo por el bien de sus apóstoles (Juan 17:19). En esa hora, él se estaba poniendo aparte, concentrándose en sí mismo. Pero no se trataba de egoísmo. Era necesario, porque en un análisis final lo que tenía que hacer por el mundo dependía de cómo reaccionara ante la situación que debía enfrentar.

Aun más, los maestros deben examinarse a sí mismos. Por el bien de sus alumnos, el maestro debe sacrificar su yo. Debe hacer a un lado su propio yo. Porque en un análisis final, mucho de lo que el maestro podrá hacer por el desarrollo cristiano de sus alumnos dependerá de su vida, personalidad y experiencia cristianas.

Si nuestros maestros han de mejorar, deben tener un plan para lograrlo. El mejoramiento no surge por accidente sino por un esfuerzo consciente. Hay que elaborar un plan cuidadoso, dedicarse a él conscientemente y seguirlo sistemáticamente.

Cualidades esenciales de un buen maestro

El primer paso para desarrollar ese plan debe guiar al maestro a hacer una lista de lo que él considera como cualidades esenciales de un buen maestro. Al hacer esa lista, los maestros deben ser idealistas y realistas a la vez. Lo más probable es que insistan en cualidades genéricas. Por ejemplo, alguno puede sugerir que un buen maestro debe ser consagrado. Eso es cierto, pero "consagración" es un término demasiado amplio y genérico. ¿Cómo se expresa esa consagración de manera específica?

Al hacer la lista de las cualidades de un buen maestro, se debe ser tan práctico y específico como sea posible. Los puntos siguientes pueden ser incluidos por los maestros:

1. Ser regular en la asistencia.

2. Estar a tiempo.

3. Comenzar la preparación del estudio al comienzo de la semana.

4. Llevar un anotador con información sobre los alumnos.

5. Visitar la casa de cada alumno al menos una vez por mes.

6. Asistir a la reunión semanal de maestros.

7. Seguir un plan sistemático de estudio bíblico.

8. Tener devociones personales diarias.

9. Seguir un plan definido para mejorar la enseñanza.

10. Tener crecimiento en la experiencia cristiana.

La lista puede ser extendida por los maestros como para incluir cualquier otra cualidad que determinen. Quizá quieran considerar ciertas cualidades físicas como la salud, la buena apariencia, la suficiente energía física o el buen carácter. Aun más importantes son las cualidades de la personalidad como la alegría, la estabilidad emocional, el espíritu amistoso, la accesibilidad o el sentido del humor. Lo más importante de todo son las cualidades del desarrollo espiritual, aunque son las más difíciles de identificar y evaluar. ¿Mi relación con Dios en Cristo está viva y en crecimiento? ¿Qué estoy haciendo para desarrollar mi vida espiritual? ¿Qué hago fuera del templo para expresar mi condición de cristiano? ¿Hago algo más que hablar cuando se trata de los males que hay en la comunidad?

Después de haber elaborado la lista de cualidades que debe tener un buen maestro, ésta debe ser copiada en una forma similar a la que se muestra en el cuadro de la pág. 257. Esto debe aparecer como un desafío y debe llevar a la adopción de un plan para el mejoramiento propio. El maestro debe llevar esa hoja a su casa y, durante su tiempo de oración, a solas con Dios, debe calificarse honestamente al respecto. Puede establecer una escala del uno al diez o señalando lo que es excelente, muy bueno, bueno, pobre o muy pobre. Después de calificarse a sí mismo, el maestro debe elegir el punto en que está más débil y trabajar sobre ello durante un mes. Eso es ser sistemático. Los psicólogos nos dicen que es más fácil concentrarse en un punto débil a la vez que tratar de hacerlo en general sobre muchos.

Autoexamen

Al fin del mes, el maestro debe ir al lugar quieto que ha elegido y analizarse a sí mismo sobre los puntos de la hoja de verificación. Si ha estado esforzándose sobre el punto débil de estar a tiempo, revisará el mes y verá cómo ha mejorado al respecto. Quizá compruebe que ha habido alguna mejora en este punto más débil. Si es así, entonces cambiará su calificación sobre ello de pobre a bueno y seleccionará otro punto débil para empeñarse el mes siguiente.

La reacción probable de un maestro a este plan sugerido puede ser: "Esto es muy infantil. Sé que debo mejorar y voy a tratar de hacerlo, pero no preciso de ningún plan tonto para que me ayude." Admitamos que el plan es simple. Fue elaborado para eso. Sin embargo, la verdadera razón por la cual un maestro reacciona contra este plan es que lo pone más abajo de lo que le gusta. Si ha tomado una decisión genérica de mejorar, en dos o tres semanas se olvidará de ello y su resolución genérica ya no lo incomodará más. Pero si se ha empeñado en una escala de medición de sí y, delante de Dios, resuelve mejorar, esa hojita será un continuo recordatorio para acosarlo y condenarlo hasta que logre el mejoramiento. Debemos enfrentar el hecho de que a menos que tengamos un plan sistemático definido, lo más probable es que no logremos ninguna mejoría.

El Gran Maestro dijo: "Por ellos yo me santifico a mí mismo" (Juan 17:19). Por el bien de los demás, el maestro cristiano debe hacer otro tanto. Debe haber una *voluntad* de mejorar de parte de cada maestro. Debemos enfrentar ese hecho inescapable. *El maestro es el elemento más importante como influencia en el proceso de aprendizaje y es la única área en la que tenemos un control completo.* No podemos controlar los estudios; no podemos controlar la asistencia; no podemos controlar el clima, pero podemos controlarnos y mejorarnos. La cuestión es si estamos dispuestos a pagar el precio. Debemos considerar la vida de aquellos a quienes enseñamos; debemos considerar al Dios que nos salvó; debemos considerar la misión que él nos ha confiado. Podemos rebelarnos ante la idea de seguir un plan sistemático, pero eso nos ayudará. Bendecirá a los que enseñan y Dios sonreirá con su favor sobre ellos.

Analizarme como maestro

	Excelente	Muy bueno	Bueno	Regular	Pobre
Regular en la asistencia					
Estar a tiempo					
Preparación del estudio al principio de la semana					
Anotador con información sobre los alumnos					
Visita mensual a los alumnos					
Reunión semanal de obreros					
Plan sistemático de estudio bíblico					
Devociones personales diarias					
Plan definido para mejorar la enseñanza					
Crecimiento en la experiencia cristiana					

Este es mi punto débil; con la ayuda de Dios mejoraré

Enero _____   Julio _____
Febrero _____   Agosto _____
Marzo _____   Septiembre _____
Abril _____   Octubre _____
Mayo _____   Noviembre _____
Junio _____   Diciembre _____

Uso del cuadro para mejorar

1. Con los nombres de sus alumnos y este cuadro, vaya a un lugar quieto para estar a solas con Dios.

2. Lea cada nombre y visualice cada rostro.

3. Honesta y objetivamente observe cada calificación y pregúntese: "¿Cómo califico?"

4. Repase aquellas marcas que ha puesto en la columna "Pobre". Considere su punto más débil y resuelva, con la ayuda de Dios, que se dedicará a este aspecto el mes próximo.

5. Pida la ayuda de Dios en el propósito de llegar a ser el tipo de maestro que su clase necesita y merece.

18

Algunos aspectos teológicos del aprendizaje

La capacidad del alma

La encarnación

Encuentro

Gracia

Las iglesias y las escuelas públicas tratan con las mismas personas, pero las iglesias no tienen la misma tarea educacional que las escuelas. La psicología de la educación y las teorías del aprendizaje de la escuela secular pueden ser de ayuda, pero las iglesias no pueden descansar sólo en esos enfoques para entender su tarea de enseñanza-aprendizaje. La educación cristiana tiene una dimensión teológica que las iglesias no deben pasar por alto. Un estudio de ciertos principios teológicos puede llevarnos a una comprensión más clara de nuestra tarea educativa y de cómo debemos manejarla. También podemos ser llevados a ver la posibilidad de un tipo más profundo de aprendizaje al que denominamos "aprendizaje cristiano". También podemos descubrir algunos caminos que debemos seguir si hemos de alcanzar ese tipo de aprendizaje.

La capacidad del alma

La doctrina de la capacidad del alma significa que cada persona tiene tanto la competencia como el derecho —bajo la dirección del Espíritu Santo— de interpretar las Escrituras. Cada individuo tiene no sólo el derecho sino también la responsabilidad de interpretar la Escrituras por sí mismo. El aprendizaje cristiano es por lo tanto individual y personal. Cada individuo es responsable ante Dios de la respuesta que le dé. Los padres, los predicadores y los maestros no deben usurpar u ocupar el lugar del individuo al hacer su propio estudio, su propio razonamiento y su propio aprendizaje. Aprender no es algo que se pueda hacer por un intermediario. El individuo debe hacer su propio aprendizaje o si no, éste no tendrá lugar.

La capacidad del alma también implica un principio de real importancia en el aprendizaje. Como cada individuo, bajo la dirección del Espíritu Santo, tiene la capacidad de interpretar las Escrituras por sí mismo, tiene de ese modo enfoques que son significativos y valiosos. Por lo tanto, tiene la responsabilidad de compartir sus enfoques con todos los demás del grupo de estudio. Una persona puede tener enfoques que no tienen otros pero que sí precisan. Por esa razón, cada miembro del grupo tiene la responsabilidad de ser un participante activo y un contribuyente en el estudio en el cual tiene lugar el aprendizaje. El proceso de enseñanza-aprendizaje no es un monólogo en el cual una sola persona lo dice todo. Debemos recordar que Dios es soberano. Enseña por medio de quien él quiere. La persona que está formalmente a cargo del grupo de estudio no es la única que enseña. En cualquier punto dado de la experiencia de enseñar el Espíritu Santo puede elegir a uno de los alumnos para que sea el maestro. El énfasis en la participación del grupo que aprende no es sólo una técnica educativa. La participación, en la que cada cual comparte sus propios enfoques con el grupo, se basa en el principio bíblico de que cada persona tiene acceso directo a Dios y por lo mismo la responsabilidad de compartir con otros lo que ella entiende que Dios le dice. Es un error que el alumno permanezca en silencio cuando, como hijo de Dios, puede contribuir a alguien que es su hermano o hermana.

El alumno tampoco puede disculparse de asumir su responsabilidad y de contribuir al aprendizaje del grupo, aduciendo que su educación es limitada. No nos esforzaremos en minimizar la importancia de la instrucción. Pero los enfoques espirituales no están condicionados plenamente por la cantidad de instrucción que tenga una persona. A veces surgen enfoques transformadores a través de quienes tienen poca capacitación.

El concepto de la iglesia como comunidad debe ser considerado a esta altura para contrarrestar un posible individualismo extremo que pueda estar latente en la doctrina de la capacidad del alma. Es cierto que el individuo tiene el derecho de interpretar por sí mismo las Escrituras, pero tiene una obligación similar de llevar sus enfoques o conclusiones a la iglesia como comunidad de creyentes (o de cualquier otro grupo) para su análisis, reacción y posible corrección. Dios habla a todos los miembros de la comunidad cristiana y no sólo a una persona aislada. Por lo tanto, es un imperativo cristiano de todo individuo el someter su comprensión ante otros cristianos para beneficiarse de los enfoques y comprensiones de los demás. A menudo, Dios ha usado al grupo para ser el maestro de un individuo.

Sin embargo, debe entenderse claramente que el individuo no está atado por los criterios de la comunidad. En el análisis final, tiene que tomar su propia decisión. *Dado que cada persona es individualmente responsable ante Dios, debe ser libre para llegar a sus propias conclusiones.*

La encarnación

Cuando el Dios infinito se dio para enseñarnos a los mortales (o sea para revelarse a nosotros), vino encarnado en Jesucristo. En tiempos anteriores y en otras formas, Dios quiso revelarse a sí mismo, pero la más elevada y efectiva forma de presentación fue en la persona de su Hijo. "Dios, habiendo hablado en otro tiempo muchas veces y de muchas maneras a los padres por los profetas, en estos últimos días nos ha hablado por el Hijo" (Heb. 1:1, 2). He aquí una demostración del hecho de que es por medio de la encarnación que una persona puede llegar a entender y apropiarse de lo que podríamos llamar una verdad abstracta. En el proceso de enseñanza-aprendizaje, la verdad es mejor comunicada cuando es encarnada. Esto sugiere tres cosas:

1. *Los maestros deben encarnar la verdad que enseñan.* Los maestros no enseñan tanto por lo que dicen o por lo que hacen, sino por lo que son.

2. *Los maestros enseñan por medio de relaciones.* Probablemente, enseñan mucho más por las relaciones que tienen con los alumnos (tanto dentro como fuera de la clase) que por las palabras que usan en la clase. La enseñanza llega más a través de relaciones que de la comunicación verbal. Esto no significa que los maestros no deben ser cuidadosos con las palabras que usan al enseñar; significa que debemos preocuparnos más con la relación que tenemos con los alumnos. Si los maestros están procurando enseñar el amor de Dios a un niño, ellos deben ser el amor de Dios para el alumno. Si han de compartir con un adolescente el hecho de que Dios lo acepta aun cuando sea un pecador, los maestros deben ser una expresión de la aceptación de Dios cuando el adolescente ha sido un pecador. Es por medio de las relaciones que la verdad es enseñada y aprendida.

3. *La verdad debe llegar a encarnarse en la vida de toda la congregación.* Esta es una de las mayores debilidades en la iglesia moderna. Con demasiada frecuencia, la vida de la congregación no se parece para nada a lo que declara creer. Se reconoce que la congregación está compuesta de pecadores salvados por la gracia, pero la vida de esos pecadores salvados debe aproximarse todo lo posible a la forma en que Jesús nos ha llamado a todos. Las iglesias procuran enseñar verbalmente que el seguidor de Cristo

debe poner su vida en el altar de Dios, que debe ofrecer su vida como un sacrificio viviente, que cada cual debe negarse a sí mismo y tomar su cruz. Sin embargo, consideremos brevemente a un hombre adulto que ha pasado su vida como alcohólico. Sabe poco de la vida cristiana. Pero de repente tiene una experiencia radical de conversión. Se une a una iglesia. Asiste a la escuela dominical y al culto. Escucha la elevada y santa enseñanza y predicación, pero ve poca encarnación de esas verdades bíblicas en la vida de la congregación. Básicamente, lo que ve es un gran grupo de ocupantes de bancos. Por lo tanto, a través de lo que ve, llega a sentir que los duros dichos de Jesús son ideas que deben ser estudiadas en la escuela dominical y el culto. Y entonces se acomoda con el resto de la congregación, dando su consentimiento intelectual a esas grandes verdades, pero sin ser una demostración de ellas.

Se ve así que el instrumento humano más poderoso para la enseñanza en la iglesia es la vida que lleva la congregación. Esa puede ser una de las principales razones por nuestro fracaso en enseñar: que estamos tratando de vencer con la enseñanza verbal la demostración que damos (o dejamos de dar) por medio de nuestras vidas encarnadas. Esto es de hecho una tarea imposible. Pero, para decirlo positivamente, es muy posible que nuestros alumnos nunca aprenderán o tomarán en serio lo que tratamos de enseñar hasta que comencemos a demostrar de una manera encarnada lo que hemos dicho en palabras. En el primer siglo, quizá no había abundancia de enseñanza verbal o formal, pero eso no era necesario. La vida que llevaba la congregación daba una demostración encarnada de lo que creían. Esto es lo que se enseñaba. Así es como aprendían los alumnos.

Encuentro

Hay diferentes tipos de enseñanza en la tarea educativa de la iglesia. Todos son importantes, aunque no en la misma medida, pero no deben ser confundidos el uno con el otro. Hay ciertos hechos que el individuo necesita aprender. Hay ciertas actitudes que necesita desarrollar. Hay ciertos hábitos que necesita formar. Todos estos exigen una aproximación diferente al aprendizaje, pero hay aun un nivel más profundo de aprendizaje experimental que debe buscar la iglesia. Este ocurre cuando un individuo llega a un encuentro personal con el Dios viviente. Es cierto que en este tipo de aprendizaje, los hechos son conocidos y las actitudes son cambiadas, pero ocurre algo más. Este es el aprendizaje más elevado. De este tipo es aquel al cual se dirige como meta toda la enseñanza de la iglesia. Es sólo en la presencia de Dios que una persona realmente aprende y su vida es transformada.

Este tipo de aprendizaje es difícil de explicar y aun más difícil de alcanzar experimentalmente. Debe entenderse con toda claridad que lo que ocurre en este tipo de situación educativa no es simplemente subjetivo. No es meramente un fenómeno psicológico, aunque tiene algunas facetas que lo son. Como cristianos vivimos en la fe de que hay una realidad —Dios— a quien podemos y debemos encontrar. El aprendizaje más profundo y más significativo tiene lugar entonces en la presencia de Dios. En esa situación educativa que estamos procurando hay una respuesta a Dios y no simplemente el conocimiento de información o aun de creencias, por muy relacionadas que estén con la Biblia. La información y las creencias son instrumentos necesarios, pero el maestro que guía en el aprendizaje siempre debe recordar que se trata sólo de instrumentos. Lo que buscamos es una comunicación abierta y libre a Dios.

Por esta razón, aquel que es responsable de dirigir el aprendizaje debe tratar de crear una situación de aprendizaje en la cual los individuos se sientan libres para ser ellos mismos —no las máscaras que usan casi todo el tiempo, sino su *verdadero yo* con todo su pecado, sus fracasos y necesidades— al abrir el Libro, la Biblia, en la clase. A medida que la Biblia echa luz sobre el tema en consideración, que los distintos alumnos comparten sus experiencias, sus éxitos y fracasos, que las preguntas son formuladas y contestadas, que los problemas surgen y se buscan las soluciones, *puede ser* que en tal situación el individuo sea llevado a poner su vida delante de Dios. Entonces el Espíritu Santo, que es el gran Maestro, puede dar convicción de pecado. El individuo puede llegar a tener una visión más profunda y más clara de Dios y de su propia vida. Puede decir: "¡Esto es la verdad! ¡Ahora lo veo! ¡Eso es lo que debo hacer!" Así es como el aprendizaje en ese nivel siempre tiene lugar en el espíritu de adoración porque ocurre en la presencia de Dios.

◆◆◆ Algunos aspectos teológicos del aprendizaje ◆◆◆

Por lo tanto, no basta que un individuo aprenda información sobre religión, por valiosa que sea. No basta que aprenda los hechos bíblicos, por valiosos que sean. No basta que intervenga en un diálogo en el cual se aumentan las ideas y se expanden los horizontes, por valioso que sea. Ni siquiera basta que el individuo desarrolle ciertos hábitos que tengan significación religiosa, por valiosos que sean. En el aprendizaje espiritual ¡el individuo debe llegar a encontrarse con Dios!

Los padres deben compartir sus conocimientos con sus hijos y el maestro cristiano debe compartir su visión de la fe cristiana, pero esta enseñanza a menudo tiende a ser primordialmente algo de naturaleza verbal. El individuo puede seguir su vida habiendo dominado cierta información, ordenado ciertas creencias y adoptado ciertos hábitos, pero todo esto puede ser externo y no experimentado. Sólo cuando llega a encontrar a Dios por sí mismo, el aprendizaje llega a ser algo realmente recibido.

Pero a veces encontrar a Dios es una experiencia difícil y a menudo atemorizadora. Es verdad que hablamos muy livianamente de entrar en la presencia de Dios. Cada vez que vamos al templo para adorar, corremos a la puerta de la presencia de Dios, diciendo que vamos a entrar. Pero con mucha frecuencia simplemente damos vueltas alrededor, porque encontrar a Dios en forma vívida es algo atemorizador. Los pecadores tendemos a evitar un enfrentamiento con el Dios santo. Tratamos de sustituir otros tipos de aprendizaje para evitar un verdadero encuentro. Por esta razón a menudo no llega a ocurrir un verdadero encuentro. A pesar de todas nuestras protestas de que no es así, *no queremos* encontrar a Dios. La luz de Dios revela nuestros pecados. El fuego de Dios quema la paja que hay en nosotros. Encontrarse con Dios produce convicción y la convicción puede llevar a un cambio. Y en general no queremos ni una convicción ni un cambio. Por ello, tendemos a tomar un atajo en el proceso de aprender, sustituyendo con el aprendizaje de palabras la acción de dar el paso más necesario y encontrar a Dios cara a cara en un encuentro vital. El encuentro espiritual implica descubrir a *Dios* y no sólo aprender palabras sobre él.

Gracia

Hay que entender otro aspecto de este cuadro. Es verdad que

los seres humanos tendemos a resistirnos antes de llegar a la presencia de Dios. Puede ser una experiencia perturbadora que la luz de Dios brille sobre nosotros en toda su pureza. Pero una vez que abrimos esa puerta y entramos a su presencia, ocurre algo muy sorprendente. Nos encontramos lavados en el estanque de la gracia de Dios. Nuestros pecados son exhibidos. Nosotros *recibimos* la convicción. *Somos* motivados al cambio. Pero *no somos* atemorizados. Aun cuando seamos pecadores, somos aceptados tal como somos. Nos sobrecoge su gracia insuperable y sin igual. De ese modo, sólo en la presencia de aquel ante quien temimos llegar, encontramos la paz que ansiaban nuestros corazones. Es en su presencia que encontramos el significado, la dirección, la motivación, el poder para aprender... y para vivir.

Aquellos a quienes Dios ha conocido y llamado a este desafiante ministerio de enseñar debemos reconocer el gozo y la oportunidad que tenemos. Pero también debemos entender claramente la advertencia que hace Santiago sobre ser un maestro (ver Stg. 3:1). Luchamos para evitar una enseñanza falsa, pero también tratamos de ser maestros *eficaces*. Queremos dar conocimientos bíblicos de tal modo que nuestros alumnos lleguen a conocer no sólo tales hechos sino también el significado de la Sagrada Escritura. Queremos profundizar las actitudes de nuestros alumnos hasta el nivel de la consagración que les hará dar pasos de crecimiento en sus vidas diarias como una expresión de su respuesta de conducta. Esto nos exige que aprendamos y usemos los principios educativos que nos ayudarán a alcanzar esas metas.

Sin embargo, por importantes que sean, tenemos conciencia de que hay mucho más que eso en una enseñanza efectiva. La vida que tiene el maestro y la relación que edifica con cada alumno es igualmente importante, si no lo es más, que cualquier principio educativo. Al comprender esto, el maestro exclama: "Y para estas cosas, ¿quién es suficiente?" Y llega a ser más consciente de que todos tenemos necesidad de la gracia de Dios. ¡Sólo en la esfera de su sorprendente gracia podemos ir adelante con nuestras vidas!

APENDICE

Cómo completar "Un ejercicio
para la meta del estudio"

Este ejercicio puede usarse durante una sesión de capacitación de maestros y completarse bajo la dirección de un maestro-capacitador. Saque copias del ejercicio que figura en la página siguiente, una para cada maestro, y tenga en cuenta las siguientes instrucciones:

1. Diga a los maestros que lean cada meta y, teniendo en cuenta las definiciones de metas de respuesta de conducta, inspiración y conocimiento que se han dado antes en este libro, decida qué tipo de meta es cada una. Entonces en la primera columna debajo de Tipo, el maestro debe escribir "RC" si cree que es una meta de respuesta de conducta; "I", si cree que es de inspiración y "C" si es de conocimiento.

2. Bajo la columna Breve, el maestro debe escribir "S" (sí) o "N" (no) si cree que la meta es o no lo suficientemente breve como para ser recordada. (Al escribir sólo la primera letra de una palabra, nadie podrá decir de quién es la hoja según la caligrafía.)

◆◆◆◆◆◆◆◆◆◆◆◆◆◆◆

3. Previamente los maestros han completado la columna Clara con una "S" porque es obvio que todas las metas son lo suficientemente claras como para ser escritas.

4. Para continuar, los maestros deben ubicar la columna Específica y marcar con una "S" o una "N" a la luz del tipo de meta que han indicado en la primera columna. Si los maestros comparan las respuestas con las de los demás y encuentran que hay diferencias, ¡no se preocupe! ¡Ambas pueden ser correctas! (Por supuesto, puede que no lo sean.)

Un ejercicio para la meta de un estudio

Guiar a mis alumnos a	Tipo	Breve	Clara	Específica
vivir para Cristo con valentía				
crecer en el conocimiento de Cristo				
vivir la vida de sacrificio de Cristo				
practicar el ideal de la mayordomía cristiana				
atreverse a recorrer la segunda milla con Cristo				
obedecer a Cristo en todo				
cumplir con el Sermón del monte en la vida diaria				
ayudar a los necesitados				
llevar una vida más consagrada la semana próxima				

El maestro-capacitador dirá entonces a los maestros de cada grupo que mezclen sus hojas con los que estén más lejos de ellos. Luego dirá a cada grupo que vuelva a mezclar sus hojas con otro grupo. Sígalo haciendo hasta que nadie sepa de quién es cada hoja.

Entonces el maestro-capacitador dirá: "Cada uno de nosotros tiene una hoja, pero es de esperar que nadie sabrá de quién es. Al no saberlo, será más fácil informar de lo que está escrito en esa hoja. Veamos la primera meta." Se llama a un maestro de confianza para que conteste sobre las preguntas que están en su hoja, pidiéndole que mire la primera meta y diga de qué tipo es.

(Cada una de estas metas es lo suficientemente breve como para ser recordada, de modo que para hacerlo más fácil al lector debe ponerse una "S" en Breve para cada una de las metas. Como ya hemos dicho, la columna Clara debe tener una "S" y realmente sólo debemos preocuparnos por Tipo y Específica.)

Dando por sentado que la hoja que fue leída tiene una "I" (para inspiración) bajo Tipo y una "S" (para sí) bajo Específica, ¿eso es correcto? Sí, lo es. Pero algún maestro puede objetarlo, diciendo que es una respuesta de conducta. Para evitar una posible discusión, el maestro-capacitador preguntará cuántos tienen una hoja que diga que es una respuesta de conducta. Por lo común, levantará la mano la mitad de los maestros.

Recuérdeles las preguntas que deben hacer sobre una meta de respuesta de conducta. La primera es: "¿Qué queremos que hagan los alumnos?" Algunos contestarán: "Queremos que vivan valientemente para Cristo." La respuesta a la segunda pregunta sobre cómo lo pueden demostrar puede ser diversa. Alguno de los maestros puede decir: "Hay muchas cosas que se pueden hacer." El maestro-capacitador debe ponerse firme y preguntar: "¿Cuál, por ejemplo?" o pedir que se mencione alguna. Si un maestro da una respuesta que es un posible "paso de crecimiento" para ser asumido por uno o mas alumnos, aquél debe preguntar: "¿Por qué eso no fue declarado como posible respuesta para la meta?" Alguien dirá que agregarlo hubiera hecho que la meta fuera demasiado larga. Responda entonces: "Si el alumno está actuando con seriedad en cuanto a su dedicación necesaria para hacer que este paso de crecimiento sea una parte de su vida, seguramente lo recordará."

Sin embargo, la respuesta más probable a: "¿Cómo lo han de demostrar ?" será el silencio. Entonces el maestro-capacitador sugerirá que un maestro al usar la primera meta probablemente enseñe un estudio de inspiración. Esto también significa que si el maestro ha puesto "I" (para inspiración) y bajo Específica ha puesto "S", eso es correcto porque es lo suficientemente específica para una meta de inspiración, que se relaciona con un ideal o actitud genérica.

El maestro-capacitador seguirá los pasos mencionados para cada meta. Las siguientes sugestiones ayudarán al maestro-capacitador y al lector con las metas restantes:

▲ La segunda meta puede tener más diversidad bajo Tipo que la primera. Tres maestros distintos pueden calificarla como I, RC o C, respectivamente. En cualquier caso, es lo bastante breve como para ser recordada, y clara como para ser escrita. Sin embargo, si era una meta de conocimiento, no se ha incluido la palabra *dominio*. También es demasiado general. Se adecuaría más bien a una meta para un trimestre que para un estudio. Sospecho que terminará siendo un estudio de inspiración muy en general, pero recordemos que una meta de inspiración puede ser más general que una de respuesta de conducta.

▲ En cuanto a la tercera meta, el maestro-capacitador puede volver a preguntar cuántas de las hojas dicen que la meta es I, C o RC. Quizá un maestro diga: "Dice que es de respuesta de conducta, pero realmente es de inspiración." El maestro-capacitador responderá: "¡Veo que usted ha aprendido algo! ¿Por qué lo dice?" La respuesta será que es demasiado general para ser una respuesta de conducta. Entonces el maestro-capacitador preguntará: "¿Cuántos están de acuerdo con lo que se ha dicho?" Debe dar tiempo para las respuestas y la discusión. Luego preguntará si hay dudas sobre el hecho de que esta meta es demasiado general para ser una meta de conducta y se convierta en una de inspiración. Ha de responder cualquier planteo.

▲ Continúe: "Hemos comprobado que es relativamente sencillo juzgar si una meta es breve o clara. Pero si ustedes quieren una meta de respuesta de conducta, debe ser expresada en forma específica. De otro modo, no importa lo que ustedes procuren lograr, se transformará en una meta de inspiración." De hecho, la mayor parte de nuestra enseñanza ha sido exactamente eso. Los maestros han tratado de "aplicar" lo que han enseñado, pero, como la meta del estudio era muy general, no se han tomado decisiones específicas y los alumnos no han dado respuestas en su conducta. Por supuesto, hay excepciones.

Este ejercicio puede llegar a ser algo "tramposo", de modo que se darán las respuestas correctas a las metas siguientes. Si usted pone una "I" bajo Tipo y una "S" bajo Específica, puede estar en lo cierto porque como hemos dicho las metas de inspiración pueden ser relativamente generales. (En la sesión de capacitación, el maestro-capacitador preguntará si eso provoca alguna pregunta.) Si se ha puesto "RC" bajo Tipo y "N" bajo Específica, también está en lo cierto. Pero si usted pone "RC" bajo Tipo y "S" bajo Específica, ¡está equivocado! Haga a un lado la hoja que tenga en la mano y piense lo que ha puesto en la propia. (El maestro-capacitador escribirá las palabras con comillas en el pizarrón.)

En algún momento durante el tiempo de capacitación, el maestro-capacitador puede agregar: "Una palabra más y muy útil sobre la distinción entre una meta de inspiración y una de respuesta de conducta: Ponga atención a los verbos que hay en su meta. Note los verbos que usan en las metas del ejercicio: 'vivir, crecer, practicar, atreverse, obedecer, seguir y ayudar', palabras de acción y respuesta de conducta. Suenan como si se dijera: 'Realmente voy a hacer algo la semana próxima en mi vida y en mi mundo.'

"Pero lo que hace que suene a trampa cuando uno trata de elaborar una meta es que aún está incompleta. A menudo el verbo de acción es seguido por algo muy general. El resultado es sólo una idea o actitud 'para vivir valientemente para Cristo, para atreverse a hacer la segunda milla, para ayudar a los necesitados, para obedecer a Cristo en todo'."

Esto es cierto para las metas de los estudios en los materiales programados de la misma manera. Los maestros necesitarán ser muy cuidadosos y vigilar cuando escriban las metas que usarán.

Un ejercicio para la meta de un estudio

Guiar a mis alumnos a	Tipo	Breve	Clara	Específica
vivir para Cristo con valentía	I RC	S	S	Sí No
crecer en el conocimiento de Cristo	I C	S	S	Sí No
vivir la vida de sacrificio de Cristo	I RC	S	S	Sí No
practicar el ideal de la mayordomía cristiana	I RC	S	S	Sí No
atreverse a recorrer la segunda milla con Cristo	I RC	S	S	Sí No
obedecer a Cristo en todo	I RC	S	S	Sí No
cumplir con el Sermón del monte en la vida diaria	I RC	S	S	Sí No
ayudar a los necesitados	I RC	S	S	Sí No
llevar una vida más consagrada la semana próxima	I RC	S	S	Sí No